Analysis of the Competitiveness of
China's Basic Education: International Comparison and
Practice in China

中国未来教育研究丛书

中国基础教育竞争力分析

国际比较与中国实践

关成华　陈超凡　汤学黎 等◎著

教育科学出版社

·北 京·

本书出版得到好未来教育科技集团、北京师范大学教育基金会
"中国教育经济与基础教育创新"研究项目资助

本书作者

前言	关成华
第一章	关成华、王学男（中国教育科学研究院）、汤学黎（好未来教育研究院）
第二章	陈超凡、安欣、李萌、张艳军（北京师范大学实验小学）
第三章	方晨晨（北京大学全国医学教育发展中心）、李文博、陈超凡、岳薇、王泽
第四章	王学男（中国教育科学研究院）、李萌、汤学黎（好未来教育研究院）
全书专栏	关成华、陈超凡、邱英杰（首都科技发展战略研究院）、安琪、裴春晨、岳薇、安欣
统稿	陈超凡、安欣、甘霖

注：未注明单位的作者，均为北京师范大学教师或学生。

前 言

当前，以数字技术为主导的新科技革命和产业变革持续影响着全球生产生活方式和各国的竞争力。世界各国之间的竞争已经转变为以科技和人才为核心的综合实力比拼。面对更加激烈的国际竞争和未来的不确定性，通过激励个体学习、累积知识资本和人力资本，教育可以增强一个国家的科技创新能力、提升经济社会发展的韧性并驱动可持续的增长与发展；通过提升个体素养和能力，教育也可以让个体更加从容地适应变革、应对挑战和破解时代难题，并在此过程中实现"立德树人"的目标。

"十四五"时期，教育现代化既是国家现代化的重要组成部分，也是国家现代化的基础支撑和引擎。在推进教育现代化的进程中，基础教育具有全局性、基础性和先导性作用。促进基础教育实现优质均衡和高质量发展，对于夯实中国教育体系根基，顺利实现人才培养的衔接具有重要意义。当前，中国教育发展水平已达到中高收入国家水平，正逐步走向世界教育的中心。在此基础上，借鉴国际先进经验，立足国内教育教学实践和未来发展需求，从校内和校外两侧协同发力，进一步提升基础教育国际竞争力，对于中国更好地参与国际教育竞争与合作，培养和输送大批人才具有重要作用。

本书基于国际比较和中国实践，从校内和校外两个维度解读中国基础教育竞争力。在学校教育层面，本书对不同国家和地区在教育环境、教育投入、教育过程和教育产出方面的主要指标进行比较分析，这些指标是对一国基础教育发展水平最直接的反映，且在这些指标上，不同国家和地区仍存在较大差异、表现出不同竞争力水平。在校外教育层面，本书重点分析了包括中国在内的世界主要国家和地区的校外教育创新与发展情况，并基于 2018 年国际学生评估项目（PISA）的数据，分析校外教育对学习者综合能力的影响，以期为客观认识校外教育的需求及作用提供理论、案例及经验参考。

为了更加深入、细致地分析相关问题，本书特别设置了很多专栏，专栏文章中的一部分，特别是有关校外教育的分析内容，曾发表于相关媒体。我们精心挑选这些文章，以为读者提供横向维度的阅读拓展。总体而言，本书的研究表明，在基础教育阶段，中国教育表现出较强的国际竞争力，但从学校教育或者宏观维度来看，中国在教育公平、区域和城乡协调发展、教师教育、教学创新及教育投入等方面仍有提升潜力；从校外教育维度来看，各国校外教育发展的模式受各国教育政策、经济社会体制机制等因素的影响较大。对中国而言，特别需要在"双减"之后，进一步思考如何推动校外教育转型升级，更好地发挥校外教育在满足社会多样化和个性化需求、应用教育科技等方面的优势，使其服务于基础教育高质量发展。本书认为，在基础教育改革步入深水区和新时代的背景下，理清教育供给主体，明确学校、家庭和社会三大主体的权责，构建起综合型、复合型且具有融合相生、协同育人效应的"同心圆"型教育生态体系至关重要。这一生态体系的发展路径要求强化家庭教育第一影响源地位，发挥学校教育的主阵地作用，运用社会资源拓展学生成长空间，探索校外教育服务的创新发展，促进不同主体、要素的协同合作。

本书几易其稿，终于写作完成，即将出版。基础教育领域的理论和实践成果丰富，但在研究层面还较为零散，特别是关于基础教育国际竞争力的分析，现有成果较少且缺乏成熟的评价框架，加之各国标准不一、可用于国际比较的数据有限，本书一定还存在诸多不足之处，恳请读者谅解。在未来研究中，我们将构建可用于国际比较和分析的系统性评价框架与指标体系，对各国和各区域基础教育阶段校内外教育发展、竞争力进行更为深入的分析与讨论，以期为中国基础教育的高质量发展提供更有价值的经验证据和政策启示。

目 录

第一章

基础教育国际竞争力的内涵及作用

　　教育作为影响科技创新和人力资本的内生因素，对提升一国国际竞争力起着至关重要的作用，日渐成为世界各国政府关注的焦点和学术界研究的热点。其中，基础教育对教育事业发展具有全局性、先导性作用。对基础教育国际竞争力进行研究，明晰中国基础教育在国际竞争中的优势与不足，不仅能为促进基础教育高质量发展提供依据，也能为提升我国教育竞争力乃至国家竞争力提供参考。本章主要探讨了教育国际竞争力、基础教育国际竞争力的内涵、评价维度及作用。我们从教育环境、教育投入、教育过程和教育产出四个方面提出评价基础教育国际竞争力的维度，以期为后续章节进行国际比较提供分析框架。

第 1 节　基础教育国际竞争力

一、国际竞争力与教育国际竞争力

（一）国际竞争力

　　国际竞争力概念具有发展性与竞争性的内涵逻辑。世界经济论坛和瑞士洛桑国际管理发展学院是评价国际竞争力最权威、最成熟的两大机构。世界经济论坛和瑞士洛桑国际管理发展学院于 1994 年 9 月联合发布了《国际竞争力报告：1994》，率先提出"国际竞争力是指一国或公司在世界市场上均衡地生产出比其竞争对手更多财富的能力"。国际竞争力是竞争力资产与竞争力过程的统一。国际竞争力可表述为：国际竞争力＝竞争力资产 × 竞争力过程。[①]资产是固有的（如自然资源）或创造的（如基础设施）；过程是指将资产转化为经济结果（如制造），然后通过国际化（在国际市场测量的结果）产生国际竞争力。1996 年，美国《关于产业竞争力的总统委员会报告》提出，国际竞争力是在自由良好的市场条件下，能够在国际市场上提供好的产品、好的服务，同时又能提高本国人民生活水平的能力。这一概念主要是描述各国在全球竞争中的综合能力。由此可见，最初的国际竞争力概念就蕴含着资产与转化、投入与结果、过程与能力的维度。

　　人才因素（人力资本）是国际竞争力指标体系的重要组成部分。世界经济论坛和瑞士洛桑国际管理发展学院分别制定了国际竞争力的评估指标和体系，便于更加科学、系统地对国际竞争力进行可操作、可比较的评估。1998 年，世界经济论坛进一步公布了国际竞争力指数，包括 195 个指标。其中，硬指标 68 个，软指标（通过全球专家问卷调查得到的指标）127 个，指标体系划分为 8 大要素和主要经济指标共 9 个部分。8 大要素是国家经济实力、国际化程度、政府管理、金融、基础设施、管理、科学与技术和人力资本。[②]2018 年，世界经济论坛首次采用全球竞争力 4.0 评价体系，评估影响生产力水平及经济长期发展的决定因素。全球竞争力 4.0 评价体系围绕四个维度12 个支柱展开。其中，教育归属"技能"支柱，"技能"主要衡量人力资本，共涉及 9 项教育指标，占竞争力权重的 8.3%。[③]2021 年，瑞士洛桑国际管理发展学院发布《世界竞争力年鉴：2021》，并基于 334 项竞争力指标对全球 64 个经济体的经济表现、政府效率、商业效率及基础设施四个维度进行全球竞争力排名。[④]排名不仅考虑了失业率、经济增长率、政府医疗和教育支出等一

① Stéphane G. The world competitiveness report：1994 [R].International Institute for Management Development，World Economic Forum，1994.

② 崔艳萍 . 高等教育的国际融合与国际竞争力的提升 [J]. 中国高教研究，2002（2）：73-74.

③ World Economic Forum.The global competitiveness report 2018[R].Switzerland：WEF Publishing，2018：632.

④ IMD.IMD world competitiveness yearbook：2021[R].International Institute for Management Development，2021.

系列"硬数据"，同时也将"企业高管调查"所覆盖的创新、社会凝聚力、全球化、自由度和腐败等"软数据"纳入评价体系。报告显示，创新是提升一个经济体长期竞争能力的重要因素，而与人相关的文化、教育，尤其是科学研究与开发、人力资本，则是一个经济体创新能力的重要来源，也是形成一个国家长期竞争力的基石。①

由此可见，在衡量全球竞争力的指标中，教育是主要指标之一。其中，职业教育、高等教育与国际竞争力最为紧密相关。国内外已有的智库报告、社会评估、理论研究多集中于职业教育和高等教育的国际竞争力，评估的指标体系也相对成熟。现代职业教育对提高经济和社会发展水平有着立竿见影的作用，其产教融合对于社会经济发展意义重大。而高等教育在科研成果转化、科学技术创新与发展、国际交流与合作、人才培养、社会服务等方面的直接或间接作用，也日益彰显其对于国际竞争力的重要价值。

（二）教育国际竞争力

随着全球教育事业的快速发展，各国都深刻认识到教育的重要性，认识到教育竞争力在一个国家综合竞争力中所处的地位。以经济合作与发展组织（以下简称经合组织）、世界银行、联合国教科文组织为代表的国际机构，更是持续开展了大范围的国际竞争力、教育发展指标等的研究。教育竞争力的重要性越发受到广泛关注，并成为国际竞争力的核心指标之一。

教育学家周洪宇提出，教育国际竞争力是国家综合实力的体现，可以通过国际比较，利用统计数据判断中国教育国际竞争力水平。自 2019 年始，长江教育研究院、华中师范大学国家教育治理研究院致力于研制中国教育国际竞争力指数，并连续三年发布了《中国教育国际竞争力指数》系列报告，为国内的教育国际竞争力研究提供了重要参考。

《中国教育国际竞争力指数》系列报告共计对 38 个国家开展了教育国际竞争力的比较研究。报告采取五个主成分对教育国际竞争力进行综合评价，包括教育效率与产出因子、教育资源因子、教育投入因子、教育规模因子和

① 汪金龙，吴福光."入世"与我国高等教育的国际竞争力 [J]. 江苏高教，2001（2）：34-37.

教育公平因子。《中国教育国际竞争力指数（2019年版）》表明，中国在教育效率与产出因子上具有一定的国际竞争力，但是教育行政组织参与决策的程度指数既缺乏竞争力又没有改善的趋势。在教育资源因子上，中国在生师比、教师入职率、接受过培训的教师占比、中青年教师占比、基础性学科学时数占比方面，分别位于第22名、第21名、第22名、第24名和第18名。在教育投入因子上，中国的教育投入指数国际竞争力较强，并且表现出显著和持续的增长，排在38个国家中的第13位，也是教育国际竞争力的5项二级指标中表现最优的一项。虽然公共教育支出占GDP的比例、教师与校长的法定工资水平等4项指标的指数排名均在第15名之后，但公共教育支出占政府总支出的比例指数位列第8，显著拉高了中国教育投入指数的整体排位。在教育规模因子上，中国教育规模指数明显缺乏国际竞争力，居于38个国家中的第28位。其中，中等教育入学率与高等教育入学率指数排名分别为第32名和第31名，成为显著拉低中国教育规模指数排名的主要因素。在教育起点、过程、结果公平度和性别公平度方面，中国的指数排名均在第25名之后。[①]

《中国教育国际竞争力指数（2020年版）》显示，中国的教育投入竞争力表现出持续增强态势，进一步促进了中国的教育规模与教育公平、教育效率与产出、教育资源竞争力指数的持续增长[②]；《中国教育国际竞争力指数（2021年版）》显示，相较于世界强国，中国在教育规模、教育投入等方面指数得分偏低[③]。总的来看，2019—2021年，中国教育国际竞争力指数在38个国家中从第20位上升至第18位，虽与世界教育强国之间还存在一定差距，但总体表现出较好的持续增长性。长江教育研究院研究员黄艳指出，我国应高度关注教育国际竞争力最新的评价标准和教育国际竞争力的发展状况，针对中等教育入学率、雇员受教育程度与职业需求匹配度、教育行政组织参与决策的程度、公共教育班级规模等显著拉低整体指数水平的指标呈现出来的问题，多

---

① 廖瑾．报告：中国教育投入指数国际竞争力强，资源指数偏弱 [EB/OL]．（2019-03-19）[2022-03-01]．https://www.thepaper.cn/newsDetail_forward_3159147.

② 韩晓玲，赵欢．《中国教育国际竞争力指数报告》（2020年版）在汉发布 [EB/OL]．（2020-12-31）[2021-03-01]．http://hb.people.com.cn/n2/2020/1231/c194063-34505077.html.

③ 张芹．研究称中国教育国际竞争力进一步提升 [EB/OL]．（2021-11-13）[2022-03-01]．https://m.gmw.cn/2021-11/13/content_1302677557.htm.

措并举，重点解决，以提升教育国际竞争力。[①]

　　本书认为，"教育国际竞争力"主要聚焦的是教育领域的国际竞争力，其以教育系统为对象，包括各级各类教育，纵向覆盖从学前教育到高等教育的各个学段，性质上包括公办教育和民办教育，类型上包括职业教育和普通教育。教育国际竞争力是一个国家的教育投入与产出和别国比较起来所具有的相对优势和能力，它既包括投入、规模、效益、产出等指标，也包括教育理念、教育制度、发展模式、教育方法等指标。教育国际竞争力是否得到提高，根本在于其培养人才的能力、培养出来的人才对社会贡献的大小。

二、基础教育国际竞争力的内涵及评价维度

（一）基础教育国际竞争力的内涵

　　基础教育是面向全体学生的国民素质教育，其根本宗旨是为提高全民族的素质打下扎实基础，为全体适龄青少年终身学习和参与社会生活打下良好的基础。基础教育对于培养各级各类人才、促进社会主义现代化建设具有全局性、基础性和先导性作用。多年来，国家坚持教育适度超前发展，把基础教育摆在优先地位并作为教育事业发展的重点领域予以保障。

　　在我国，广义的基础教育包括幼儿教育（3—5岁）、义务教育（6—15岁）、高中教育（16—19岁）及扫盲教育。其中，涵盖小学和初中阶段的义务教育具有普及性、公共性和强制性的特点，是国家统一实施的所有适龄儿童都必须接受的教育，是国家必须予以保障的公益性事业。《中国教育改革和发展纲要》明确指出：基础教育是提高民族素质的奠基工程。联合国教科文组织对基础教育进行了广泛而深入的讨论，认为基础教育是向每个人提供并为一切人所共有的最低限度的知识、观点、社会准则和经验的教育；它的目的是使每一个人能够发挥自己的潜力、创造性和批判精神，以实现自己的抱负

---

① 廖瑾. 报告：中国教育投入指数国际竞争力强，资源指数偏弱 [EB/OL]. （2019-03-19）[2021-09-06]. https://m.thepaper.cn/newsDetail_forward_3159147.

并获得幸福，成为一个有益于社会的公民和生产者，为所属社会的发展贡献力量。

基础教育具有独立的价值，指的是基础教育在整个教育系统内部，具有独立的、不依附于其他类型和层次教育的价值。确立关于基础教育的这样一种价值观，是促进基础教育由"应试教育"向"素质教育"转变的重要观念基础。基础教育的对象是全体人民，旨在提高整个民族的素质。因此，我们可以在基础教育的实施上形成两个基本认识。第一，能够平等地接受基础教育，是每个人都具有的基本权利；第二，这种权利不能是依靠个人的行为或通过"交换"其他资源而获得的，它必须是通过政府行为来保障的。从这个角度说，强调基础教育的机会均等，其社会效益与经济效益并不是矛盾的。它们是一致的，并且不可分离。[①] 因此，基础教育国际竞争力具有一定的独立性和独立价值，其以公平性、基础性、普惠性和发展性为基本价值取向。[②]

（二）基础教育国际竞争力的评价维度

国际组织关于教育国际竞争力和教育质量的研究与实践，已经形成较为丰富的研究框架和成果，为从不同维度评价基础教育国际竞争力提供了参考和借鉴。

2012 年，为回应会员国提高教育质量的要求，联合国教科文组织开发了教育质量诊断框架，包括发展目标、预期产出、核心过程、核心资源和支持机制五个部分。

发展目标包括：一是相关性和对需求的响应性，主要包括教育目标和内容是否顺应国际发展的趋势，是否适应国家和社会发展的需要，是否满足劳动力市场的需求，是否适应个体发展的需要，教育系统内部的目标和策略是否协调一致，等等；二是公平和全纳，主要包括教育系统如何确保所有学习者获得公平的、全纳的、有质量的教育并实现有效学习等内容。

---

① 谢维和.简论基础教育的价值和学校的责任 [J].教育研究，1997（5）：50-52.
② 吴永军.教育公平：当今中国基础教育发展的核心价值 [J].教育发展研究，2012（18）：1-6；胡卫.学会负责：为 21 世纪中国基础教育中的人道、伦理 / 道德、文化价值教育选择目标 [J].教育研究，1994（2）：44-50；杨小微.从"终身"看"基础"：对基础教育之"基础性"价值的再认识[J].人民教育，2009（9）：11-13.

预期产出包括：一是能力维度，包括学习者需要通过教育系统获得哪些能力才能够为共同的发展目标做出有效的贡献，并在当今及未来的社会中能够生存等内容；二是终身学习者维度，主要包括教育系统能否有效地培养学习者终身学习的能力，教育系统能否为公民提供有效的机会以进行终身学习等。

核心过程包括：一是学习过程，主要包括哪些因素使得学习无法成为教育系统的核心过程，如何排除这些障碍，等等；二是教学过程，主要包括教师的教学过程是否有助于开展针对所有学习者的有质量的教育，并使其实现有效学习等内容；三是评价过程，主要包括如何通过评价提高教育质量并促进有效学习等内容。

核心资源包括：一是课程，主要包括现有课程能否确保学习者具备当今及未来社会所要求的各种能力（知识、技能、情感、价值观），并使其有效应对可能的各种挑战；二是学习者，主要包括哪些因素使得学习者（包括不同年龄段及具有不同背景的各种学习者）无法成为有效的终身学习者，如何消除这些障碍等；三是教师，主要包括教师及教育工作者是否是影响教育系统质量的主要因素，哪些因素影响教师及教育工作者自身的质量提升等；四是学习环境，主要包括是否为每位学习者提供了适合其身心发展、有助于提高教育质量并能促进其有效学习的学习环境等内容。

支持机制包括：一是治理，主要包括教育系统的治理能在多大程度上推动有质量教育的获得和持续发展，在多大程度上可以促进学生的有效学习等；二是财政，主要包括教育财政体制的设计如何满足有质量的教育和有效学习的实现等内容；三是教育系统的效率，主要包括教育系统利用资源的效率在多大程度上影响教育质量和公平等内容。[①]

联合国教科文组织在《全民教育：提高质量势在必行——2005 年全民教育全球监测报告》中明确提出了教育质量框架，这一框架被普遍认可或借鉴，并被广泛引用至今。在定义教育质量时，最重要的两个原则是：第一，重视学习者的认知发展，这是整个教育系统明确的主要目标。这部分可以通过指

---

① 毕斯塔，何培，李萍.联合国教科文组织对教育质量的解释[J].教育理论与实践，2013（20）：22-23.

标进行测量。第二，强调教育在公民的社会责任意识培育、正确价值观树立、创造力培养以及社会情感发展促进中的作用，这部分很难评价或进行国际比较。教育是表示过程和结果的一个定性的定义，学生的数量被视为次要的因素。这是因为，如果没有真正的教育发生，而只是用学生去填补学校的空位，那么就会连数量的目标也达不到。

图1.1为连接环境、学习者、投入和学习效果及其他可能影响教育质量的因素提供了一个可供参考的分析框架。该框架不仅提出了五个分析维度，还包含了各个维度、各个要素间的相互关系。其中，五个维度分别是环境、学习者特征、可行的投入、学习效果及教与学。

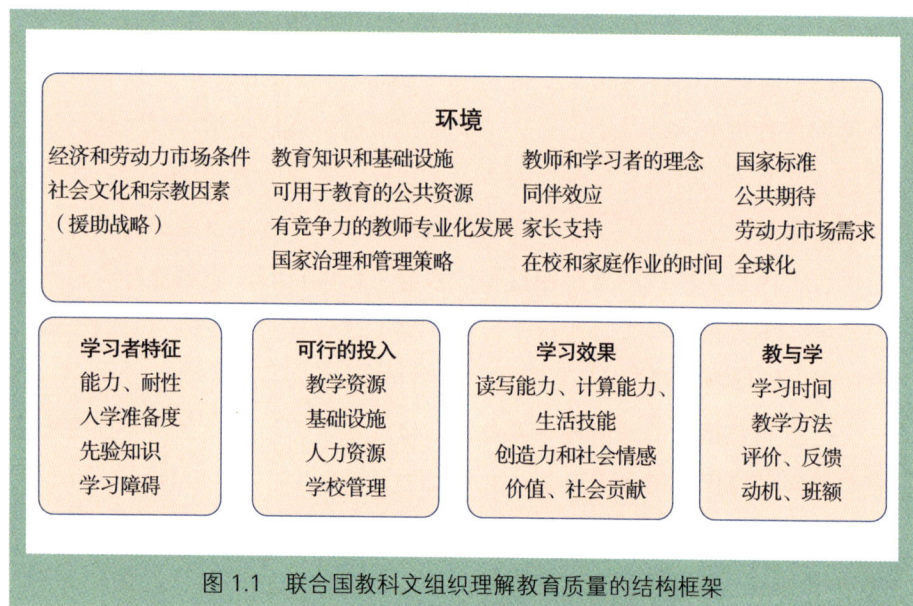

环境

经济和劳动力市场条件 社会文化和宗教因素 （援助战略）	教育知识和基础设施 可用于教育的公共资源 有竞争力的教师专业化发展 国家治理和管理策略	教师和学习者的理念 同伴效应 家长支持 在校和家庭作业的时间	国家标准 公共期待 劳动力市场需求 全球化

学习者特征	**可行的投入**	**学习效果**	**教与学**
能力、耐性 入学准备度 先验知识 学习障碍	教学资源 基础设施 人力资源 学校管理	读写能力、计算能力、 生活技能 创造力和社会情感 价值、社会贡献	学习时间 教学方法 评价、反馈 动机、班额

图1.1　联合国教科文组织理解教育质量的结构框架

《教育概览：OECD指标》系列报告是获取世界教育现状精确信息的来源，该系列报告提供了部分经合组织成员国和其他伙伴国家的教育结构、教育财政以及教育体系的绩效等方面的数据。经合组织教育指标体系采用CIPP模式［背景评价（Context Evaluation）、输入评价（Input Evaluation）、过程评价（Process Evaluation）、结果评价（Product Evaluation）］作为系统框架。从2020年的指标体系来看，其将指标体系分成教育机构的产出与学习的影响，获得教育、参与和进步，投资于教育的财政资源，教师、学习环境和学校组织四个维度来研究与呈现教育系统的变化及发展趋势，通过比较各国教育系统的发展状况，评价各国教育成果的优劣及教育竞争力。其指标体系结构如表 1.1 所示。

表 1.1　2020 年经合组织教育指标体系 [①]

维度	内容
维度一	**教育机构的产出与学习的影响**
指标 A1	成人学历水平如何？
指标 A2	从教育过渡到工作：今天的青年在哪里？
指标 A3	教育程度如何影响劳动力市场的参与？
指标 A4	教育的收益优势是什么？
指标 A5	投资教育的经济诱因是什么？
指标 A6	社会成果与教育有何关系？
指标 A7	成年人在多大程度上平等参与教育和学习？
维度二	**获得教育、参与和进步**
指标 B1	谁参与教育？
指标 B2	世界各地的幼儿教育系统有何不同？
指标 B3	谁有望完成高中教育？
指标 B4	谁有望进入高等教育？
指标 B5	谁有望从高等教育毕业？
指标 B6	国际流动学生的概况是什么？
指标 B7	世界各地的职业教育体系有何不同？
维度三	**投资于教育的财政资源**
指标 C1	每个学生在教育机构上的花费是多少？
指标 C2	国民财富中有多大比例花在了教育机构上？
指标 C3	教育机构有多少公共和私人投资？

[①]　OECD. Education at a glance 2020：OECD indicators [M].Paris：OECD Publishing，2020：7-8.

续

维度	内容
指标 C4	公共教育总支出是多少？
指标 C5	大专生要交多少学费？他们得到了哪些公共支持？
指标 C6	教育资金用于哪些资源和服务？
维度四	**教师、学习环境和学校组织**
指标 D1	多年来，学生在课堂上花费的时间有何变化？
指标 D2	生师比是多少？班额有多大？
指标 D3	教师和校长的工资是多少？
指标 D4	教师和校长在教学与工作上花费了多少时间？
指标 D5	哪些人从事教师职业？

中国人民大学竞争力与评价研究中心研究组（2001 年）及赵丽敏（2004年）分别进行了教育国际竞争力研究，并将教育发展指标按照两个水平——普通教育水平、高等教育和科学研究水平，以及三个类别——教育发展规模、教育经费投入和教育结果进行划分，形成了一个基本的分析框架，以此来描述教育发展的总体水平及其成效（见表 1.2）。[①] 其中，普通教育水平反映的是一个国家国民的基本素质状况；高等教育和科学研究水平反映的是一个国家在高技能人才培养上的状况；教育发展规模体现了一个国家在人力资本存量上的总体水平；教育经费投入是保证人才培养的重要因素，它与教育发展规模相互影响、相互作用；教育结果是教育发展的最终目的，它体现教育发展的成效，也是一个国家实际人力资本的反映[②]。

[①] 中国人民大学竞争力与评价研究中心研究组 . 中国国际竞争力发展报告 2001：21 世纪发展主题研究 [M]. 北京：中国人民大学出版社，2001：28；赵丽敏 . 教育国际竞争力发展指标体系的构建 [J]. 教育评论，2004（1）：8-9.

[②] 单春艳 . 俄罗斯教育发展对其国家竞争力影响之研究 [D]. 北京：北京师范大学，2009.

表 1.2　教育发展指标基本参数

类别	教育层次	教育发展规模	教育经费投入	教育结果
普通教育水平	初等、基础、中等(完全)	教育机构数、学生数、教师数、生师比、入学率	教育事业费：校舍、设备、图书；公共教育经费：总经费、占 GDP 比重、占国家预算比重、生均经费	升学率、毕业率、成人识字率、国际测验水平
高等教育和科学研究水平	高等教育	教育机构数、学生数、教师数、生师比、入学率、留学生数	公共教育经费：总经费、占 GDP 比重、占国家预算比重、生均经费；其他经费来源：预算外、企业、个人、留学生	升学率、毕业率、每万人口中大学生数、就业率
	科学研究	机构数、总人数、招生数、研发总人数、研发人员的人均产值、企业研发人数、合格工程师人数	科研总支出、人均研发支出、研发支出占 GDP 比重、企业研发支出、企业人均研发支出	诺贝尔奖人数、专利数

　　教育评价对教育事业的发展具有导向、诊断与激励作用。2020 年，中共中央、国务院印发的《深化新时代教育评价改革总体方案》提出，要充分发挥教育评价的指挥棒作用，引导确立科学的育人目标，确保教育正确发展方向。科学的教育评价对研判中国基础教育国际竞争力、明晰优劣势和提升潜力至关重要。CIPP 模型是一种服务于管理的教育评价模型，具有决策导向、过程导向与改进导向功能。目前，经合组织及联合国教科文组织均在有关项目中运用 CIPP 模型构建评价维度与体系。在基础教育国际竞争力评价方面，CIPP 模型也具有良好的适用性。传统的教育评价更注重结果性评价，而 CIPP

模型能够将背景、输入、过程和成果纳入统一框架，注重结果性评价与过程性评价相统一，强调了基础教育国际竞争力的整体性。本书基于CIPP模型并结合已有的国内外相关研究和实践，从基础教育的环境、投入、过程和产出四个维度对各个国家的基础教育情况进行对比分析，以期构建具有基础教育性、本土发展性和国际比较性的基础教育国际竞争力评价框架体系（见图1.2），力求在系统、客观地反映我国基础教育国际竞争力的同时，进行国际交流与比较。

教育环境包括一个国家的社会文化、环境条件、政府支持、制度体系等。其中，教育在国家发展战略中的地位、教育资源配置、教育支持力度等均较为集中地体现在一个国家的教育战略与政策中。因此，在教育环境维度，我们集中分析各国的教育战略与政策，为教育投入、过程、产出方面的分析奠定宏观环境基础。教育投入是一个国家对教育重视程度的具体表现，主要包括财政投入与非财政投入，本书也从这两方面入手，对比分析各国教育投入的差异。教育过程主要记录教育过程中各个主体与环节的具体表现。主要包含基础教育各阶段学生入学率、各阶段男女生入学率、贫富差距对教育的影响，以及对教育质量产生重要影响的生师比、教师培训率等。另外，教育创新作为教育过程的重要维度，主要反映教育理念、模式、前沿技术等方面的探索，在基础教育领域主要体现在学校管理创新、课程创新及教师教育创新等方面，但因缺乏相关数据，本书主要通过案例的形式进行比较与分析。教育产出体现了基础教育成果，也是基础教育国际竞争力的集中体现。本书选择学生学习效果、基础教育完成率、高等教育入学率、教育指数以及失业率等指标对其进行分析与比较。

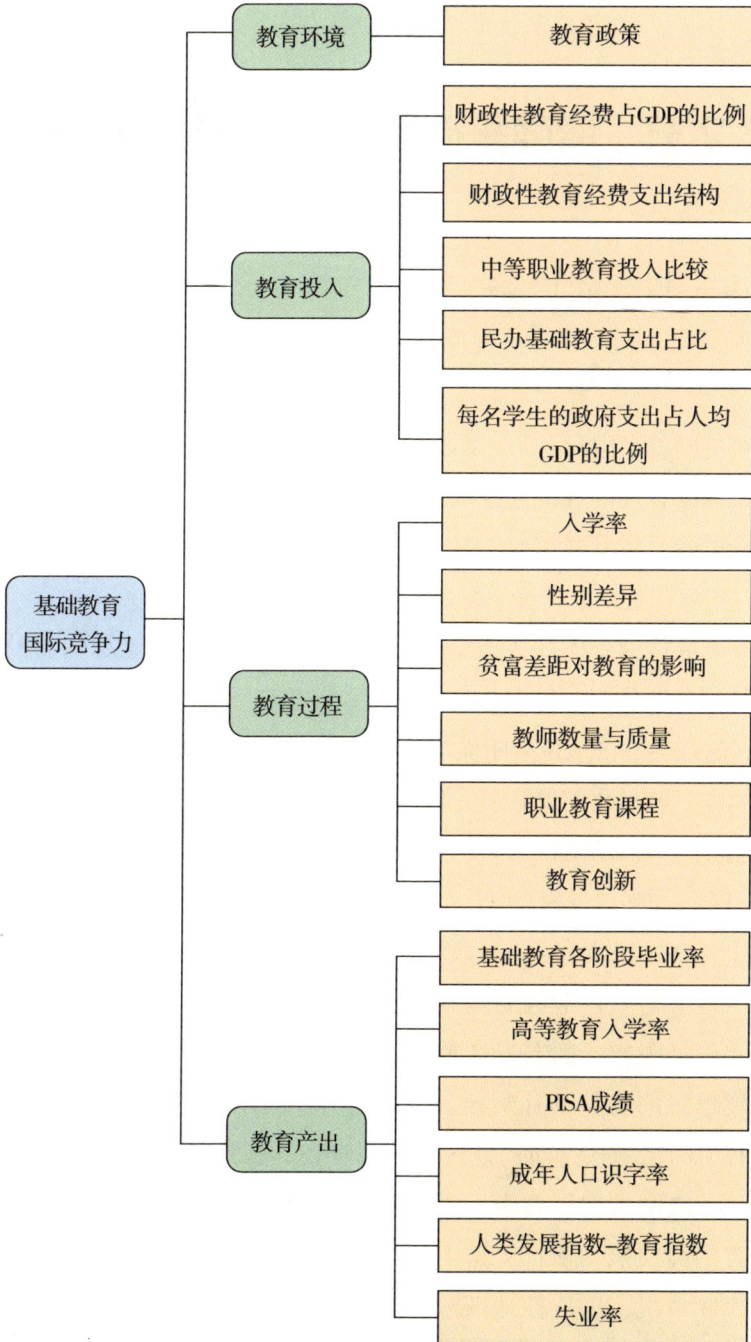

图 1.2　基础教育国际竞争力评价框架

第2节 增强基础教育国际竞争力的作用

一、提升教育系统的质量和效益

（一）促进教育优质公平

考察基础教育国际竞争力的一个重要维度是其是否优质均衡。教育公平是指国家依据合理的规范或原则对教育资源进行配置。这种"合理"既要符合社会成员的个体发展需要，又要符合社会整体稳定和发展的要求，这便需要从两者的辩证关系出发统一配置教育资源。

从社会成员的个体发展需要出发，增强基础教育国际竞争力有助于推进教育资源的合理分配。一个有竞争力的基础教育系统不仅可使教育资源不因受教育者的社会经济地位差距而显现出差异，且可根据受教育者个人的禀赋、兴趣和能力，差异化配置资源，以满足其个性发展需要。增强基础教育国际竞争力能够提升落后地区人口的可持续发展能力，让贫困地区的孩子们享受"起点公平"，加强"过程公平"，共享优质教育资源。

从社会整体稳定和发展的要求出发，增强基础教育国际竞争力有助于实现落后地区与发达地区的基础教育有分类、有特色的均衡发展。这种均衡发展并不是限制或削弱发达地区、优质学校和强势群体的发展，而是在均衡发展思想的指导下有差异、有特色的共同发展。主要有两种形式：一是以更有力的措施扶持薄弱地区、薄弱学校、弱势群体，尽可能缩小区域、城乡、学校之间的发展差距，让优质教育资源得到迅速发展与普及，从而实现教育的高层次均衡；二是不同区域、不同学校、不同类型的教育根据各自的实际情况，创造性地探索出特色发展之路，最终实现优势互补、特色发展与整体提升。

有分类、有特色的教育均衡发展是实现教育个性化的重要途径。均衡教育的个性化、特色化不仅是国际基础教育发展的大趋势，还是实现更高层次均衡发展、深化教育改革、全面推进素质教育的迫切需要。[①]这样才可以培养出适合时代发展需要的创新型人才，为更高质量的经济发展提供人力资本，同时反哺和促进基础教育国际竞争力的提升。

（二）促进教育创新发展

教育创新是指为实现特定教育目标而在教育领域内进行的创新活动。基础教育改革发展的灵魂是教育创新，增强基础教育国际竞争力有利于促进教育创新。

一方面，增强基础教育国际竞争力有利于带动教育系统自身的革新，包括以新的教育理念、教育理想为引导，推动教育体制、组织、教师、教学方法、教育内容、教育技术等的革新。当下，以技术变革为主导的教育创新正在各国兴起。技术为教师"促学"和学生"自学"之间达成平衡提供了新的机会。随着对教学、学习和学习成果的不断重新界定，学校也需及时更新教学方法与管理模式，从而引发其系统内部的革新。例如，在线教育改变了教育的时空结构，随着大数据、学习分析、智能测评等技术的应用，学习支持服务逐渐从"人工""标准"走向"智能""多样"。同时，这种革新也能有效地促进教育公平、提升教育品质、改善教育治理。另一方面，增强基础教育国际竞争力可以为培养创新型人才打下基础。教育创新能够更好地以学生学习为中心，平衡学习目标、可用技术、既有知识和新的学习需求，以及教学和学习发展的背景。国际 21 世纪教育委员会的报告《教育——财富蕴藏其中》曾把创新作为教育的最高目标，认为教育的任务是毫不例外地使所有人的创造才能和创造潜力都能结出丰硕的果实，这一目标比其他所有的目标都重要。

---

① 翟博 . 教育均衡发展：理论、指标及测算方法 [J]. 教育研究，2006（3）：16-28.

（三）培育学生核心素养

随着全球化、信息化和知识经济时代的到来，教育应该培养什么样的人？或者说，青少年应当具备什么样的素质才能更好地适应未来社会发展的需要？为了回答这些问题，经合组织于1997—2005年实施了大规模的跨国研究项目——"素养的界定与遴选：理论和概念基础"（Definition and Selection of Competencies：Theoretical and Conceptual Foundations），建构了一个有关核心素养的总体概念框架。在此背景下，我国教育部有关司局委托北京师范大学林崇德教授组织专家工作组，于2013年启动了中国学生发展核心素养研究，并于2016年9月发布《中国学生发展核心素养》总体框架。该框架的发布对中国基础教育改革产生了重大影响。①

中国学生发展的核心素养框架包括三个方面、六项核心素养指标、18个基本要点和若干具体的成就表现。三个方面分别为"文化基础""自主发展""社会参与"，每个方面又包括两项核心素养指标：文化基础包括科学精神和人文底蕴，自主发展包括学会学习和健康生活，社会参与包括责任担当和实践创新。②当前，培养学生核心素养得到各国广泛重视，且已成为我国教育发展的重要目标之一，而增强基础教育国际竞争力有益于提升学生核心素养，主要体现在以下方面。

一是提升受教育者的文化基础。增强基础教育国际竞争力能促进受教育者习得人文、科学等各领域的知识和技能，掌握和运用人类优秀智慧成果，涵养内在精神，追求真善美的统一，发展成为有宽厚文化基础、有更高精神追求的人。二是推动受教育者的自主发展。增强基础教育国际竞争力能促进受教育者有效管理自己的学习和生活，认识和发现自我价值，发掘自身潜力，有效应对复杂多变的环境，成就出彩人生，发展成为有明确人生方向、有生活品质的人。三是促进受教育者的社会参与。增强基础教育国际竞争力能促进受教育者处理好自我与社会的关系，养成现代公民必须遵守和履行道德准

---

① 石中英. 关于中国学生发展核心素养的哲学思考 [J]. 课程·教材·教法，2018（9）：36–41.
② 林崇德. 中国学生核心素养研究 [J]. 心理与行为研究，2017（2）：145–154.

则和行为规范的良好习惯，增强社会责任感，提升创新精神和实践能力，促进个人价值实现，推动社会发展进步。

核心素养是 21 世纪的产物，也是新的历史时期我国教育发展的新目标之一。核心素养的提出是为了同时满足未来社会发展的需求以及个体在复杂多变的未来社会中自我发展的需求。基础教育阶段学生的核心素养涉及学生知识、技能、情感、态度和价值观等诸多方面，是个体能够适应未来社会、促进终身学习、实现全面发展的基本保障。①

二、助力经济高质量发展

（一）促进人力资本积累

增强基础教育国际竞争力能够促进人力资源转化为人力资本，实现从人口大国向人力资本强国的转变，提升国家的综合国力。第一，提升未来劳动力的综合素质和文化水平，促进科学技术的吸收、转化和创新，使劳动力市场由体力型向智力型转变，从而提升劳动生产率，促进经济可持续增长。第二，提升劳动力的学习能力以及面向市场、面向社会的适应能力，使劳动力更好地匹配本地区产业和企业的发展需要，对于促进人力资源结构优化具有重要意义。第三，提升劳动力的创新能力和实践能力，为后续高等教育的创新产出和职业教育的技能培养奠定扎实基础，进而累积高质量人才资源，推动经济内生增长。

（二）促进教育对外开放

增强基础教育国际竞争力有利于提升本国教育的吸引力和影响力，从而促进教育对外开放。② 第一，有利于促进国家在国际社会中发挥更大作用。随

---

① 辛涛，姜宇，刘霞 . 我国义务教育阶段学生核心素养模型的构建 [J]. 北京师范大学学报（社会科学版），2013（1）：5-11.
② 薛海平，高翔，杨路波 . "双循环"背景下教育对外开放推动经济增长作用分析 [J]. 教育研究，2021（5）：30-44.

着经济全球化和知识经济的发展，增强基础教育国际竞争力逐渐成为推进国家文化战略、开展公共外交和提升国家软实力的重要途径。"一带一路"倡议的深入实施以及"人类命运共同体"理念的深入践行，离不开教育的对外开放。随着我国基础教育国际竞争力的提高，我国国际教育品牌影响力有了显著提升。以孔子学院为例，其对传播中华文化、促进对外汉语言文学教育的发展发挥了重要作用，提高了我国教育品牌的世界知名度和影响力，同时也有利于加强国际经贸合作。第二，有利于提升个体在人类共同命运、全球问题等方面的国际眼光和"全球胜任力"[①]。全球胜任力是指通过了解与接触世界其他国家的文化，更好地认识和反思自我、本土和全球问题；同时，理解并欣赏他人的观点和世界观，采取相互尊重又有效的互动，为集体福祉和可持续发展采取负责任的行动。其本质是帮助青少年更好地认知自我、联结世界，满足我国建设世界人才强国的需要，确立国家人才竞争的比较优势。

（三）促进数字经济新业态发展

作为新一轮科技革命和产业变革的主力军，数字经济以高成长性、广覆盖性、强渗透性以及跨界融合、智能共享等特性与新发展理念的内在要求高度契合，成为贯彻落实新发展理念、实现经济高质量发展的重要平台和"加速器"。当前，教育与现代信息技术的融合不断加快，在线教育等数字经济新业态新模式层出不穷。总体而言，增强基础教育国际竞争力有利于促进技术与教育的融合，赋能教育发展并推动教育创新。

第一，促进现代信息技术与教育的融合。教育信息化对前沿技术的教育应用、数据安全性、应用稳定性、系统可操作性等都有较高要求，这将倒逼人工智能、大数据等数字化新兴技术的发展和创新。可以说，"教育"为"数字"提供了更大的想象空间。例如，5G与多种智能技术的结合将直接助力教学质量的提升，有效促进教与学的深度融合。5G还可以助力大数据中心、云平台提供高效迅捷的数据传输和处理，实现对学习行为的智能分析和可视化

---

① 滕珺，安娜，龚凡舒．百年坐标下出国留学的新使命与新趋势 [J]．中国教育学刊，2021（8）：8-13．

管理，实现师生良好互动。①5G 和 4K、8K 的结合可以让屏幕更有表现力、互动性，推动智能化水平的提高，使沉浸式、交互式教育走进课堂。未来，互联网、5G、人工智能、大数据等前沿技术应用将渗透到更多领域，大众也会越来越适应并习惯数字化、智能化、线上化的学习方式。第二，发挥数字技术优势赋能教育。在新冠疫情暴发初期，传统线下教育秩序遭到冲击，阿里钉钉等一批网络云课堂采用多云调度、视频压缩、内容分发网络（CDN）等技术，为全国师生正常开展教学活动提供了强大的技术支撑。可以说，数字经济企业为有效稳定社会经济生活做出了突出贡献，既满足了新冠疫情期间的教育需求，也在一定程度上促进了教育形态和教育思维模式的转变。第三，助力教育均衡发展。落后地区不可避免会面临教育信息化基础设施薄弱、数字经济发展软环境有待改善等问题。例如，偏远地区的农村学校在采用在线教学模式时，面临网络信号弱、网课资源不足、上网设备与网络要求不匹配等困境。未来，随着数字经济的深入发展以及数字化学习资源的极大丰富，在线教育将进一步促进高质量教育资源的互联互通，从而更有效地促进教育公平。

三、增进社会公平和福祉

第一，增强基础教育国际竞争力可以从教育公平的角度促进社会公平。教育资源的公平配置有助于实现社会和谐发展，是社会公平的基础性工程。教育是实现社会流动的重要渠道。公平的教育资源配置能够为社会成员提供同等的发展机会，并在满足人们基本生存需求的同时创造获得尊重和自我实现的机会，从而促进社会个体的平等发展。当前，我国正努力从教育制度、教育政策入手，推动实现教育资源在城乡、区域、校际分配上的公平，最大限度地实现教育资源的优化配置，确保教育机会均等和公正。

第二，增强基础教育国际竞争力可以从减少贫困方面促进社会公平。随

---

① 崔爽 .5G 技术成教育新基建"加速器"[N]. 科技日报，2021-09-03（2）.

着基础教育的发展，教育覆盖面不断扩大，弱势群体获得教育机会的状况得以改善，且贫困人口通常会收获最多的教育边际收益，这为减少贫困、打破阶层固化、促进社会垂直流动提供了机会。教育资源的公平配置在有效满足贫困群体对知识的渴望的同时，还能最大限度地缩小不同阶层间的差距，促进社会流动。增强基础教育国际竞争力的作用还表现在教师素质的提高上，如教师人力资源得到开发，阻断贫困代际传递的软环境等。① 经验表明，教育在助力脱贫攻坚过程中发挥了重要作用，教育扶贫是阻断贫困代际传递的重要途径。

第三，增强基础教育国际竞争力具有重要的代际价值。受过良好教育的青少年组建家庭后，他们的孩子将会在家庭教育中获益。这些父母也更有可能提高孩子对教育价值及工作机会的认识。同时，受过良好教育的父母能够更好地参与家校互动并对学校决策施加影响。通常，受教育程度较高的群体会要求更加透明地使用公共资源、提高公共服务质量，从而也有助于提升整个社会的公共服务水平和人民福祉。

---

① 史志乐 . 教育扶贫与社会分层：兼论阻断贫困代际传递的可能性 [J]. 教育理论与实践，2019（4）：16-19.

第二章

学校教育发展：国际竞争力比较分析

教育体系是一个复杂庞大的系统，不仅包括学校正规教育，还包括各类非正规教育和非正式学习。随着新一代信息技术与教育融合的加快，教育的形态、模式和边界等也在不断发生变化。尽管如此，在世界范围内，学校依然是教育教学的主阵地，学校教育的发展质量直接决定了一个国家的基础教育竞争力，也决定了一个国家的人力资本基础。本章基于基础教育国际竞争力的评价框架，从学校教育的视角出发，对不同国家和地区在教育环境、教育投入、教育过程和教育产出方面的主要教育指标进行比较分析。虽然我们在这些维度所比较的指标多为教育发展的基础性指标，但这些指标是一个国家基础教育发展水平最直接的反映，且在这些指标上，不同国家和地区仍存在较大差异。总体而言，在这些维度上，中国的基础教育表现出较强的国际竞争力，但在教育公平、区域和城乡协调发展、教师教育、教学创新及教育投入等方面仍存在提升的潜力与空间。

第 1 节　教育环境

教育环境是一个相对宽泛的概念，一个国家的政治、经济、文化、历史、宗教和风俗等因素均会对教育环境产生影响。总体而言，教育环境体现了一个国家对教育和学习的重视程度以及对教育发展的愿景，而包含一个国家教育发展目标、方向、规划等的教育政策可以综合体现一个国家的教育环境。因此，本节主要对世界上具有代表性的国家和地区的教育政策进行简要分析。

一、代表性国家和地区的教育政策 [①]

（一）美国

作为全球科技创新聚集地，美国的教育政策及实践对全球教育发展、创新与变革有着重要影响。美国教育行政制度的一个显著特点是分权，联邦政府、州政府和地方政府承担着不同程度的教育调控与管理职责。21世纪初，在"竞争卓越"计划中，联邦教育部提供43.5亿美元资助各州改革基础教育，促进各州建立与国际接轨的教育标准和评估体系，以便让学生成功地进入大学和就业。

2010年6月，美国联邦政府颁布了《州共同核心课程标准》，这是美国历史上第一次颁布全国统一的课程标准。2013年，美国国家研究理事会、美国科学教师协会和美国科学促进协会等共同制定了面向K-12阶段的全国性教育标准"新一代科学教育标准"，这为美国对标国际、找寻自身优势与不足提供了良好的条件。2015年12月，美国颁布《每一个学生成功法案》，废除了联邦的"适当的年度进步"问责制，以州问责制代替，肯定了州对教育标准的控制，并提出要帮助各州改善薄弱学校、提高教师质量，加大资助灵活度，加强对学生和学校的支持等。自此，美国联邦政府开始下放教育权力，配合各州教育的多元化发展，但也为各州教育发展设置了底线，保留了联邦政府的基本权力。

长期以来，美国政府十分重视对学生科技创新能力的培养，强调学科综合运用能力和创造力，先后颁布"美国竞争力计划""为创新而教计划""美国创新战略"等多个计划，并拨付专项资金推动科学、技术、工程和数学（Science,

---

① 关成华，黄荣怀.面向智能时代：教育、技术与社会发展[M].北京：教育科学出版社，2021：20-25.

Technology，Engineering，Mathematics，STEM）教育改革。自2015年起，"艺术"（Art）被纳入全国教育战略。自此，"STEM"演变为"STEAM"。2017年，特朗普政府拨款2亿美元加大对STEAM教育的支持，尤其注重计算机科学和编程方面的学校教育。2020年6月，新冠疫情期间，美国教育部部长与K-12教育领导人举行论坛，讨论远程学习相关议题，主要关注以下议题：与学生和家长建立良好的沟通渠道，包括使用视频会议技术；区域内学校之间共享远程学习经验信息的重要性；为学生开展创新的远程学习活动，如虚拟实地考察；当地学区克服挑战、过渡到在线学习、解决互联网连接问题、为学生提供餐食以及远程管理考试的实践；更好地为教师提供远程教学指导所需的知识和培训。2021年11月，美国众议院通过的《重建更好法案》对学前教育、教育公平等做出说明，特别强调要提供免费而普及的学前教育，显著改善儿童保育服务，使所有孩子都能从同一起跑线开始他们的学习之旅。

从对美国教育政策及实践的简要梳理可以看出，美国教育发展关注以下几方面。一是加大教育投资，如2012年的"尊重项目"、2019年的"教育创新和研究"、2021年的"救援计划"、2022年的"教师质量合作伙伴资助计划"等均明确提出要增加教育投资，2015年的《每一个学生成功法案》、2020年的《冠状病毒援助、救济和经济安全法案》等还对资金使用的规范性进行了指导。二是下放教育管理权，即扩大州政府的教育管理权，肯定了州对教育标准的控制权。三是注重科技与教育的融合，大力推动教育信息化发展，如2020年联邦学校安全信息交换所网站的建立及对虚拟学习、远程学习、共享学习、在线学习等的重视。四是注重学生的综合素质培养，特别是科创能力的培养，如持续重视并促进STEAM教育发展等。五是注重教育公平，尤其是保障新冠疫情以来各阶段学生的教育和学习权利等。

（二）日本

日本一直将教育视为强国之本。教育，特别是基础教育在推动日本国民素质提升、促进社会发展方面发挥了巨大作用。21世纪初，日本开始在基础教育阶段实施有别于传统"填鸭式"教育的"宽松教育"政策。"宽松教育"

政策在为日本中小学生带来自由的同时，也引发了一系列问题，如日本学生在 PISA 等学习能力评估中的表现呈下降趋势。基于此，日本政府开始反思"宽松教育"政策，并通过不断修改《学习指导要领》等修正教育政策和目标。

经修改，日本政府于 2006 年颁布了现行的《教育基本法》，规定日本的中长期教育发展规划以五年为一期，在规划实施期间进行定期的政策评估，并根据需要进行必要的调整，这保证了日本教育政策的灵活性。近年来，日本高度重视教育与前沿技术的融合发展。2011 年，日本文部科学省出台了《教育信息化的综合性长远规划》，提出鼓励电子教科书和电子教材的开发与使用，完善学校的信息化建设，构筑家校之间无缝畅通的教育学习环境。2017 年，文部科学省修订了《学习指导要领》，强调为培养学生的"生存能力"，需要在教学过程中导入"主体性、对话性、深度性学习"的重要理念，加强信息技术教育、外语教育、道德教育、语言能力培育、数理教育等，并在《针对小学和初中的新的学习指导指南》中明确了对小学生开展强制性编程教育，且规定 2020 年、2021 年全面普及小学生和初中生编程课程。2018 年，日本制定《信息通信技术教育发展五年计划》，大力推动信息技术在教育教学中的应用；同年 11 月，文部科学大臣柴山昌彦发表《柴山·学习的革新计划》，提出通过推进远程教育实现先进性教育，通过导入前沿技术支持教师授课，通过活用信息通信技术为所有学生提供高品质的教育内容。

当前，日本教育政策的核心取向是"最大限度地拓展每一个人终生所有阶段的可能性与机会"，将培养受教育者应对社会挑战的综合能力、实现个人和社会价值放在突出位置。2018 年，日本《第三期教育振兴基本计划》发布，计划实施时间为 2018—2022 年。该计划对 2030 年的社会进行了大胆预测，提出"超智能社会"这一全新概念。在顶层设计方面，提出以"自立""协作""创造"作为日本教育发展的基本方向：在个人维度，培养能够自主思考、与他人协作并创造新价值的自立型人才；在社会维度，构建一个能让每一个人活跃发展、度过安稳和丰富人生的社会，进而为地区、国家乃至世界的可持续发展做出贡献。

通过对教育政策的不断改革与创新，日本建立了统一化、平等化的教育制度，并培养了大批掌握熟练技术和丰富知识的劳动者。总体来看，日本的教育政策实践主要集中在三方面。一是注重教育政策的灵活性和适宜性，根据基础教育发展实际，对教育政策进行及时评估和调整。二是注重培养学生的综合能力。三是重视现代科学技术与教育的融合发展，并从制度层面给予支持和保障。随着大数据、人工智能、5G 等信息技术的不断发展，日本积极运用科学技术促进教育改革，将信息技术与教育进行融合以适应新时代的需求与发展潮流。

（三）欧盟

欧盟是全球教育创新与变革实践的风向标。为进一步改善成员国教育质量、促进欧洲一体化，欧盟先后发布了一系列教育政策，开发了"苏格拉底计划""达·芬奇计划""田普斯计划""博洛尼亚进程""伊拉斯谟计划""终身教育整体计划"等一系列教育项目。从欧盟出台的政策文件来看，涉及教育的政策文本包括基础性条款和教育政策两部分。基础性条款是欧盟成员国签署的主要涉及经济、政治、文化等方面的条约，虽然其中涉及教育政策的内容较少，但为欧盟教育政策的制定提供了法律保证。教育政策涵盖基础教育、高等教育、职业教育、教师教育等领域。

欧盟的教育政策主要集中于倡导终身学习、降低流动障碍、促进教育公平、提升学习者技能水平及关注技术的教育应用等方面。

在倡导终身学习方面，自 2001 年欧盟委员会发布《实现终身学习化的欧洲》之后，几乎每年都发布相关的政策或计划。2004 年，欧盟委员会通过决议，正式确立终身学习计划，并在基础教育阶段设立了"夸美纽斯计划"；2009 年，《欧洲教育和培训合作 2020 战略框架》将"确保有效的终身学习和流动性"列为四大战略目标之一[①]；2010 年，《支持欧盟 2020 战略：欧盟职业教育和培训 / 合作的新推动力》提出，发挥职业教育在促进个体终身学习和人员流动中的关键作用；2016 年，《欧盟教育与培训 2020 规划》提出，实现高水平、可持续、以知识为基础的经济增长与就业发展，必须构建更好的教育

---

① 赵琪 . 加速推动欧盟企业数字化转型 [EB/OL]. （2020-11-02）[2022-05-12]. http：//ies.cass.cn/wz/yjzl/ozjj/omjjzl/ 202011/t20201102_5210583.shtml.

与培训体系，推动终身学习变成现实①。

在促进人员流动、改善就业方面，2010年，欧盟制定了促进经济发展的十年计划《欧盟2020：实现智慧、可持续、包容性增长》。该计划是继"里斯本战略"后到2020年的第二个十年经济社会发展规划，旗舰项目主要有两个：其一是"青年流动"项目，旨在帮助青年人通过教育和培训激发潜力，从而改善就业前景；其二是"新技能和新工作议程"项目，目的是提升青年人的技能和就业能力。

在促进教育公平方面，2016年，《欧盟教育与培训2020规划》将促进教育提质增效和教育公平，以及培养具有创新、创造、创业能力的高素质人才作为教育现代化战略目标。

在提升学习者的关键能力方面，2013年，欧洲议会和欧盟理事会通过具有约束力的条例——"伊拉斯谟＋计划"，即欧盟"2014—2020教育、培训、青年和体育计划"。该计划提出，要提升学习者的关键能力和技能水平，尤其是与劳动力市场及社会和谐相关的关键能力和技能，推动教育和培训与工作世界的结合；增加学习机会，不断提升青年特别是低技能者的就业能力；更好地利用欧盟教育与培训通用工具，增加学术资格透明度，消除流动障碍；改进语言教学，促进欧盟语言多样性和跨文化意识的发展；传播教育和培训的优秀实践经验。

近年来，欧盟更加注重前沿技术与教育的结合。2017年，欧盟委员会发布《地平线2020——2018—2020年信息通信技术工作计划》，提出了欧洲工业数字化技术、欧洲数据基础设施、5G、下一代互联网等技术研究领域面临的挑战和未来研发计划。2018年，欧盟委员会发布《数字教育行动计划（2018—2020年）》，将更好地利用数字技术进行教学和学习、发展数字能力和技能、通过更好的数据分析来改善教育等列为主要目标。②为支持欧盟成员国

---

① 李建忠.高水平可持续发展的欧盟战略：解析欧盟教育与培训的发展规划[EB/OL].（2016-12-01）[2022-05-22].https：//fgc.tiangong.edu.cn/2016/1201/c430a23388/page.htm.

② European Commission. Communication from the commission to the European parliament，the council，the European economic and social committee and the committee of the regions on the digital education action plan[EB/OL].[2022-03-07].https：//eur-lex.europa.eu/legal-content/EN/TXT/？uri=CELEX：52018SC0012.

教育和培训系统的可持续发展，以及对数字时代的快速适应，2020 年，欧盟委员会发布的《数字教育行动计划（2021—2027 年）》将"促进高性能数字教育生态系统的发展"与"提高数字化转型的数字化技能和能力"作为优先发展的领域。①此外，欧盟委员会还建立了欧洲数字教育中心，旨在为支持政策、实践与数字教育的发展做出贡献，并通过数字教育黑客马拉松等竞赛促进用户为数字时代的教育挑战创建解决方案。

（四）俄罗斯

21 世纪以来，俄罗斯力求实现大国崛起。在稳步加快调整经济管理体制的同时，也更加重视科技与教育的融合发展。普京政府将教育、科技作为经济振兴的关键力量，制定了一系列政策推动扩大教育投资，以提升科技竞争能力、累积人力资本。

自 2011 年《社会信息化计划（2011—2020 年）》颁布以来，信息化发展便被俄罗斯提上教育改革日程，俄罗斯先后从现代化教育环境、在线教育课程、教育技术开发、教师技能培养及具体教育项目的设立与实施等方面开展教育活动。2011 年，俄罗斯开始了"俄罗斯现代化学校建设"项目，旨在为全俄中小学生创设现代化的教育环境，配备多媒体设备、网络接入以保证设施设备在基础教育领域的普及。2016 年，俄罗斯推出"俄罗斯电子学校"项目，旨在创建一个汇集知名教师、公开的、面向所有中小学必修科目的在线课程平台。在该平台中，学生可根据学业评级量表选择合适的教师与课程，可自定步调、重复学习，接受及时反馈与评价，在符合评价标准之后获得学校认证，进入下一阶段的学习。同年启动的"现代数字教育环境建设项目（2016—2025 年）"对其目标进行了设定：到 2025 年在线课程平台覆盖 1100 万人。

为促进教育、技术与社会的融合，2017 年，俄罗斯总统普京签署总统令，批准了《俄罗斯信息社会发展战略（2017—2030 年）》，确定构建以知识为基

① European Commission. Digital education action plan（2021-2027）[EB/OL].[2022-03-07].https：//education.ec.europa.eu/focus-topics/digital/education-action-plan.

础的信息空间以维护公民获取客观、真实、安全、有价值信息的权利。内容包括：发展科技、落实教育教学项目、创建知识信息系统、为儿童提供安全的信息环境等；推动公民道德教育、完善课外教育、在教学中使用和开发教育技术等。2018 年，俄罗斯启动了"儿童网络安全"项目（2018—2020 年）与"数字教育空间"项目，对网络索引、域名等进行监测，旨在净化中小学生的网络学习环境。同时，构建以学校、教师、学术界、商业社区和学生为模块的平台，支持中小学生的项目式学习。2019 年的"未来教师"项目为教职人员提供免费线上培训并实施新型教师认证及评级方法，以提高基础教育教学和管理人员包括信息技术在内的各项专业能力。此计划旨在基于俄罗斯联邦各地区取得的阶段性项目成果，鼓励更多教师在日常教学中充分且有效地运用信息技术，以实现教学方式的转型。

总的来看，俄罗斯教育信息化具有政府号召、校企联动的特点，在中央政府和各地区政府的法律及财政支持下，实现了参与主体多样化。另外，俄罗斯注重以技术推动教育尤其是基础教育的发展，以适应教育现代化趋势，培养新时代人才。

（五）印度

印度人口基数大且增速明显，庞大的学龄人口给印度教育体系带来了巨大的发展动力，同时也给教育公平和教育质量带来了巨大的挑战。首先，印度经济基础较为薄弱，区域发展极不平衡。虽然印度政府为消除贫困付出了巨大努力，也取得了一定成果，但印度贫困线以下的人口仍呈增长趋势，制约了印度教育的发展，不利于教育质量的提升。其次，种姓制度的长期存在，深刻影响着印度的政治、经济、文化和教育等领域，制约了印度教育规模的增长。再次，教育体制、精英政治致使印度社会重视高等教育而忽视基础教育。

2009 年，印度通过《孩童免费义务教育法》，规定了 6—14 岁的少年儿童享受义务教育的权利，体现了"免费和强制"的特点。该法案于 2010 年4 月正式生效，为印度基础教育发展提供了法律保障，印度成为全球第 135 个实施义务教育的国家。为充分发挥本国在信息技术、软件领域的优势，利

用数字技术发展在线教育，为更广泛群体提供教育服务成为近年来印度的重要教育战略之一。自 2014 年开始，印度政府加大力度促进教育与技术的融合。2014 年 8 月，印度政府宣布设立"有抱负青年主动学习研究网络"（SWAYAM）慕课平台①，主要目标是增加中小学生获得优质教育的机会，支持终身学习，并提高印度高等教育入学率。2015 年 7 月，莫迪政府提出"数字印度"倡议，并提出了电子教育具体行动措施：所有学校接入宽带，为所有学校提供免费无线网络；开启数字扫盲，开发大规模的在线教育课程。

2020 年，印度人力资源开发部发布《国家教育政策 2020》，提出从学校教育、高等教育、关键领域和组织保障四方面构建完善的教育发展体系。在学校教育方面，从学前教育、基础识字与算数、降低辍学率普及各级教育、学校课程与教学法、教师、全民学习、资源配置和有效治理、标准设置和认定八个层面详述了学校教育发展思路与愿景。另外，技术的集成与使用、在线和数字教育成为印度教育发展的关键领域。该政策为新时期印度教育发展勾画了蓝图，成为推动印度基础教育发展、保障公平与质量的重要制度基础。

（六）南非

南非经济发展、人均收入水平在非洲名列前茅，但因长期实行种族隔离的教育制度，黑人接受教育的机会远低于白人。直至 1996 年，南非颁布新宪法，规定每位国民都有接受基础教育，以及经过合理测评后接受继续教育的权利。自此，南非政府把基础教育作为打破社会变革僵局、促进经济发展的重要抓手，推动了南非基础教育公平度和普及率的提升。

21 世纪以来，南非基础教育取得了长足进步。2010 年 11 月，南非基础教育部颁布了《2014 行动规划：面向 2025 学校教育》，勾画了南非基础教育发展新蓝图，标志着南非全民享受优质教育历程的开启。该政策对学生、教师、校长、家长、学校等各个主体均提出了要求，但要求较为笼统。如要求

---

① 焦建利 .SWAYAM：印度的英文慕课平台 [EB/OL].（2019-04-16）[2021-03-09].https：//www.jiemodui.com/N/ 105944.html.

学生每天准时上学，认真对待作业，会使用电脑；教师自信且训练有素；校长依据国家课程标准，确保教学顺利进行；父母知晓孩子在学校的举动，能够定期收到学校提供的孩子成长报告；学习和教学材料品种多样，质量优良；师生都知道如何通过计算机获取想要的知识；学校建筑设施安全宽敞、功能性强、维护良好，师生都能主动自觉地维护学校设施等。2015 年 4 月，南非基础教育部颁布了《2019 行动规划：面向 2030 学校教育》，对各项目标进行了更为清晰的阐述，其主要目标包括：达到最低教育标准、促进平均表现、提高义务教育入学率与完成率、保障儿童早期发展与预备级的入学机会、降低一至九年级学生的留级率。其中，优先目标包括增加一年级以下儿童获得优质早期发展的机会，提高教师在整个职业生涯中的专业能力、教学技能、学科知识和计算机素养，确保每个学习者能够根据国家政策获得最基本的教科书和练习本，确保全国所有学校推行基本年度管理流程以促进学校良好的发展态势，各地区办事处可通过更好地利用信息化设备来提高对学校监测和支持服务的频率及质量。两份行动规划为南非基础教育的有序发展提供了路径，指明了方向，为提升南非基础教育质量和竞争力奠定了基础。此外，近年来南非政府重视前沿技术与教育的融合发展。2015 年，非盟委员会与非盟发展署共同签署《2063 年议程》，提出实现以科技创新为基础的良好的教育和技能革命。2019 年，南非基础教育部宣布筹资计划，以开发促进编码和机器人教学的课程资源。

二、中国教育发展战略与政策

中国自古以来就有重视教育、尊师重道的优良传统。随着综合国力的增强，中国教育发展水平逐渐迈向世界中高水平。党的十八大以来，为全面落实教育优先发展战略，我国创造性地提出了"三个优先"，即在经济社会发展规划上优先安排教育、在财政资金投入上优先保障教育、在公共资源配置上

优先满足教育和人力资源开发需要。①2017 年 1 月，国务院印发了《国家教育事业发展"十三五"规划》，提出要以新理念引领教育现代化，实现教育质量全面提升，并对学生、教师、学校、体制、结构和育人生态建设等做出了具体规划。同年 10 月，党的十九大明确提出加快教育现代化，推动城乡义务教育一体化发展，高度重视农村义务教育，办好学前教育，普及高中阶段教育。中国将教育事业发展放在经济社会发展的优先位置，体现了国家对于教育的高度重视。

2019 年 2 月，中共中央、国务院印发《中国教育现代化 2035》，对教育现代化的指导思想、基本理念、总体目标、战略任务、实施路径和保障措施等进行了详细部署。在基础教育阶段，2035 年的主要发展目标是普及有质量的学前教育、实现优质均衡的义务教育、全面普及高中阶段教育。《中国教育现代化 2035》从学习习近平新时代中国特色社会主义思想、发展中国特色世界先进水平的优质教育、推动各级教育高水平高质量普及、实现基本公共教育服务均等化、构建服务全民的终身学习体系、提升一流人才培养与创新能力、建设高素质专业化创新型教师队伍、加快信息化时代教育变革、开创教育对外开放新格局、推进教育治理体系和治理能力现代化十个方面做出了战略规划，全方位推动阶段目标的实现。2019 年 6 月，国务院办公厅印发《关于新时代推进普通高中育人方式改革的指导意见》，提出到 2022 年，德智体美劳全面培养体系进一步完善，立德树人落实机制进一步健全。2020 年 3 月，中共中央、国务院发布《关于全面加强新时代大中小学劳动教育的意见》，提出把握劳动教育的基本内涵，明确劳动教育总体目标，设置劳动教育课程，确定劳动教育内容，健全劳动素养评价制度。教育现代化与五育并举的结合，既体现了教育思想与教育观念的发展，也体现了国家对全人培养的强大信心与坚定决心。

2021 年 3 月，《中华人民共和国国民经济和社会发展第十四个五年规划和 2035 年远景目标纲要》提出了建设高质量教育体系，明确坚持优先发展

---

① 郅庭瑾，吴晶.教育优先发展的三个关键指标 [EB/OL].（2018-10-16）[2022-03-09].https://epaper.gmw.cn/gmrb/html/2018-10/16/nw.D110000gmrb_20181016_2-16.htm.

教育事业，坚持立德树人，增强学生文明素养、社会责任意识、实践本领，培养德智体美劳全面发展的社会主义建设者和接班人。在基础教育阶段，提出推进基本公共教育均等化，推动义务教育优质均衡发展和城乡一体化，对乡镇学校、乡村教师、留守儿童、控辍保学、高中普及水平、创新型人才培养、高中学校多样化发展、校外培训、学前教育、特殊教育和民族地区教育等的发展提出了要求。同年10月，第十三届全国人民代表大会常务委员会第三十一次会议表决通过了《中华人民共和国家庭教育促进法》，该法强调父母要承担起家庭教育责任，应具备家庭教育专业素养，应与子女共同成长。《中华人民共和国家庭教育促进法》作为我国首部家庭教育方面的专门立法，对构建家庭、学校、社会三位一体教育格局具有重要意义。

总体来看，中国教育发展思路清晰，改革目标明确，在立足国情的基础上，紧跟世界经济社会发展潮流。首先，中国教育事业以实现教育现代化为发展方向，以建设教育强国为使命，形成了较为完备的制度环境。其次，注重多位一体发展格局，即在重视学校教育的同时，关注社会教育与家庭教育，注重多元主体教育作用的发挥。再次，高度重视教育质量与教育公平，运用多种途径推动优质教育资源共享和教育公平的实现。最后，重视全人培养，即在立德树人、关注学生品德品质的同时，重视智育、体育、美育和劳动教育的开展。中国的教育政策对基础教育发展进行了系统规划，助推了中国基础教育国际竞争力的提升。

第2节　教育投入

一、财政性教育经费占 GDP 的比例

财政投入是一个国家教育事业发展的基本保障。国际上通常使用"国家财政性教育经费占国内生产总值（GDP）的比例"作为体现政府教育投入程

度的指标。1993 年，中国正式提出逐步提高国家财政性教育经费支出占国民生产总值的比例，20 世纪末达到百分之四。纵向来看，2005—2020 年，中国财政性教育经费支出的绝对量保持较快增长，但占 GDP 的比例仍然偏低。2012 年之前，该比例始终在 2%—4% 之间徘徊，未能突破 4%，2012 年首次突破了 4%。此后，中国财政性教育经费占 GDP 的比例连续 9 年"不低于 4%"，但一直在 4.2%—4.3% 之间徘徊（见表 2.1）。

表 2.1 2005—2020 年中国财政性教育经费支出情况

年份	财政性教育支出（亿元）	GDP（亿元）	财政性教育支出占 GDP 的比例（%）	年份	财政性教育支出（亿元）	GDP（亿元）	财政性教育支出占 GDP 的比例（%）
2005 年	5161.1	183084.8	2.82	2013 年	25595.5	595244.0	4.30
2006 年	6348.4	211923.5	3.00	2014 年	26402.9	643974.0	4.10
2007 年	8280.2	249529.9	3.32	2015 年	29353.6	689052.0	4.26
2008 年	10449.6	300670.0	3.48	2016 年	31396.3	744127.0	4.22
2009 年	12231.1	340506.9	3.59	2017 年	34207.8	826275.0	4.14
2010 年	14670.1	397983.0	3.69	2018 年	36995.8	900141.0	4.11
2011 年	18586.7	471564.0	3.94	2019 年	40049.0	986515.0	4.04
2012 年	21165.0	519322.0	4.08	2020 年	42908.2	1015986.0	4.22

资料来源：历年《中国统计年鉴》《中国教育经费统计年鉴》。

横向比较来看，世界银行的数据表明，2017 年[①]，世界财政性教育经费占 GDP 的比例平均值为 4.5%，欧盟和经合组织国家的平均值分别为 4.7% 和 5.0%。部分发达国家，如法国、英国、德国的比例分别为 5.5%、5.4% 和 4.9%；瑞典、芬兰等高福利国家达 6% 以上。部分发展中国家，如巴西、墨西哥的比例分别

---

① 本书结合世界银行和经合组织官方网站数据，选取包含样本国家数量较多或含有代表性国家数据的年份，以便于进行横向分析和比较。

为 6.3% 和 4.5%（见图 2.1）。与世界部分发达国家和发展中国家相比，中国财政性教育经费占 GDP 的比例仍然处于偏低水平，且尚未达到世界平均水平。

图 2.1　2017 年中国与部分国家和经济体的财政性教育经费支出占 GDP 的比例
资料来源：世界银行。

二、财政性教育经费支出结构

图 2.2 显示，2005—2018 年，我国各级教育经费支出占总教育经费支出的比例基本保持稳定。其中，初等教育和中等教育维持在 30% 左右，高等教育保持在 20% 上下。从我国经济发展阶段来看，教育经费支出结构基本适应当前社会经济发展情况，中等教育和高等教育经费支出占比合理，但初等教育经费支出占比稍低。未来还需加大对初等教育的经费投入，以提高我国基础教育国际竞争力。

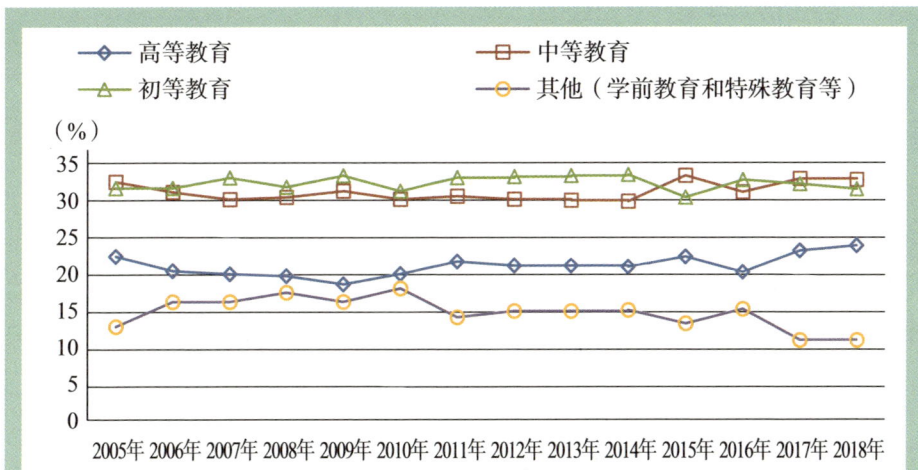

图 2.2　2005—2018 年各级教育经费支出占总教育经费支出的比例

资料来源：2006—2019 年《中国教育经费统计年鉴》。

从国际比较来看，2014 年，经合组织国家基础教育经费支出占总教育经费支出的比例平均为 80%。在发达国家中，英国、日本和美国的基础教育经费支出占比分别为 88%、85% 和 81%；在发展中国家中，墨西哥占比为 81%，中国占比为 80%（见图 2.3）。可见，中国基础教育经费支出占比与经合组织国家的平均水平基本持平，在发展中国家处于领先地位，但低于英国、美国、日本和墨西哥等国家。

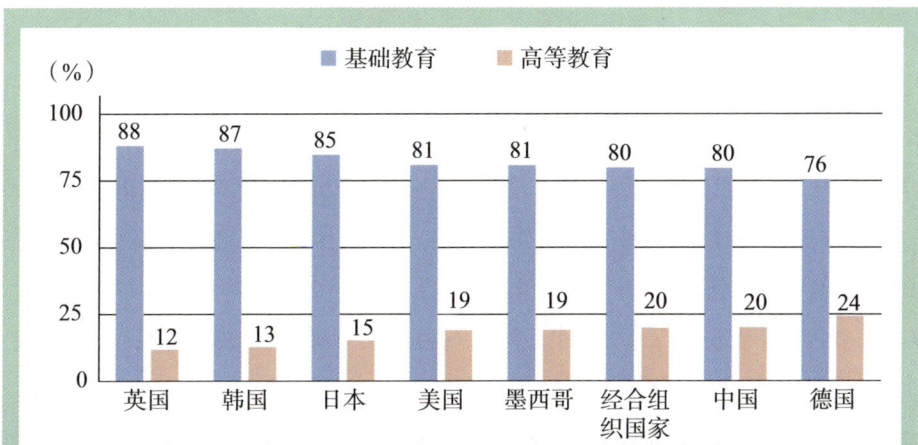

图 2.3　2014 中国与部分国家财政性教育经费支出结构

资料来源：经合组织《教育概览 2017：OECD 指标》。

三、中等职业教育投入比较

职业教育内涵丰富，各国在授课、办学模式等诸多方面特征各异，但以学校为中心的职业教育体系仍然是各国开展职业教育的主流模式。我国虽然引入了"文凭＋证书"模式、"学徒"模式等，但在中等职业教育阶段，我国的职业教育体系依然以学校教育为主。

根据教育对象的不同，国际上通常将职业教育分为三类：一是针对学龄人口的职业教育（IVT）；二是针对失业人群的职业教育（UVT）；三是继续职业教育（CVT）。本节主要讨论针对学龄人口的职业教育（IVT）。值得注意的是，不同国家的 IVT 学龄范围不同，如奥地利为 14—18 岁，英国和瑞典为 16—19 岁，荷兰为 12—21 岁。根据"校企合作，工学结合"的主次关系，经合组织认为 IVT 有两种模式。一是以学校教育为中心的职业教育体系，在法国、芬兰、荷兰、丹麦等国主要是职业学校，在美国、英国、瑞典等国主要是综合中学，在此种职业教育体系中，无论职业教育的管理中心为何，政府都是职业教育的主要管理者和出资者，其他非政府投入以及学费占比不大。二是以工作场所为中心的职业教育体系，如奥地利、德国等，在此种职业教育体系中，企业通常承担受训者的学费、培训教师的工资、耗材和设备等的费用。

图 2.4 呈现了 2018 年中国和部分经合组织国家的中职教育支出占本国小学至高等教育阶段支出的比重。其中，占比达 10% 以上的国家分别为荷兰（12.08%）、比利时（11.65%）、芬兰（11.62%）和瑞典（10.04%）；占比在 5%—10% 的国家分别为波兰（9.36%）、智利（8.96%）、墨西哥（7.42%）、法国（7.36%）、西班牙（6.78%）、中国（6.15%）和德国（5.15%）；占比小于 5% 的国家有丹麦（3.97%）、奥地利（3.95%）和澳大利亚（2.40%）。占比最高的国家为荷兰（12.08%），占比最低的国家为澳大利亚（2.40%）。从我国与经合组织国家的对比来看，在不考虑各国经济文化、教育体系、制造业特征等的情况下，我国中职教育支出占小学至高等教育阶段支出的比重较低。

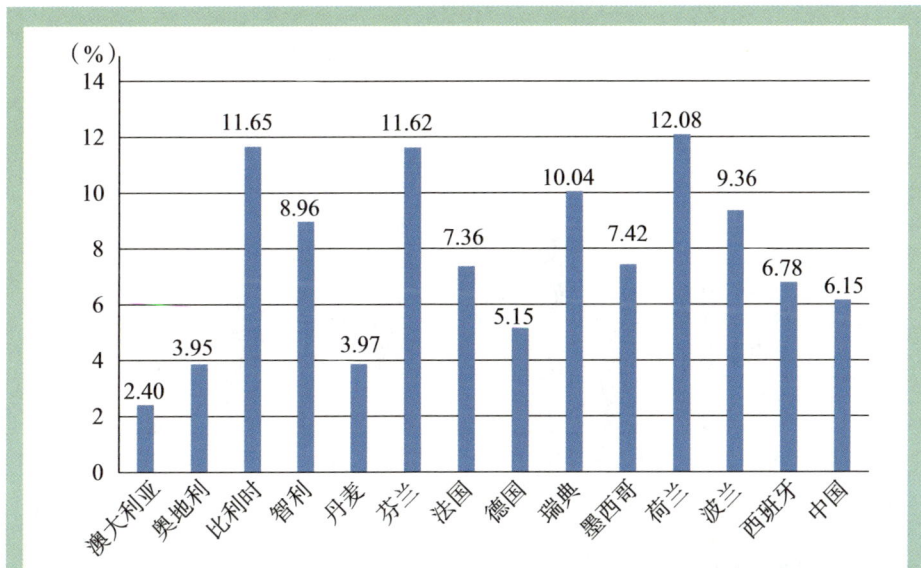

图 2.4　2018 年中国与部分经合组织国家中职教育支出占小学至高等教育阶段支出的比重①

注：经合组织国家数据来源为经合组织官方数据库，截至数据采集日，最新数据为 2018 年，为保持年份一致，我国的中职教育相关数据也采用了 2018 年的数据。

资料来源：经合组织、教育部。

如图 2.5 和图 2.6 所示，我国中等职业学校生均公共财政预算经费支出自 2011 年起至 2020 年均高于普通高中，且差额自 2011 年至 2016 年整体呈上升趋势，2016 年达到最高，中等职业学校生均公共财政预算经费支出高出普通高中 1580.74 元。但这一差距自 2017 年至 2020 年呈下降趋势，2020 年差距最小，中等职业学校仅高出普通高中 1184.27 元。我国中职教育投入相对下滑的趋势值得注意。

---

① 我国中等职业教育数据对应经合组织的高级中等职业中学 [upper secondary vocational education（ISCED 2011 level 3 programme 5）] 数据；我国普通高中数据对应经合组织的普通高中 [upper secondary general education（ISCED 2011 level 3 programme 4）] 数据；小学至高等教育数据为经合组织的对应数据（ISCED 2011 level 1–8）。

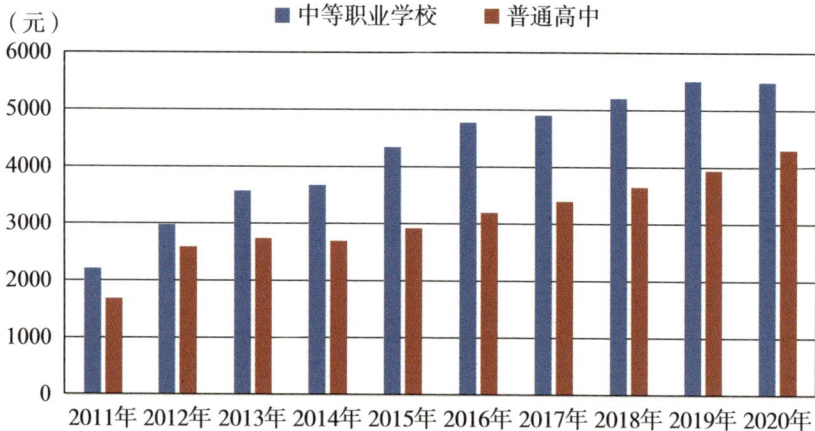

图 2.5　2011—2020 年中国中等职业学校与普通高中生均公共财政预算经费支出情况

资料来源：教育部。

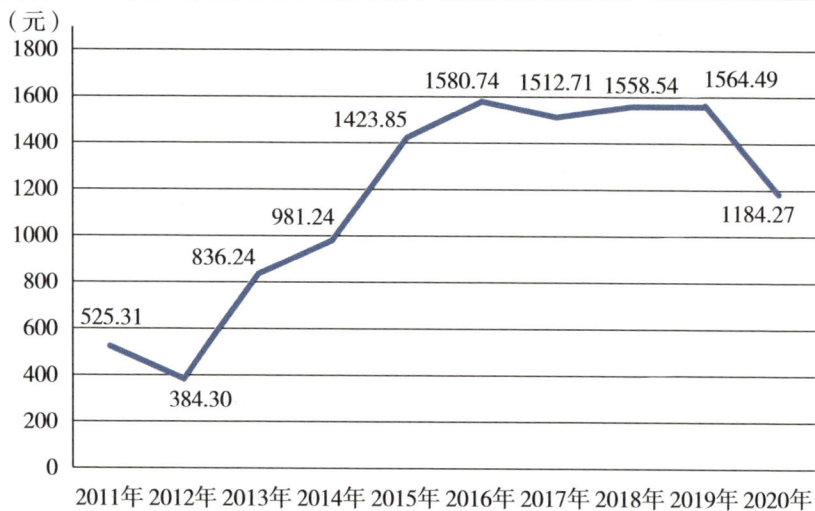

图 2.6　2011—2020 年中国中等职业学校与普通高中生均公共财政预算经费支出差额

变化趋势

资料来源：教育部。

四、民办基础教育支出占比

教育事业的发展不仅需要政府投入，还需要社会各界的大力支持。其中，民办教育是社会各界支持教育发展的重要形式之一。民办教育是指除国家机构以外的社会组织或个人，利用非国家财政性经费，面向社会举办学校及其他教育机构的活动。民办教育具有吸收、利用民间资金以弥补财政性教育经费不足的功能，世界各国均重视民办教育（私立教育）的发展。

如图 2.7 所示，2017 年，在基础教育阶段，经合组织国家民办教育支出占教育总支出的比重为 10%，英国占比最高，为 15%，德国、韩国均为 13%，墨西哥为 11%。中国民办教育支出占教育总支出的比重仅为 1%，与部分发达国家和发展中国家相比占比较低。这既与中国教育发展的制度背景有关，也反映出中国在调动社会力量办学方面仍存在一定不足。

图 2.7 2017 年部分国家基础教育阶段公办教育和民办教育支出占比

资料来源：经合组织、前瞻产业研究院。

近年来，中国积极推动民办教育发展，并将其定位为社会主义教育事业的重要组成部分。自 2002 年颁布《中华人民共和国民办教育促进法》（简称《民促法》）以来，《民促法》先后经过三次修正。2021 年 4 月，国务院正式颁布《中华人民共和国民办教育促进法实施条例》（简称《民促法实施条例》）。新修订的《民促法》和《民促法实施条例》进一步厘清了民办教育发展的关键性问题，回应了民办教育领域多方主体的利益诉求，推动了依法治教和现代化教育治理体系的建设，为进一步鼓励和规范民办教育发展提供了法律依据。新修订的《民促法》鼓励和支持社会力量办学，明确了对营利性和非营利性民办学校进行分类管理。《民促法实施条例》同样旗帜鲜明地支持民办教育，并在财政、税收、用地等方面推出多项保障举措。

总体上，《民促法》《民促法实施条例》等为新时期民办教育的规范有序发展提供了良好的政策环境。但是，民办教育经费支出占教育经费支出的比重依然处于较低水平①。在此背景下，民办学校数量也出现下降趋势。图 2.8 显示，2015—2019 年，中国基础教育阶段民办学校数量持续上升，但 2020 年比2019 年减少了 4814 所，出现下降趋势。图 2.9 显示，2020 年，在基础教育阶段的民办学校中，民办幼儿园数量较 2019 年减少 5280 所，民办普通小学减少 41 所，民办初中增加 248 所，民办普通高中增加 267 所，民办中等职业学校减少 32 所。除民办幼儿园数量受政策影响下降幅度较大外，其他民办学校数量均小幅变动，这主要是因为民办幼儿园受到了政策收紧、大力推进普惠性幼儿园建设的影响。在民办教育发展面临的新形势、新变化下，职业教育将成为未来中国民办教育的主战场。在保持教育公益性、公平性的基础上，积极引入社会力量兴办职业教育，稳步提高民办教育经费支出占比，是中国民办教育发展的重要方向。

---

① 前瞻产业研究院 .2020 年中国民办教育行业投资现状分析：国家办学经费投入占比较低 [EB/OL].（2020−11−15）[2021−08−20].https：//baijiahao.baidu.com/s？id=1683398426733882821&wfr=spider&for=pc.

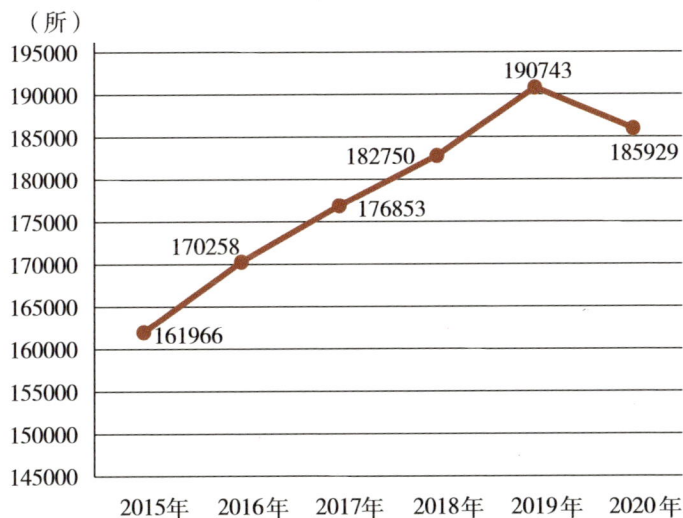

图 2.8 2015—2020 年中国基础教育阶段民办学校数量变化趋势

资料来源：2015—2020 年《全国教育事业发展统计公报》。

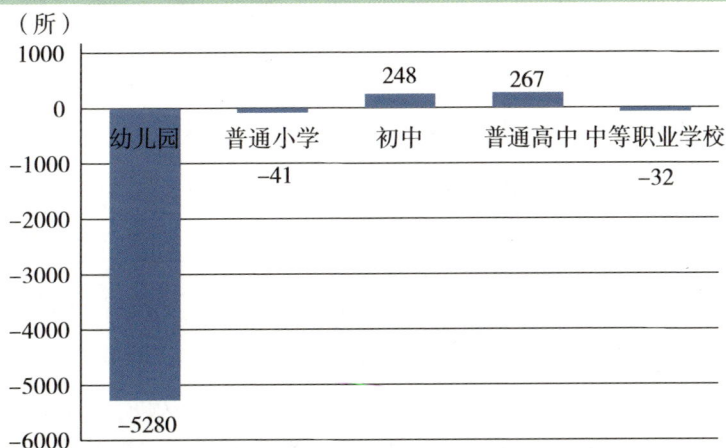

图 2.9 2020 年中国基础教育阶段民办学校相比 2019 年的数量变化

资料来源：2020 年《全国教育事业发展统计公报》。

五、每名学生的政府支出占人均 GDP 的比例

基于世界发展指标（World Development Indicators，WDI）的数据，我们选择数据较新且较全的 2016 年基础教育阶段"每名小学学生的政府支出占人均 GDP 的比例"与"每名中学学生的政府支出占人均 GDP 的比例"两个指标进行国际比较，结果如图 2.10、图 2.11 所示。

图 2.10　2016 年部分国家每名小学学生的政府支出占人均 GDP 的比例
资料来源：世界银行。

图 2.10 显示，在每名小学学生的政府支出占人均 GDP 的比例这一指标上，最高的国家为韩国（27.8%），英国、日本和美国分别为 24.2%、21.8% 和 19.9%。墨西哥、南非、蒙古等发展中国家分别为 13.8%、17.6% 和 16.6%，与发达国家相比还存在一定差距。由于世界发展指标缺乏中国相关数据，我们对《教育部、国家统计局、财政部关于 2016 年全国教育经费执行情况统计公告》的相关数据进行了计算，得出中国 2016 年每名小学学生的政府支出占人均 GDP 的比例约为 18%①，与南非、蒙古等国大体相当，但低于英国、美国、韩国、日本、芬兰

---

① 计算方法为：每名学生的政府支出占人均 GDP 的比例 = 生均公共财政预算教育事业费支出 / [国内生产总值 / 年末全国总人口（不含港澳台地区）]。

等发达国家。通过计算，可以得出中国 2017 年、2018 年、2019 年和 2020 年每名小学学生的政府支出占人均 GDP 的比例分别为 17%、18%、17% 与 17%，几乎持平。可以说，在该指标上，中国基础教育国际竞争力还有提升空间。

图 2.11 显示，在每名中学学生的政府支出占人均 GDP 的比例这一指标上，最高的国家为韩国（28.2%），芬兰、日本、美国和英国分别为 24.8%、24.1%、22.1% 和 21.2%。墨西哥和南非分别为 14.4% 和 19.6%，与发达国家相比还存在一定差距，但相对于小学阶段而言差距有所降低。在中学阶段，中国将初中与高中阶段数据分开进行统计。2016 年，中国初中、高中阶段每名学生的政府支出占人均 GDP 的比例均为 31%，高于韩国、芬兰、日本及美国、英国等发达国家。通过计算，可以得出中国 2017 年、2018 年、2019 年和 2020 年初中阶段每名学生的政府支出占人均 GDP 的比例分别为 25%、26%、24% 和 25%，高中阶段分别为 23%、25%、25% 和 26%，与发达国家相当甚至赶超部分发达国家，已具备了较强的国际竞争力。从中国内部来看，如图 2.12 所示，小学阶段生均政府支出占人均 GDP 的比例较低，而初中、高中阶段大体相当且较小学更高。

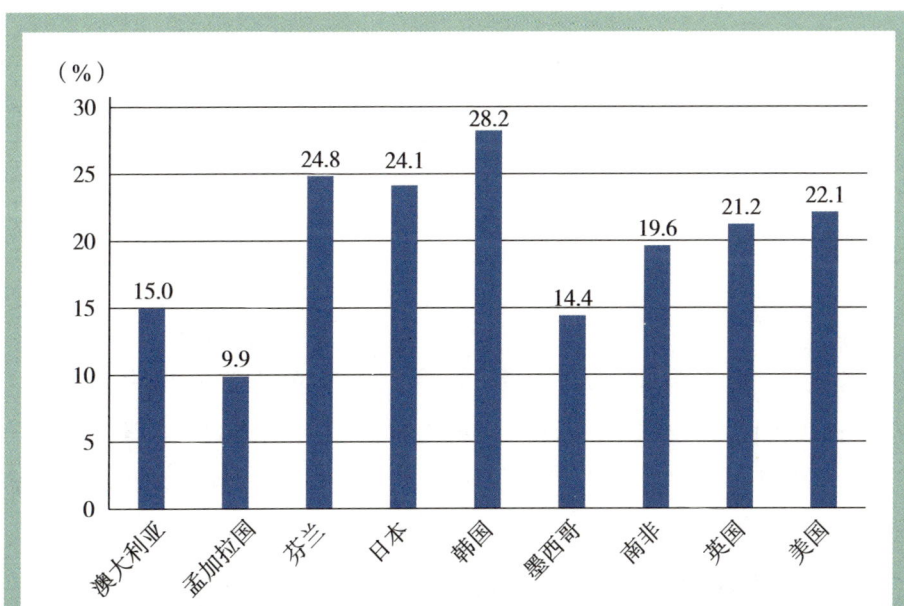

图 2.11 2016 年部分国家每名中学学生的政府支出占人均 GDP 的比例

资料来源：世界银行。

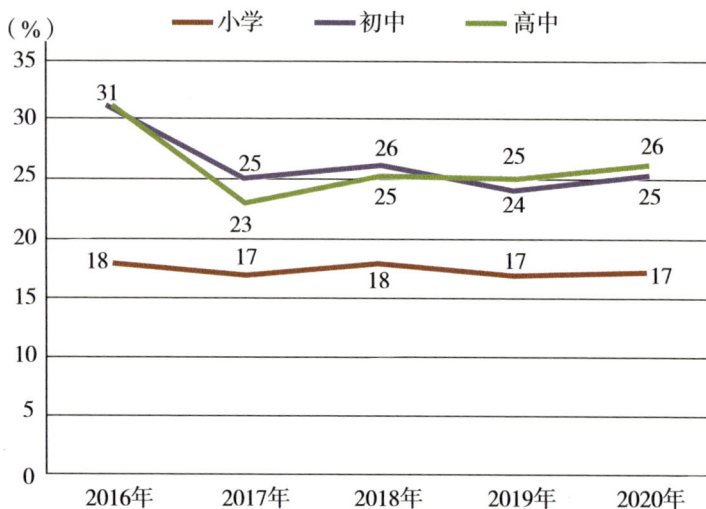

图 2.12　2016—2020 年中国小学、初中、高中每名学生的政府支出占人均 GDP 的比例

资料来源：教育部、国家统计局。

第 3 节　教育过程

一、入学率

（一）学前教育阶段入园率

　　学前教育是影响基础教育质量的重要因素。学前教育的关键作用在于培养孩子的专注力、思维能力以及学习能力等。同时，学前教育阶段是幼儿学习的初始阶段，也是幼儿智力发展最快速的阶段。接受完善的学前教育对基础教育阶段学生的成长具有重要推动作用。研究表明，2—3 岁为口语发展关键期，4—5 岁为图像知觉形成最佳期，5—6 岁为词汇发展最快期。[①]

---

① 周念丽 . 学前儿童发展心理学 [M]. 3 版 . 上海：华东师范大学出版社，2014：3-24.

在全球范围内，接受学前教育的儿童占比从 2009 年的 61% 增长至 2018 年的 69%。解读不同国家的幼儿教育参与情况，需考虑各国如何定义年龄组及特有的早教参与模式。目前，不同国家学前教育时长为 1 至 4 年不等。[1]由于各国经济状况、文化以及对学前教育的重视程度不同，其学前教育参与率也有所不同。例如，乍得学前教育毛入学率仅为 1%，而比利时和加纳则为 115%。经合组织数据显示，各国 4 岁幼儿入学率最为均匀，大多维持在 70%—100%。[2]总体而言，自 2000 年来，世界大部分国家（包括许多最贫困国家在内）接受学前教育的儿童占比都取得了缓慢但稳定的增长，但也存在许多国家掉队的情况。联合国数据显示，在新冠疫情暴发之前，正式进入初等教育年龄前一年，参加有组织学习的人的比例是稳步上升的，从 2010 年的 65% 上升至 2019 年的 73%，但各国、地区间的差异还较大，各地参加有组织学习的人的比例在 12% 到近 100%[3]。

《全球教育监测报告 2020》显示，2018 年中高收入国家的学前教育毛入学率为 83%，高收入国家为 63%，中低收入国家为 61%，低收入国家为 41%。[4]全球国家中，老挝的提升速度最快，该国的学前教育入学率已由 2011 年的 38% 提升至 2018 年的 67%。

图 2.13 显示，自 2011 年开始，中国学前教育毛入园率总体呈上升趋势，且 2015 年增速最快，比 2014 年提高 4.5 个百分点。从国际对比来看，作为中高收入国家，中国 2018 年学前教育毛入园率为 81.7%[5]，低于中高收入国家平均水平 1.3 个百分点，但高于高收入国家 18.7 个百分点，而 2019 年和 2020 年，中国学前教育毛入园率分别达到 83.4% 和 85.2%。总体而言，中国学前教育毛入园率与国际领先水平接近，且优于多数发展中国家甚至发达国家，体现了学前教育阶段的国际竞争力优势。这不仅得益于普惠性幼儿园数量的增长，

[1] 联合国教科文组织.全球教育监测报告 2020[R/OL].[2021-08-17]. https://gem-report-2020.unesco.org/zh/3974-2/.
[2] OECD. Enrolment rate in early childhood education [DS/OL].[2021-08-21].https://oecd-library. org/education/enrolment-rate-in-early-childhood-education/indicator/english-ce02dof9-en.
[3] 联合国.实现可持续发展目标进展情况 [EB/OL].[2021-08-25].https://undocs.org/zh/E/2021/58.
[4] SCOPE.全球教育监测报告 [R/OL].[2021-08-16]. https://unesdoc. unesco. org/ark./48223/pf0000373718.
[5] 教育部.2018 年全国教育事业发展统计公报 [EB/OL].（2019-07-24）[2022-03-16].http://www.moe.gov.cn/jyb_sjzl/sjzl_fztjgb/201907/t20190724_392041.html.

也得益于民办幼儿园的有益补充。

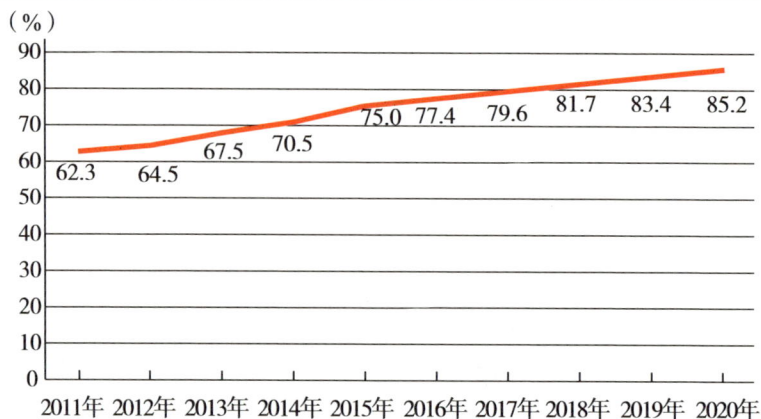

图 2.13　2011—2020 年中国学前教育毛入园率

资料来源：2011—2020 年《全国教育事业发展统计公报》。

（二）初等教育阶段入学率

2000 年以来，世界各国在普及初等教育方面取得了巨大成就。2015 年，全世界识字率快速上升，失学儿童人数下降了近一半。依据联合国教科文组织的可持续发展目标 4 的阶段性目标，2018 年所有适龄儿童均要进入学校，但世界银行数据显示，2018 年世界初等教育入学率平均仅为 89%[1]，联合国教科文组织数据则显示低收入国家仅有 70% 的儿童有入学机会[2]。图 2.14 显示，在初等教育阶段，世界平均净入学率为 89%，收入水平越高的国家（地区），其净入学率越高。不同收入水平国家（地区）初等教育净入学率差异明显。例如，高收入国家净入学率为 96%，与低收入国家（70%）相差 26 个百分点，与中低收入国家（87%）仅相差 9 个百分点，与中等收入国家（90%）相差 6 个百分点，与中高收入国家（95%）仅相差 1 个百分点。在毛入学率方

---

[1]　世界银行 . 数据：入学率，小学（净百分比）[EB/OL].[2021-09-02].https：//data.worldbank.org.cn/indicator/SE.PRM.NENR？ view=chart.

[2]　联合国教科文组织 . 可持续发展目标监测：获取 [EB/OL].[2021-08-26].https：//www.education-progress.org/zh/articles/access.

面，世界上不同收入水平的国家（地区）毛入学率均不小于100%。如图2.15所示，世界银行最新数据显示，2019年世界平均毛入学率为102%，高收入国家、中高收入国家、中等收入国家、中低收入国家和低收入国家分别为101%、103%、101%、100%和104%。各收入水平国家（地区）毛入学率大体相当。

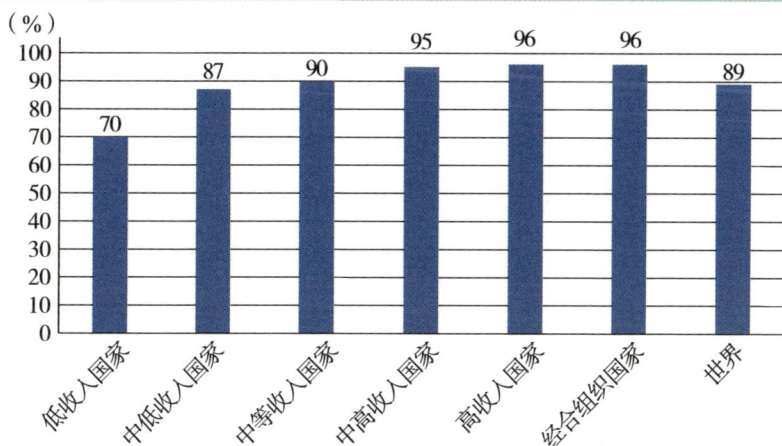

图2.14　2018年世界各收入水平国家和地区初等教育阶段净入学率

资料来源：世界银行、联合国教科文组织统计研究所。

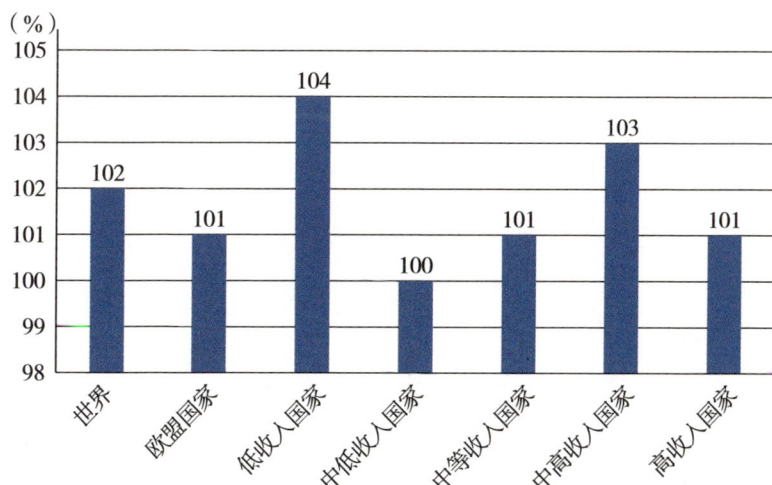

图2.15　2019年世界各收入水平国家和地区初等教育阶段毛入学率

资料来源：世界银行。

作为中高收入国家，中国 2018 年初等教育阶段学龄儿童净入学率达99.95%，高出世界平均水平 10.95 个百分点，高出高收入国家及经合组织国家3.95 个百分点，高出同水平国家 4.95 个百分点。另外，中国 2019 年、2020年初等教育阶段学龄儿童净入学率分别为 99.94%[①] 和 99.96%[②]，表现出很强的竞争优势，这也为中国基础教育国际竞争力的提升奠定了基础。

（三）中等教育阶段入学率

在净入学率方面，世界各收入水平国家（地区）中等教育入学率均具有提升空间。如图 2.16 所示，世界银行数据显示，2018 年世界上平均仅有66% 的青少年进入中等教育学校，且国家（地区）收入水平的高低直接影响其中等教育入学率。高收入国家、中高收入国家、中等收入国家、中低收入国家和低收入国家分别为 91%、82%、68%、60% 和 34%。[③] 其中，高收入国家净入学率高于低收入国家 57 个百分点，高于中等收入国家 23 个百分点。在毛入学率方面，如图 2.17 所示，2019 年，世界上平均仅有 76% 的青少年进入中等教育学校，高收入国家、中高收入国家、中等收入国家、中低收入国家和低收入国家的毛入学率分别为 106%、93%、77%、70%、40%。其中，高收入国家毛入学率高出低收入国家 66 个百分点，高出中等收入国家 29 个百分点。中国 2019 年初中阶段毛入学率为 102.6%，高出世界平均水平 26.6 个百分点，低于高收入国家及经合组织国家 3.4 个百分点，高出同等收入水平国家 9.6 个百分点。另外，2020 年，中国初中阶段毛入学率为 102.5%[④]，基本保持稳定。

---

① 教育部 .2019 年全国教育事业发展统计公报 [EB/OL].（2020-05-20）[2022-03-16].http：//www.moe.gov.cn/jyb_sjzl/sjzl_fztjgb/202005/t20200520_456751.html.

② 教育部 .2020 年全国教育事业发展统计公报 [EB/OL].（2021-08-27）[2022-03-16].http：//www.moe.gov.cn/jyb_sjzl/sjzl_fztjgb/202108/t20210827_555004.html.

③ 世界银行 . 数据：入学率，中学（净百分比）[EB/OL].[2021-09-04].https：//data.worldbank.org.cn/indicator/SE.SEC.NENR.

④ 同②.

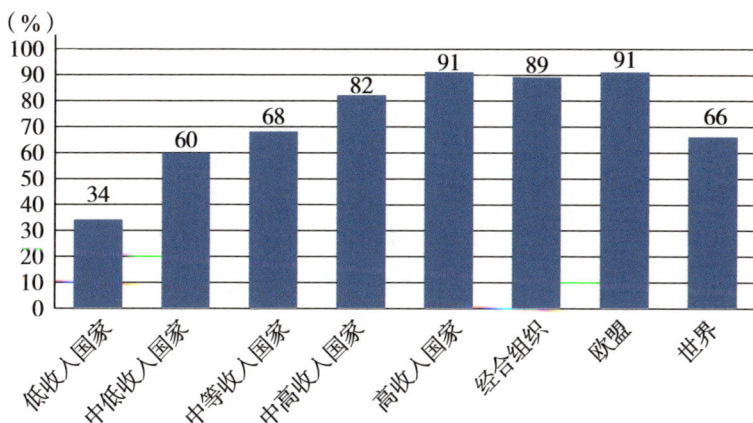

图 2.16　2018 年世界各收入水平国家和地区中等教育阶段净入学率

资料来源：世界银行、联合国教科文组织统计研究所。

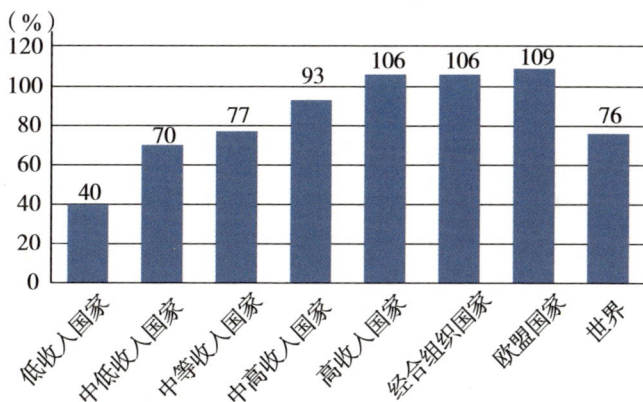

图 2.17　2019 年世界各收入水平国家和地区中等教育阶段毛入学率

资料来源：世界银行、联合国教科文组织统计研究所。

综合上述分析，在初等教育阶段，不同收入水平国家（地区）的毛入学率均超过 100%；在中等教育阶段，高收入国家、经合组织国家及欧盟国家的毛入学率也超过了 100%。尽管如此，一些国家在这些指标上仍然落后，例如，在巴基斯坦，有 24% 的 10 岁儿童仍未能入学，且存在 14 岁青少年还在上小学的情况；在海地等国家，10 岁儿童中约有 5% 还在接受学前教育，19

岁青少年中有 17% 还在接受小学教育。[①] 在一些国家，超过四分之一的小学生在入学时已超龄。[②] 超龄入学会增加考试不合格、留级和辍学等的可能性，会对基础教育产生不利影响。与世界平均水平相比，中国表现亮眼。截至2019 年底，中国初等教育与初级中等教育阶段（九年义务教育阶段）的在校生巩固率已达 94.8%[③]；截至 2020 年 11 月 30 日，全国九年义务教育阶段辍学学生台账已由建立之初的约 60 万人降至 831 人。在高级中等教育阶段，毛入学率已达 89.5%，且已有 28 个省份该教育阶段的毛入学率超过 90%。[④] 可见，中国基础教育在保障入学方面表现出了强劲的国际竞争力。

二、性别差异

消除性别差异，不让任何一个孩子掉队是可持续发展目标的追求，也是判断基础教育竞争力的重要指标。从全球范围来看，目前，学前教育到高中阶段男女比例均衡问题的解决已取得显著进展，但各国情况不尽相同，具体如图 2.18 所示。

总体而言，2018 年实现小学学生性别均衡的国家占全球国家总数的 2/3，初中约占 1/2，高中仅约占 1/4。[⑤] 在世界上大部分地区（大多数是较为富裕的地区），中小学女生的比例均超过了男生，但在排名为后 1/4 的低收入国家中，同一学段的男女生人数之比为 10：9，高中阶段男女生人数之比为10：6。[⑥]

---

① 联合国教科文组织. 可持续发展目标监测：获取 [EB/OL].[2021-08-26].https：//www.education-progress.org/zh/articles/access.
② 同①.
③ 九年义务教育巩固率，是指初中毕业班学生数占该年级入小学一年级时学生数的百分比。
④ 教育部. 教育 2020 收官系列新闻发布会第四场：介绍"十三五"以来基础教育改革发展有关情况 [EB/OL].（2020-12-10）[2021-09-03].http：//www.moe.gov.cn/fbh/live/2020/52763/mtbd/202012/t20201210_504721.html.
⑤ 联合国教科文组织. 可持续发展目示监测：公平 [EB/OL].[2021-08-20].https：//www.education-progress.org/zh/articles/equity.
⑥ 联合国教科文组织. 全球教育监测报告 2020[R/OL].[2021-08-20] https：//gem-report- 2020.unes-co.org/zh/3974-2/.

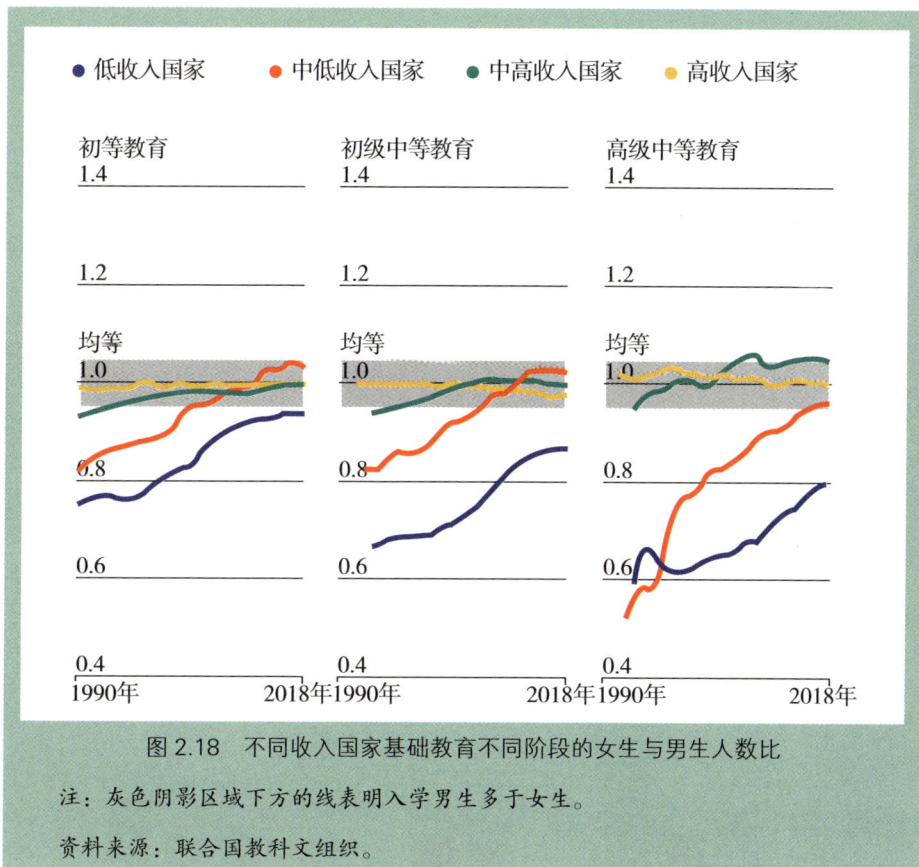

图 2.18　不同收入国家基础教育不同阶段的女生与男生人数比

注：灰色阴影区域下方的线表明入学男生多于女生。

资料来源：联合国教科文组织。

从收入水平的维度来看，在基础教育各阶段，随着学段的提升，收入水平不同的国家之间的男女生入学人数差距逐渐增大。虽然自 2000 年以来，因女孩处于弱势地位造成性别差异过大的国家数量已经减少，但在初等教育、初级中等教育以及高级中等教育各阶段中仍然存在性别差异的国家在所有国家中仍分别占到 7%、12% 和 16%，所有发展中国家仍有 1/4 的女孩无学可上。[①] 更为细致地来看，许多国家尚未在中等教育中实现性别均等，且不同教育阶段男女生辍学比例也还存在差别。2000 年至今，随着年级的不断上升，女生辍学的比例有所降低，男生辍学的比例却显著提升。这说明各国在初等教育、初级中等教育阶段应着重关注

---

① UNDP.Sustainable development goals[EB/OL].[2021−08−22].https：//www.undp.org/sustainable-development-goals#quality-education.

女童入学问题，而在高级中等教育乃至高等教育阶段应更加注重男生的学习、成长及继续接受教育等问题。

在消除性别差异方面，中国的情况如图 2.19 所示。在初等教育阶段，2018—2020 年，女生占比分别为 46.56%、46.60% 和 46.43%；在初级中等教育阶段，2018—2020 年，女生占比分别为 46.47%、46.43% 和 46.43%；在高级中等教育阶段，2018—2020 年，女生占比分别为 47.41%、44.34%[①]和 46.85%。从 2018 年与 2020 年的数据来看，高级中等教育阶段女生占比相较初等教育及初级中等教育阶段均更高。总体而言，中国基础教育各阶段女生比例均略低于男生约 3 个百分点，且各阶段表现较为均衡。因此，可以说中国在基础教育阶段基本消除了性别差异，在此方面具有一定的国际竞争优势。

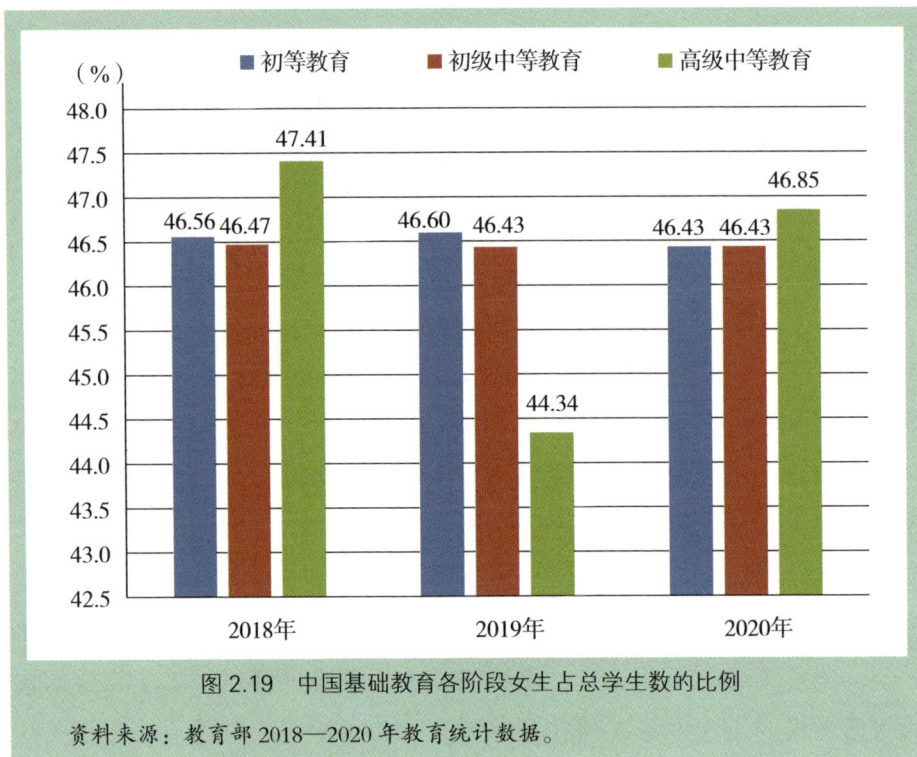

图 2.19　中国基础教育各阶段女生占总学生数的比例

资料来源：教育部 2018—2020 年教育统计数据。

---

① 因教育部 2019 年统计数据并未明确体现女生人数占比，故本文中的占比为笔者计算所得。

三、贫富差距对教育的影响 ①

消除贫富差距，实现人人可得、具有包容性和高质量的教育是国际社会的发展目标，探索贫富差距对基础教育的影响有助于了解一个国家或地区的基础教育竞争力。以往的入户调查数据显示，贫富差距、城乡差距所造成的教育不公平较性别差距而言更为严重。

在初等教育完成率方面，索马里最贫困者完成率最低，仅为 3%。贫富差距对教育产生影响最大的国家为安哥拉，其最贫困者初等教育完成率为 19%，最富有者为 89%，差距达 70 个百分点。在该阶段，白俄罗斯、土库曼斯坦、哈萨克斯坦、俄罗斯、以色列、乌兹别克斯坦、乌克兰等国的贫富差距对教育的影响最小。中国贫富差距对教育的影响较小，最贫困者完成率为 98%，最富有者完成率为 100%，差距仅为 2 个百分点，美国亦如此。

在初级中等教育完成率方面，马达加斯加最贫困者完成率为 0，尼日尔、莫桑比克、布基纳法索、中非共和国最贫困者完成率其次，仅为 1%。贫富差距对教育影响最大的国家为老挝，最贫困者初级中等教育完成率为 4%，最富有者达 78%，相差 74 个百分点。英国、芬兰、瑞士、斯洛文尼亚、捷克、冰岛、斯洛伐克、土库曼斯坦的最贫困者与最富有者初级中等教育完成率均达 100%。在该阶段，中国贫富差距对教育的影响较小，最贫困者完成率为 83%，最富有者完成率为 87%，差距为 4 个百分点。美国最贫困者的初级中等教育完成率为 98%，最富有者为 100%，差距为 2 个百分点。

在高级中等教育完成率方面，中非共和国、瓦努阿图、索马里、莫桑比克、马达加斯加、加蓬、布基纳法索、坦桑尼亚联合共和国、塞内加尔、尼日尔、莱索托等的最贫困者完成率为 0。贫富差距对该阶段教育影响最大的国家为乌拉圭，其最贫困者高级中等教育完成率仅为 1%，而最富有者为 91%，

---

① 联合国教科文组织. 可持续发展目标监测：获取 [EB/OL]. [2021-08-16]. https://www.education-progress.org/zh/articles/access#4.2.2.

差距达 90 个百分点；此阶段贫富差距对教育影响最小的国家为芬兰，其最贫困者完成率为 86%，最富有者完成率为 87%，差距仅为 1 个百分点。在该阶段，中国贫富差距对教育产生的影响较大，最贫困者完成率为 50%，最富有者完成率为 73%，差距达 23 个百分点。美国最贫困者完成率（85%）低于最富有者（97%）12 个百分点，英国情况较好，最贫困者完成率（83%）仅低于最富有者（87%）4 个百分点。

以上数据也表明，贫富差距对教育的影响随学段的升高而不断增大。世界平均初等教育完成率、初级中等教育完成率和高级中等教育完成率依次为 71%、60% 和 26%，中高收入国家依次为 95%、78% 和 39%，东亚和东南亚地区国家平均水平依次为 79%、49% 和 24%，中国分别为 98%、95% 和 69%，高于世界平均水平、中高收入国家水平与区域平均水平，具有国际竞争优势。

四、教师数量与质量

教师的使命是"赋权年轻人"，教师是开启优质教育的钥匙，也是决定一个国家教育竞争力的重要因素。目前，教育质量框架中衡量教师质量的方式主要有两种：一是教师是否具有教学资格，即是否具有符合国家规定标准的学历；二是教师是否接受过培训，即不论资格如何，是否接受过适当的教师培训。[1]

（一）生师比

从国际总体及各区域情况来看，2000 年以后，世界各国在普及教育的同时并未加紧开展教师招聘工作，导致生师比上升明显。但经济发展较好的地区自我调节能力相对较好，而经济发展较差的地区自我调节难度大，耗时也相对较长。如在初等教育阶段，撒哈拉以南非洲各国家生师比逐渐增大，北美和欧洲这一比值则自 2005 年之后趋于稳定，并一直保持在 15 左右。各区域初等教育、初级中等教育和高级中等教育生师比差异及趋势如图 2.20、图

---

[1] 教育质量框架由《2005 年全民教育全球监测报告》提出，十几年来一直是了解教育质量的标准参考。

2.21 和图 2.22 所示。

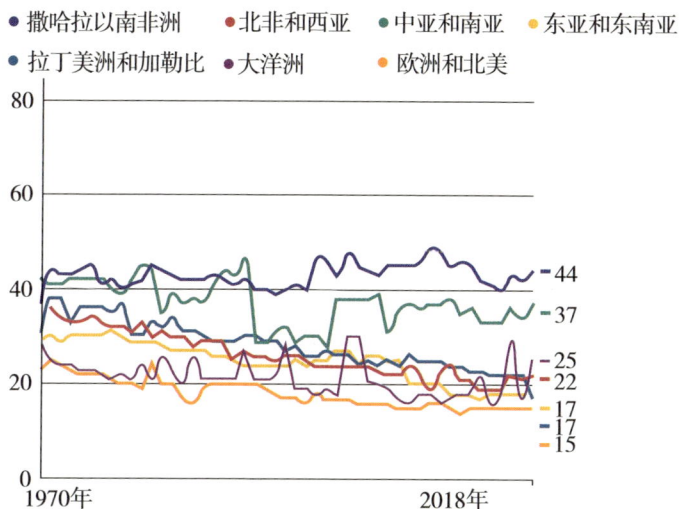

图 2.20　初等教育生师比

资料来源：联合国教科文组织。

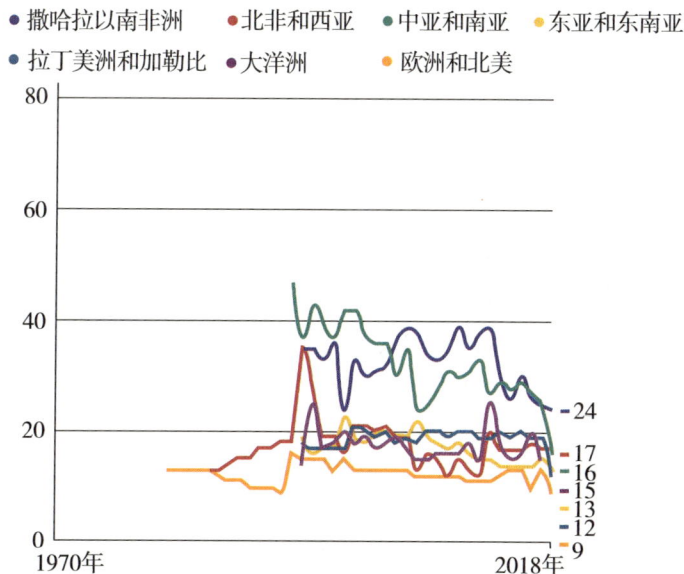

图 2.21　初级中等教育生师比

资料来源：联合国教科文组织。

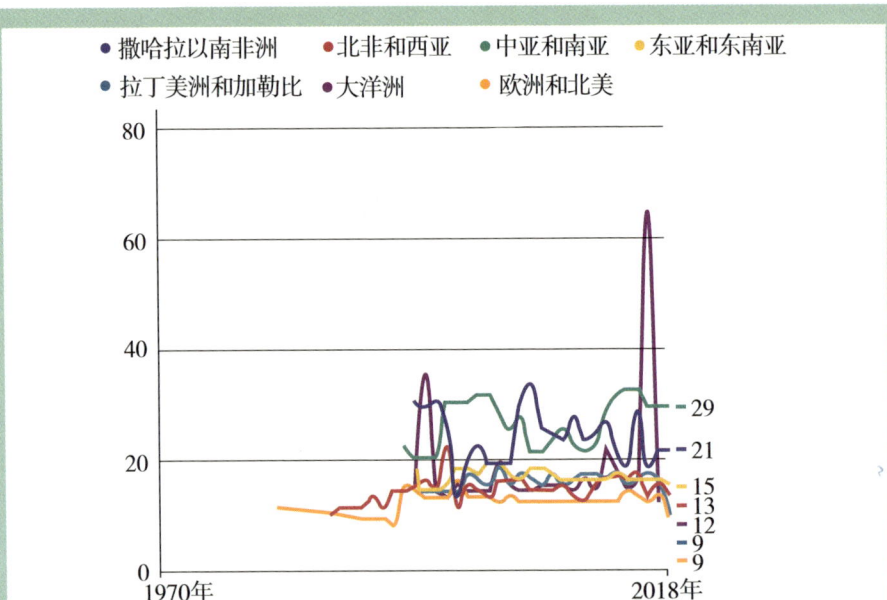

图 2.22　高级中等教育生师比

资料来源：联合国教科文组织。

中国基础教育各阶段生师比在不同时期略有不同。1970 年至今，初等教育阶段生师比不断缩小，2015 年开始基本保持在 16 左右；初级中等教育阶段自 2000 年达到最高的 18 后，从 2015 年开始逐渐稳定至 13 左右；与前两者不同，高级中等教育阶段在 2005 年达到最高（18），自 2010 年后逐渐下降，并在 2020 年达到 15。中国基础教育各阶段的生师比变化趋势如图 2.23 所示。

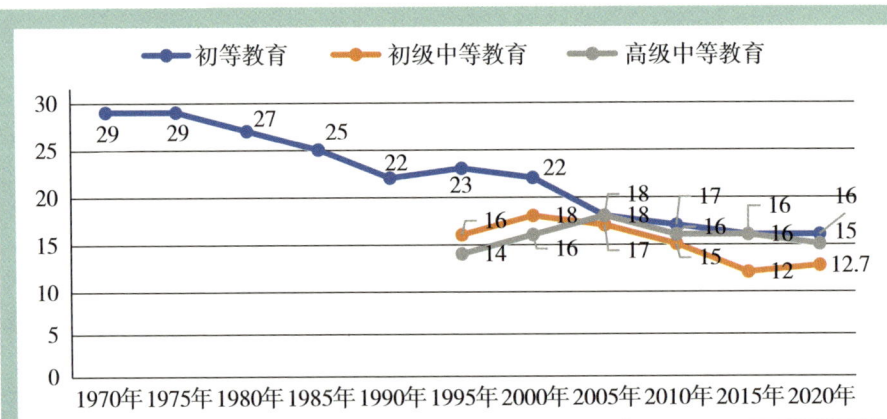

图 2.23　中国基础教育各阶段生师比

资料来源：联合国教科文组织、中国教育部网站教育统计数据等。

（二）教师教育和培养

教师教育是基础教育师资来源和质量提高的重要保证。在终身教育理念的指导下，按照教师专业发展的不同阶段，对教师进行完善的职前培养、入职教育和在职培训，使教师能够持续不断地学习专业知识、接受教学方法训练，不断提高教师的专业素养与实践能力，对建设一支高素质的教师队伍、实现优质教育目标具有重大意义。近年来，各国在教师教育方面展开了积极探索与实践，由于经济社会发展状况和体制差异，不同国家和地区的教师教育与教师培养模式、特征不尽相同。尽管如此，重视教师队伍建设、注重教师能力培养、提高师资质量等是各国共同追求的目标（详见专栏 2.1 ）。

教师教育不仅包括良好、正规的师范教育，还包括教师入职后的继续教育和培训。良好的教师培训是判断基础教育竞争力的重要因素。然而，目前国际上对于"受过培训的教师"（可持续发展目标 4.c.1）的监测却不够清晰和详细。联合国教科文组织统计研究所已经发现了这一问题并正在积极寻求解决办法，如制订新的教师国际标准分类等。

以各国经济状况为视角，可持续发展目标指标（4.c.1）最新数据显示，2018 年，世界教师平均培训比例为 83%，高收入国家、中高收入国家、中低收入国家和低收入国家的这一比例分别为 99%、98%、86% 和 64%。近几年可持续发展目标指标（4.c.1）的监测数据显示，各区域教师培训的比例由高到低依次为：东亚和东南亚 100%，拉丁美洲加勒比 99%，欧洲和北美 96%，北非和西亚 91%，中亚和南亚 82%，大洋洲 76%，撒哈拉以南非洲 69%。另外，经合组织发现，教师对工资的满意度较低，但对工作的满意度较高，其中，以色列教师对工作的满意度为 98%，韩国为 79%。[1]

为扎实推进基础教育阶段的教师队伍建设，中国自 2010 年启动"中小学幼儿园教师国家级培训计划"（简称国培计划）以来，共有 1288 个机构承担了全国共 31 个省、市、自治区的教师培训任务。截至 2019 年，约培训了全

---

[1]　OECD.TALIS 2018 results（volume I）：teachers and school leaders as lifelong learners [R].Paris：OECD Publishing，2019.

国教师及校长共 1680 万人次。其中，中西部参培教师约 1574 万人次，约占参加培训总人次的 94%。[①] 另外，在国培计划引领下，中国还构建了国培—省培—市培—县培—校培五级联动的教师培训网络。中西部优先、贫困地区优先的原则不仅有效推动了教育公平，也为提升中国基础教育竞争力奠定了坚实基础。

专栏 2.1　代表性国家的教师教育模式

美国：教师驻校模式

19 世纪就建立了师范教育制度的美国，在 20 世纪 50 年代和 80 年代经历了大学化教师教育培养模式和选择性教师教育模式两次改革，但成效始终不佳。大学化教师教育培养模式长期以来受人诟病，而选择性教师教育模式则被认为是一种失败的教师教育改革尝试。20 世纪 90 年代，美国以教师教育改革的新型道路——城市教师"驻校模式"提升基础教育教师竞争力，取得了一定的成效。

"驻校模式"是一种在预备教师取得学位后的教师培养计划，其宗旨在于服务学区，为学区培养对口的教师。总的来看，可将"驻校模式"的教师培养流程分为三个阶段：一是理论课程学习阶段；二是驻校实习阶段；三是留校顶岗实习阶段。其中，第一、第二阶段完成教师基础能力培养，使学员具备基础的教师能力，第三阶段侧重于入职指导和教师领导力的培养。

完整的"驻校模式"实施周期为四年。第一年为驻校培养阶段，在这一阶段，被录取的学员能够带薪入驻某学区的中小学，在指导教师的指导下完成教育理论学习与教学实践。结束驻校培养后，学员会开始三年的入职实践。在这一阶段，学员以小组为单位被分配到学区中师资力量相对薄弱的学校，并获得初级教师资格。

在入职实践阶段，理论课程的学习也不会停止，但内容会更加细致，每周的前四天由指导教师进行一对一的教学指导，周五是在课堂外进行有指导的实践活动。此外，每周会有一个晚上举行一次研讨会，每年年初还会进行考核，对学员驻校期间的经验和不足做出总结，并制订后半年的学习计划。

德国：卓越教师教育计划

经过两个多世纪的探索，德国逐步形成了独特的职前教师教育体系。近些年，随着职前教师教育领域需求的变化，德国开始对该体系进行改革，提出了"精英教师教育方

---

① 联合国教科文组织教师教育中心 ."国培计划"蓝皮书（2010—2019）摘要 [EB/OL].（2020–09–04）[2021–09–04].http://www.moe.gov.cn/jyb_xwfb/xw_zt/moe_357/jyzt_2020n/2020_zt16/guopeijihua/guopeilanpishu/202009/t20200907_485968.html.

续

专栏 2.1　代表性国家的教师教育模式

案"。2012 年 4 月，德国科学联合会宣布将方案定为"卓越教师教育计划"（简称"计划"）。2014 年 12 月，联邦政府和各州共同启动了"计划"，2015 年 5 月确定了"计划"的整体框架。

"计划"的核心是以寻求改进为导向，具有以下四方面特征：一是通过引入指导教师、教与学实验室等多种不同的方式，改善教师教育实践课程的质量；二是为教师提供多样化、有针对性的专业咨询和支持服务，唤醒教师对职业的期待和追求；三是促进教师教育发展的多元化和包容性，引领职前教师从文化、成就等主题进行深入学习；四是加强教师培养三个阶段（大学师范学习、见习服务期、在职继续学习）的联系。"计划"的有效实施促进了教师职业发展的可持续性和系统性。

日本：设立教职研究生院

日本政府重视教师职前培养与职后培训的一体化，不断将师资培养的重点从职前转向职后，教师继续教育系统完备、特色鲜明，尤其重视培养"高度实践型"教师。

为提高教师的实际教学及现场问题处理能力，日本设立了极具特色及成效的教职研究生院。该院以应届大学毕业生与在职教师为招收对象，其目的在于：第一，对已经完成本科学业并且具有较好资质与能力的大学毕业生进行进一步的培养，使他们更具实践指导能力与发展能力；第二，对在职教师进行再教育，使其成为既有扎实理论又有实践能力和应用能力的学校领导者或核心骨干教师，以使他们能够在地区和学校中起到指导作用。

教职研究生院的课程由"共通科目""选修科目""教育实习"三部分组成。"共通科目"即必修科目，该部分课程共有 20 学分。"选修科目"是由学员根据专业和优势来进行选择的课程，目的是将学员培养成领域专才，如课程开发专家、学生指导专家、班级管理专家等，该部分共占 15 学分。"教育实习"有 10 学分，各教职研究生院与所在地区共同设定"联合协力校"作为实习基地。

教职研究生院的标准学制为两年，其毕业条件有三：一是在校时间达到两年以上；二是必须修完 45 学分；三是必须上交一份事例研究报告书。此规定一方面是为了改善教师培训过程中重学术轻实践的状况，另一方面也是为了保障教师的实习实践。从教职研究生院毕业的学员会被授予"教职硕士"专业学位，并授予现行的专修教师许可证。另外，为了保障教师的实际指导能力，维持研修场所的水平，已毕业的学员每五年需到认证机构进行资格认证。

英国：以中小学为基地

21 世纪以来，英国教师教育模式改革的一些先行者尝试直接在中小学中培养教师，

续

专栏 2.1　代表性国家的教师教育模式

并获得了成效。这使英国的教师教育政策制定者意识到，以大学化教师教育模式为代表的"自上而下"的教师培养政策束缚了位于制度末端的中小学校和一线教师的能力与水平。要想提升教师培养的质量，应在教师培养体系中赋予中小学校更大的权力，充分发挥好一线校长和教师的主观能动性，积极创新教师培养与发展的方式和途径。于是，英国建立了以中小学为主导的基础教育阶段教师培养模式。

2010年，英国教育部发布《教学的重要性》(The Importance of Teaching)教育白皮书，主张革新教师培训与发展路径，发起了"教学学校"（Teaching Schools）项目，并提出在全国范围内建立"教学学校联盟"（A National Net-work of Teaching Schools）。这一政策使中小学成为英国教师教育的中心。在"教学学校联盟"中，中小学、大学以及地方教育行政部门之间开展合作，取得了系列成果：一是提升了区域内教师的培养质量；二是提升了学校中、高层管理者的领导力；三是推动了教师的专业发展；四是缩小了学校间的差距。

中国：集中式培养

中国的教师教育一体化改革源于 20 世纪 90 年代中期，以"集中化培养"为主要模式，注重职前、职后培训，但却相对割裂，培训地点多集中在专门的教师教育机构，社会对非正规化的教师教育机构缺乏认同。总体而言，中国教师培养思路的变化具有以下四个特征。一是教师培养的重心由效率转向质量。从《中共中央关于教育体制改革的决定》提出建立一支有足够数量的、合格而稳定的师资队伍，到《面向 21 世纪教育振兴行动计划》《中共中央国务院关于深化教育改革全面推进素质教育的决定》等均强调大力提高教师队伍素质。二是教师培养体系从封闭走向开放。《关于师范院校布局结构调整的几点意见》正式提出以师范院校为主体，其他高等学校积极参与，中小学教师来源多样化。三是教师培养诉求从效率转为公平。提供公平而有质量的教育是国家教育事业发展的目标。面对城乡教育资源不均衡，乡村教师"下不去、留不住"等问题，国家颁布了《关于实施"中小学教师国家级培训计划"的通知》《关于完善和推进师范生免费教育的意见》《关于实施卓越教师培养计划的意见》，并加大力度实施"特岗计划""农村学校教育硕士师资培养计划"等，提升乡村教师队伍数量和质量。四是教师培养层次逐步提高。《国务院关于基础教育改革与发展的决定》提出推进师范教育结构调整，逐步实现三级师范向二级师范的过渡。"农村学校教育硕士师资培养计划"提出录取部分优质师范毕业生到农村任教三年并完成在职研究生课程。

中国教师培养培训体系虽不断健全，但就教师培养而言还面临着亟待探讨与优化的问题，如开放教师培养体系造成培养门槛较低、教师培养忽略乡土取向的培养路径等。与发达国家相比，中国中小学教师在实践能力与教师教育主阵地作用发挥方面也还存在

续

> **专栏 2.1　代表性国家的教师教育模式**
>
> 不足。美国的"驻校模式"考虑了从学校到政府和基金会等多方的利益，在驻校实习和留校顶岗中，充分体现了有经验教师的存在感——既能及时跟进学员的实习进程，又能对其学习成果与教学质量给予充分的指导和监督；日本培养的"高度实践型"教师也有利于提升教师的实践能力。所以，未来我国的教师教育要向扎根一线、遵循以实践能力培养为原则的培养模式转变。
>
> 参考资料：Berry B，Montgomery D，Rachel C，et al. Creating and sustaining urban teacher residencies：a new way to recruit，prepare and retain effective teachers in high-needs districts[R/OL].[2021-11-02].https：//files. eric. ed. gov/fulltext/ED512419.pdf；Department for Education.The importance of teaching：the schools white paper 2010[M]. London：TSO，2010；Solomon J.The Boston teacher residency：district-based teacher education[J]. Journal of Teacher Education，2009，60（5）：478-488；陈朝新，陈一铭，马勇琼.自我效能感与教师专业发展 [M].桂林：广西师范大学出版社，2016：55-57；八尾坂修.教職大学院—スクールリーダーをめざす [M].东京：协同出版社，2006：19-30；李琼，高丼兴阳，裴丽.扎根于实践的教师教育改革：英国教学学校政策与启示 [J].全球教育展望，2016（10）：103-113；曲铁华，郝秀秀.日本教师继续教育的特色及对我国的启示 [J].中小学教师培训，2016（6）：74-78；苟渊.教师教育一体化改革的回顾与反思 [J].教师教育研究，2004（4）：8-12；于喆，曲铁华.德国"卓越教师教育计划"推进项目发展与评价研究 [J].东北师大学报（哲学社会科学版），2020（1）：184-189.

五、职业教育课程

目前，国际上职业教育课程的典型模式有五种，分别为国际劳工组织"MES"（Modules of Employable Skills，就业技能模块）模式、澳大利亚"TAFE"（Technical and Further Education，技术与继续教育）模式、英国"BTEC"（Business & Technology Education Council，"文凭 + 证书"）模式、加拿大"CBE"（Competency Based Education，能力本位）模式、德国"双元制"（Dual System，校企合作）模式，具体如表 2.2 所示。①

① 徐平利.从世界到中国：职业教育课程典型模式的比较和慎思 [J].中国职业技术教育，2021（32）：23-29.

表 2.2 世界职业教育课程典型模式

课程模式	主要特征
双元制模式	1. 法律保障，企业与学校、学生签协议，企业本位； 2. 学校开展理论教学，企业进行实践训练，工学交替； 3. 企业培训费可抵税，学校由国家资助； 4. 重视工作过程系统化课程建设，弥合理论与实践的距离； 5. 逐渐从企业本位向重视学校转变； 6. 强调培养具有综合素质的实践专家。
CBE 模式	1. 以布鲁姆（B. Bloom）的"目标分类理论"为依据； 2. 形成职业能力分析表（DA-CUM 表）； 3. 从单向能力到综合能力； 4. 小批量，多层次，科学化。
MES 模式	1. 分解工作任务，建立就业技能模块； 2. 形成训练单元； 3. 及时评价反馈，培训效率高； 4. 培训时间 50—600 小时不等； 5. 技能评估由行业组织的评估机构进行。
BTEC 模式	1. 国际标准技能证书课程和职业教育学历文凭课程； 2. 能力本位； 3. 模块化（课程包）课程； 4. 质量评估与审核体系完整严格。
TAFE 模式	1. 学分制和弹性学制； 2. 文凭＋证书，终身教育； 3. 核心是"培训包"（国家认可的职业资格培训体系）； 4. 能力本位。

　　总体来看，以上五种模式具有效率化、体系化、目标化和标准化等特征。具体而言，有如下特色：一是在管理方式上采用"文凭＋证书管理"及"弹性学制＋学分制管理"模式；二是在目标任务上将工作任务与技能训练有机结合，通过分解工作任务，建立培养目标体系，形成相互配合的训练单元；三是在课程开发上以岗位所需能力为核心，并围绕职业岗位所需的能力进行分解式教育，逐渐形成了职业能力分析表，建立了就业技能模块，对单项能

力进行叠加与组合，有助于形成综合式能力；四是在评价标准上注重课程标准与评价反馈的结合，有助于根据目标确定课程标准与训练标准。

2000 年以后，国际职业教育典型模式受到了我国课程理论专家的大力推广。目前，我国的职业教育课程模式发展已走出简单的"移植"阶段，形成了独具特色的开发模式，主要有六种，具体如表 2.3 所示。

表 2.3　中国职业教育课程模式

课程模式	主要特征
"宽基础，活模块"课程	1. 基于集群理念设计课程； 2. 面向工作岗位； 3. 以就业为导向。
"工作过程系统化"课程	对德国"学习领域课程"的移植： 1. 把工作过程"系统化"后引入学习领域； 2. 建立工作任务和课程内容的密切联结。
项目课程	1. 以技术知识为理论基础； 2. 教师引导学生完成"完整项目"任务； 3. 重视整体思维和综合能力。
"任务引领型"课程	1. 以工作任务的结构为中心编排课程内容； 2. 以完成典型工作任务为导向实施教学。
"工学一体化"课程	对德国"学习领域课程"的改造： 1. 建立工作任务与学习内容的一体化联结； 2. 学校课程与企业技术联动更新； 3. 泛化为理论与实践相结合的教学。
"课证共生共长"课程	1. 把龙头企业工程师认证标准引入学校课程； 2. 课程开发与认证推广实现互嵌共生； 3. 课程体系与企业认证体系实现互动共长。

总体来看，我国职业教育课程具有系统化、一体化、模块化、项目化、任务化以及与工作契合的特征，且课程发展已经与世界水平同步，在职业教育课程模式方面具有一定的国际竞争力，但也还存在一些不足。例如，未完

全摆脱"三段式"课程理念，与普通教育课程缺乏区分；企业参与度不高，校企互动不足；过于程序化，教师创造性有待提升；证书普及性不高；等等。面对第四次工业革命的影响，我国职业教育课程体系与职业教育系统亟须改革。

六、教育创新

探索未来教育发展、积极推动教育创新，不仅能保持基础教育的可持续竞争力，同时也能推动教育发展更好地与经济社会发展相融合。从实践来看，经济社会的发展方向决定了教育创新与变革的方向，教育系统以培养时代所需的人才为己任。当前，新一轮科技革命和产业变革正风起云涌，深刻改变着人们的生产、生活和学习方式。同时，技术在深刻改变人类生产生活方式和各国竞争力的同时，也在加快重塑传统教育生态。在此背景下，世界各国都在抢抓机遇，积极发挥现代信息技术在促进教育公平、提升教育质量中的作用，不断推动教育理念、课程体系、教学与管理模式等的创新。教育创新贯穿于整个教育过程，很难将其割裂为单一的指标进行衡量。因此，在本部分，我们主要以专栏的形式展示代表性国家在未来学校、课程建设和人才培养等方面的创新实践。

（一）技术与教育融合创新

如何应对人工智能等新一代信息技术带来的机遇与挑战已成为教育系统必须面对的问题。当前，人工智能等前沿技术在教育领域的应用已覆盖"教、学、测、练、评、管"等各个场景，为学生、教师和教育管理者提供了更加精准、个性化和便捷的服务。技术与教育的融合，从外在表现上看是学校、教室、班级制度等的变化，从根本上看，则是教育理念、模式以及未来社会人才需求的变化。学校作为教育的重要阵地，也将在未来发生巨大变化。从实践来看，世界各国和地区对于未来学校的探索已经非常普遍。这些未来学校项目以 21 世纪所需的技能培养为目标，以现代教育信息技术手段为支撑，通过开展个性化的学习与教学活动，培养能够适应未来社会发展的人才。[1] 例如，1996 年，美国提出了"未来教育计划"，总目标是在设计和建设更加高效的教育系统方面成为引领者。按照美国教育技术办公室对"美国国家教育技术规划"（National Educational Technology Plan，NETP）的界定，该规划是为教师、政策制定者、管理者和教师培训专业人员提供的"一种行动的呼唤、一种通过技术实现学习的愿景、一组建议和来自真实世界案例的集合"。自1996 年以来，美国共发布了 6 个"美国国家教育技术规划"，推动了美国教育信息化建设和发展。2006 年，美国创建了"费城未来学校"，这所学校里没有纸、笔和课本，学生借助网络和移动终端设备随时随地开展学习，学校允许每位学生的学习进度有所不同。[2] 除美国外，欧盟尤其是德国、新加坡以及中国也都陆续开展了自己的"未来教育计划"（详见专栏 2.2）。

专栏 2.2　代表性国家未来学校计划

欧盟：未来教室实验室

　　欧洲学校联盟于 2012 年 1 月在布鲁塞尔成立了未来教室实验室，该实验室由一间会议室和一个巨大的开放式空间组成。未来教室实验室的目标有三个：一是为欧盟的信息技术决策者提供决策依据；二是展示未来教室教与学的技术和方法；三是提供培训、教师持续发展课程。未来教室实验室有六个学习区，分别是互动区、展示区、探究区、创造区、交换区和发展区，每一个学习区侧重于特定的领域。

　　在互动区，教师利用技术来提升互动性，个人设备（如平板电脑、智能手机）、教学设备（如交互式电子白板）等是必需品，学习内容也是交互式的。学生的座位可以进行组合。现代技术让课堂"流动"起来，当学生使用自己的设备时，很多软件让学生之间的合作有了新的可能性。在展示区，学生可以展示工具、进行讲演。在一个布局精巧的演讲区域内，学生可利用不同的分享工具进行互动。在探究区，教师能够促进探究式学习和基于项目的学习，从而提高学生的思辨能力。探究区能够灵活、快速地被改装成便于小组学习、配对学习或独立学习的多种空间形式。丰富、真实的数据以及考试和分析工具给研究带来了附加价值。在创造区，学生积极参与生产和创造活动，通过各种技术来设计产品。在交换区，学生可以分享、合作，信息技术能够为其提供更加多样的交

---

[1]　任萍萍 . 智能教育：让孩子站在人工智能的肩膀上适应未来 [M]. 北京：电子工业出版社，2020：18-36.

[2]　张治 . 走进学校 3.0 时代 [M]. 上海：上海教育出版社，2018：280.

续

专栏 2.2   代表性国家未来学校计划

流和合作方式。交流不限于面对面交流和同步交流，还包括在线交流和非同步交流。发展区是一个非正式学习和自我反思的场所。学生不仅能够在他们自己的空间内独立地进行学习，而且能在家里进行非正式学习，这使学生能够专注于自己感兴趣的内容。学校鼓励学生通过可靠和有效的非正式学习步入真正的终身学习阶段。

德国的 MINT 教育

2008 年 5 月，德国在"MINT 创造未来"联盟框架下设立了"MINT 友好学校"年度学校评选项目。MINT（Mathematik，Informatik，Naturwissenschaft und Technik）是德文"数学、信息、自然科学和技术"的缩写。

这个项目通过评选活动和标杆学校的榜样效应鼓励学校促进数学、信息、自然科学和技术专业的教育教学，培养学生对于这些专业领域的兴趣，提升教学质量，在学校中营造良好的学习氛围，并加强学校之间及学校与企业、科研机构之间有关 MINT 教育的合作。

早在 2006 年，德国就成立了以促进学龄前儿童和小学生科学素养发展为宗旨的"小小研究者之家"基金会。该基金会在全国范围内组织开展幼儿园和小学数学、自然科学、技术的专家咨询、实践指导、教师继续教育培训和资格认证工作，联合企业、科研机构等组织建立地方科学教育网络，同时为幼儿园和小学提供科学教育的素材、实验资源，帮助幼儿园和小学加强相关的软硬件和师资建设。"小小研究者之家"目前是德国最大的早期教育促进项目之一。

近年来，德国的中小学对于信息技术非常重视。一方面，信息技术被作为一门重要的科目纳入基础教育的课程教学之中；另一方面，各州都在极力推动学校教学硬件和软件的数字化，大多数学校都配备了计算机、多媒体等先进的数字化设备，并对教师进行数字化教学的培训，如巴伐利亚州推出了校内远程通信培训项目，而数字化学习材料也被黑森州等州正式纳入学习材料的范畴。

德国的 MINT 教育与科研机构、大学、企业紧密结合，近 300 所科研机构和大学参与到了欧盟"校园实验室"项目之中。校园实验室采用探究式学习的教学方式，让青少年自主开展高科技实验，使其成为实验课题的负责人，这有助于其在真实的实验环境中提高 MINT 意识、培养 MINT 技能。例如，德国国家航天与空间研究中心建立了 9 所校外科学实验室，并向青少年开放 13 项课题，涉及激光技术、雷达技术、环境遥感、气象、卫星观测数据分析、卫星导航等领域。企业也是推动 MINT 教育的重要力量。例如，巴斯夫公司针对不同年龄段的儿童建立了少年儿童实验室，设立了幼儿教育项目。

少年儿童实验室给中小学学生提供了实验机会，一年级至四年级的学生在这里使用化学设备探索生活中观察到的科学现象；五、六年级的学生通过实验学会如何把创意变成新产品；13 岁到 19 岁的学生可以通过一些项目学习化学和生物知识，同时运用课堂

续

专栏 2.2　代表性国家未来学校计划

中学到的知识。

新加坡："智慧国"发展计划

新加坡是一个富有创新精神和创新能力的国家，新加坡的全球竞争力位居世界前列。打造"智慧国"是新加坡政府一直努力的目标，其智慧城市发展在世界上名列前茅，智慧教育因此成为新加坡政府重点培植的领域。

2006 年，新加坡信息通信发展管理局与新加坡教育部联合发起了为期十年的"智慧国 2015"项目。该项目在教育方面的具体规划体现为"未来学校"计划，旨在鼓励学校充分利用高科技信息通信技术扩大学校教学和学习的内涵与外延，为学生提供优质高效的学习体验，提升学习的效率，不断提高学生的技能以面对未来挑战。

2007 年，新加坡教育部选出 5 所未来学校试点实施"智慧国"计划，康培小学、重辉小学、裕廊中学、克信女中和华侨中学成为首批未来学校。2008 年 3 月，新加坡科技中学成为第 6 所未来学校。2011 年 4 月，南侨小学和义安中学也被纳入未来学校的范畴。这些未来学校与新加坡教育部和信息通信发展管理局紧密合作，运用信息科技，推出创新的教学方法与管理模式。其中，义安中学是注重课程体系创新和开发的典范，它的启发式在线学习代理（Heuristic Online Learning Agent，HOLA）项目，是目前世界上第一个为在线学习者提供教育信息的项目。HOLA 可扮演多学科顶尖私人教师和学习同伴的角色。目前，该校已经成功开发了牛顿启发式在线学习代理（HOLA Newton）和莎士比亚启发式在线学习代理（HOLA Shakespeare），并积极探索如何将培养学生自主学习和思考能力的苏格拉底式质疑法（Socratic Questioning）应用于教学中。

2014 年，新加坡政府公布了"智慧国家 2025"计划，其核心是"三个 C"：连接（Connect）、收集（Collect）和理解（Comprehend）。"连接"的目标是提供一个安全、高速、经济且具有扩展性的全国通信基础设施；"收集"是指通过遍布全国的传感器网络获取更理想的实时数据，并对重要的传感器数据进行匿名化保护、管理以及适当的分享；"理解"是通过收集的数据尤其是实时数据，建立面向公众的有效共享机制，以更好地预测公众需求、提供更好的服务。

智慧教育是新加坡推动人才战略、人才立国的重要途径。通过在基础教育领域积极推进智慧教育改革，不断加强投资和研究，推动前沿技术的教育应用，新加坡智慧教育工作取得了显著的成绩。新加坡副总理兼财政部长王瑞杰表示："2025 年新加坡政府将开始在本地中小学采用结合人工智能（AI）科技的适应式学习系统，为学生提供个人化的教育服务。"人工智能技术将从多个维度与教育结合，如智能批改作业、自动答疑、构建和优化内容模型、建立知识图谱、高效管理课堂等，让学习者可以更容易、更准确地发现适合自己的内容。

续

专栏 2.2　代表性国家未来学校计划

中国：未来学校计划与智慧校园建设

中国"未来学校"计划先后经历了 1.0 与 2.0 两个阶段。2013 年，中国教育科学研究院启动了"中国未来学校创新计划"，2014 年成立未来学校实验室，并坚持以扎根中国、面向世界为原则，以科学研究为基础，以培养创新人才为根本，利用信息化手段促进学校教育的结构性变革，推动空间、课程与技术的融合，为中小学学校管理创新提供理论引领和实践指导。该计划一经实施便得到各地中小学校的支持，全国四百多所学校组建了"中国未来学校联盟"，并成功入选联合国教科文组织的"全球移动学习最佳实践案例"，圆满完成了"未来学校 1.0"阶段的研究任务。

2017 年 10 月，教育部学校规划建设发展中心启动了"未来学校研究与实验计划"，运用新理念、新思路与新技术，聚焦基础教育领域，推动学校形态变革和全方位创新。2018 年 11 月，中国教育科学研究院未来学校实验室发布了《中国未来学校 2.0：概念框架》，提出未来学校要注重信息技术与教育教学的深度融合，用科技重构教育流程，促进教、学、考、评、管以及家校合作等各个环节逐步适应每位学生的学习需求。

中国未来学校建设主要依托数字技术，以打造数字化和智慧化的校园为最终形态。

据教育部统计，截至 2019 年上半年，全国中小学互联网接入率达 97.9%，配备多媒体教学设备的普通教室有 348 万间，93.6% 的学校已拥有多媒体教室，其中 74.2% 的学校实现多媒体教学设备全覆盖，学校统一配备的教师终端、学生终端数量分别为 995 和 1469 万台，开通网络学习空间的学生、教师分别占全体学生和教师数量的 48.5%、66.7%。

随着 2018 年"学校联网攻坚行动"的深入实施，数字校园建设几乎全面普及，贫困地区学校宽带接入和网络提速降费也在持续推进。中国教育资源开放共享程度不断深化，国家数字教育资源公共服务体系日益完善。国家数字化学习资源中心积极开发海量优质的数字化学习资源，2020 年入库课程达 7.9 万余门。在线教学模式覆盖范围也持续拓展，"一师一优课，一课一名师"活动持续推进，晒课数量达到 2012 万堂。

当前，"数字校园"建设、"互联网+"与学校教育的融合已经进入较为成熟的阶段，在此背景下，数字化、在线化的校园建设与学校教育逐步向更深层次的"智慧校园"迈进。

所谓智慧校园，指的是一种"以面向师生个性化服务为理念，能全面感知物理环境，识别学习者个体特征和学习情景，提供无缝互通的网络通信，有效支持教学过程分析、评价和智能决策的开放教育教学环境和便利舒适的生活环境"。"智慧校园"既包含"智慧课堂"，也包含学校的"智慧化管理"。其中，智慧课堂是智慧校园中开展教育活动的主阵地，其核心是将前沿的信息化技术应用于课堂教学，从而创新教育模式和学习方式，提高教学效果和质量。近年来，在课堂教学方面涌现出许多技术与产品，虽然技术基础已逐步趋于一致，但在接口标准、开发理念和实现能力等方面，各产品还是参差不齐。

智慧校园将成为未来中国中小学校建设的重要方向。技术是智慧校园建设的核心支

续

专栏 2.2 代表性国家未来学校计划

撑力量。通过信息技术打破传统校园的时空维度是校园场景变革中的重要部分，但场景智能的重点不仅限于技术与现有教育场景的融合，还包括技术如何支撑场景的变革、适应未来教育发展的需要。新技术应用引发的变革不仅改变学生的学习传统，同时也考验着教师们的自主学习、探究、同伴协作及人机协作能力。

智慧校园不仅将改变教学环境、教学内容和教学工具，还将从更深的层次改变学校教育生态系统，推动学校教育理念更新、模式变革与体系重构，致力于实现人的现代化，实现更加开放、更加公平、更加优质的教育。

参考资料：胡钦太，郑凯，林南晖.教育信息化的发展转型：从"数字校园"到"智慧校园"[J].中国电化教育，2014（1）：35-39；黄荣怀，张进宝，胡永斌，等.智慧校园：数字校园发展的必然趋势[J].开放教育研究，2012（4）：12-17；全国十所知名小学组建"未来学校联盟"[EB/OL].（2016-01-05）[2021-10-20].https：//www.csdp.edu.cn/article/727.html；王天乐，施晓慧.新加坡推出"智慧国家2025"计划[EB/OL].（2014-08-19）[2021-05-03].http：//world.people.com.cn/n/2014/0819/c1002-25490518.html；任萍萍.智能教育：让孩子站在人工智能的肩膀上适应未来[M].北京：电子工业出版社，2020：54-80；杨宗凯.基础教育信息化2.0：科技促进教育创新发展的中国路径[J].中小学数字化教学，2018（4）：23-25；王素.中国未来学校2.0概念框架[EB/OL].[2021-05-03].http：//www.jyb.cn/rmtzgjyb/201811/t2018/124-121457.html.

未来教育的变革离不开新一代信息技术的支撑和引领，离不开教育信息化的持续推进。从世界范围看，中国教育信息化工作取得了突破性进展，为全球五分之一的人口营造了现代化的育人环境。与发达国家相比，中国用较少的投入取得了显著的教育信息化建设成效，堪称教育信息化发展史上的奇迹。北京、上海、广州等城市在信息化领导力、基础设施、互联网接入、数字化资源、教育教学模式创新、学习环境与空间建设、教师信息技术应用能力提升等信息化指标方面与美国、新加坡以及欧洲等发达国家和地区的城市的差距显著缩小。可以说，教育信息化是教育现代化的基本内涵和显著特征，是信息时代教育改革发展的必由之路，是促进教育公平、提高教育质量、推动教育改革的有力抓手和有效手段①。

---

① 雷朝滋.以教育信息化支撑和引领教育现代化[N].中国教师报，2018-01-03（12）.

改革开放 40 余年来，教育信息化逐渐被纳入法制化和标准化进程。2018 年，教育部印发《教育信息化 2.0 行动计划》，提出到 2022 年要基本实现"三全两高一大"的发展目标，教育信息化从 1.0 进入 2.0 时代（详见专栏 2.3）。教育信息化 2.0 阶段以"教育系统变革"为主要特征，重点关注教育信息化引发的质变，注重教育信息化的创新引领作用，推动教育信息化促进教育系统生态变革。中国正在从教育大国迈向教育强国，亟待从"跟随"变为"引领"。面对新时代国家社会发展的要求，中国教育信息化工作要在创新教学模式、服务模式以及治理模式上下功夫，实现从教育专用资源的开发、应用和服务向大资源的开发、应用和服务转变，实现从提升信息技术应用能力向提升师生信息素养转变，实现教育信息化从融合发展向创新发展转变[①]。

专栏 2.3　中国教育信息化发展历程

前教育信息化阶段

中国前教育信息化阶段以信息技术教育为主要特征，重点关注计算机教学实验和计算机辅助教学。前教育信息化阶段又划分为计算机教学起步阶段（1978—1990 年）、计算机教育发展阶段（1991—1999 年）。

在计算机教学起步阶段，教育信息化面临的主要任务是落实"三个面向""计算机的普及要从娃娃抓起"的教育任务。然而，由于经济条件限制，仅有少数学校能够开展计算机教学、培养计算机人才。在此期间，电化教育领导机构逐步建立，计算机辅助教学逐步得到推广。在计算机教育发展阶段，教育信息化亟待解决的主要任务是"振兴教育""推进素质教育""推动教育产业化""培养大批教育信息化专业人才"等。民族地区电化教育事业发展、中小学计算机教育软件、中小学计算机教育开始受到国家重视。以信息化手段开展师资培训、开设计算机课程、大力发展教育技术学科成为推进电化教育事业发展的重要手段。1994 年，启动建设中国教育和科研计算机网（CERNET），为校园通网络奠定了基础。有条件的学校开始试点建设计算机机房，开展计算机辅助教学和计算机辅助管理，信息化促进了管理垂直化。建构主义在教学中逐渐得到广泛应用，信息技术与课程呈现整合态势。

教育信息化 1.0 时期

教育信息化 1.0 时期的工作主要聚焦于信息化基础设施建设上。为发展乡村教育，中国先后采取了"农远工程""农远工程二期"以及以"三通两平台"为核心的一系列行动。

---

① 雷朝滋. 教育信息化：从 1.0 走向 2.0：新时代我国教育信息化发展的走向与思路 [J]. 华东师范大学学报（教育科学版），2018（1）：98-103，164.

续

<table>
<tr><th>专栏 2.3 中国教育信息化发展历程</th></tr>
</table>

具体举措：

（1）农村中小学现代远程教育工程

进入 21 世纪后，中国各级政府及教育行政部门更加重视基础教育信息化工作，建设力度不断加大，尤其是自 2002 年《教育信息化"十五"发展规划（纲要）》颁布以来，基础教育信息化在经费投入、建设规模、软硬件平台建设、技术应用等方面都取得了实质性的进步。但问题同样不容回避，尤其是信息化发展不平衡的问题。我国中西部和农村贫困地区教育经费短缺，信息化基础设施落后，信息化建设投入不足，中小学计算机普及率极低，网络设施不健全。据统计，2001 年底，北京每 14.87 名学生拥有一台计算机，上海每 16.7 名学生拥有一台计算机，而云南每 186 名学生拥有一台计算机，贵州每 118 名学生拥有一台计算机，甘肃每 93 名学生拥有一台计算机，中西部农村乡镇以下的许多学校几乎没有计算机。城乡教育信息化基础设施建设出现巨大鸿沟。

因此，2003 年《国务院关于进一步加强农村教育工作的决定》提出实施农村中小学现代远程教育工程（简称农远工程），这一工程为促进城乡优质教育资源共享，提高农村教育质量和效益，以信息技术为手段，采取教学光盘播放点、卫星教学收视点、计算机教室三种模式将优质教育资源传输到农村。根据设计目标，农远工程旨在用五年左右的时间，使全国约 11 万个农村小学教学点具备教学光盘播放设备和成套教学光盘，在全国 38.4 万所农村小学初步建成卫星教学收视点，在全国 3.75 万所农村初中基本建成计算机教室。工程投入由省级政府统筹安排，国家根据不同区域经济社会发展情况予以适当补助。

农远工程作为一个系统工程，为广大农村中小学打造了全新的教育生态，涉及硬件、软件与师资三个基本要素及其在信息技术环境中的相互作用。农远工程以硬件环境建设模式搭建了一个遍及全国农村的信息化平台，依靠远程教育资源应用实现教育资源均衡分配。其具体举措可以分为教育教学应用和教师发展应用两个方面。

在教育教学应用方面，农远工程基于课堂教学实践，在农村中小学现代远程教育环境下形成了十种基本教学应用模式，以及以媒体为中心、以教师为中心、以学生为中心三种课堂教学形态。丰富的远程教育资源活跃了农村中小学第二课堂，丰富了综合实践课程内容，拓宽了学生的视野。此外，农远工程基于学习者需求，利用"三种模式"的信息技术优势提出针对学习落后学生的听说交际教学策略、课堂教学管理策略、差异教学策略等。

在教师专业发展应用方面，农远工程硬件环境建设为教师培训提供了平台，如"西部农村教师远程培训计划"就是依托农远工程，有机结合"天网、地网、人网"，结合集中培训与现代远程教育，创新了教师培训的手段和方法，是大规模、低成本、高效益开展教师培训的实践。农远工程的实施不仅提供了信息技术环境和资源，而且带来了素质教育思想和新课程理念，对农村学校教师的教育理念和教学行为都产生了影响。在具

续

> **专栏 2.3　中国教育信息化发展历程**

体实施时，部分地区基于省、市、县、校四级管理体系或者基于校本培训开展有针对性的教师信息能力发展项目。另外，各地也通过对培训项目进行绩效分析、建立教师教学中应用信息技术的评价指标等措施，保证教师培训的有效性。

（2）"三通两平台"

自 2012 年起，中国开始进行以"三通两平台"为抓手的教育信息化建设，打造"宽带网络校校通、优质资源班班通、网络学习空间人人通"的信息化育人环境，建设教育资源公共服务平台和教育管理公共服务平台，这也是教育信息化 1.0 时期我国信息化建设的核心目标与标志工程。通过推动"宽带网络校校通"，完善学校教育信息化基础设施；通过推动"优质资源班班通"，加快内容建设与共享；通过推动"网络学习空间人人通"，促进教学方式与学习方式的变革；通过建设教育资源和管理两大"公共服务平台"，为教育信息化提供坚实支撑；通过加强队伍建设，支撑教育信息化可持续发展。

"三通两平台"的本质是促进信息技术与教育教学的深度融合，通过信息技术的深化应用促进教与学的变革，提高人才培养的质量和效率。其中，"三通两平台"的"两平台"是基础，是通过信息化建设工作实现的，而"三通"则主要强调应用效果。

"宽带网络校校通"是以校为本的教育信息化软硬件基础设施建设与应用，重点是要从根本上解决各级各类学校的宽带接入问题，初步完成各级各类学校网络条件下基本的教学和学习环境建设。"优质资源班班通"是以班为本的信息化教育教学应用，要形成丰富的优质教学资源，并且将这些资源送到每一个班级，在教学、学习过程中得到普遍使用，促进教学模式与教学方法创新。"网络学习空间人人通"是以人为本的基于信息化环境的教学与学习，重点是使教师和学生拥有一个实名的网络学习空间与环境，把技术和教育融合落实到每个教师与学生的日常教学和学习中，促进教学方式与学习方式的变革。

教育资源公共服务平台就是教育云资源平台，该平台要为各类教育资源的汇聚与共享提供支撑，为教育资源建设与应用的衔接提供机制和服务，还要为课堂教学、学生自学提供交流与协作服务。教育管理公共服务平台要为各级各类学校提供校务管理服务，为地方各级教育行政部门提供教育基础信息管理和决策支持，为社会公众提供教育公共信息服务。

成效与特征：

（1）教育信息化基础设施基本成型

2000 年，"校校通工程"的启动标志着教育信息化的建设范式是以基础设施建设为中心，通过加大软硬件投资来促进信息化。2005 年的"全国中小学教师教育技术能力建设项目"则标志着教育信息化进入以应用能力建设为中心的建设阶段；在应用能力建设的过程中对基础设施提出配套要求，在对资源建设和共享提出要求的同时，促进资源融合和共享机制的形成。

续

续

专栏 2.3 中国教育信息化发展历程

中国教育和科研计算机网与中国教育卫星宽带多媒体传输平台（CEBsat）覆盖全国且互联互通，初步形成了"天地合一"的现代远程教育传输网络。2004 年，中国第一个下一代互联网 CERNET2 主干网建成开通，中国教育科研网格（China Grid）整合各种资源，建设服务于教育科研的大平台，并得到了初步应用，1600 多所高校、3 万多所中小学、5600 多所中职学校建成不同程度的校园网。

"三通两平台"建设是各学校教育信息化建设的核心。"三通"是目标，"两平台"是为"三通"服务的支撑系统。"三通"具有鲜明的时代特色，"校校通"通的不是一般的网络，而是宽带网；"班班通"通的不是多媒体设施，而是优质教育资源；"人人通"通的是实名制的网络教与学环境；教育资源公共服务平台和教育管理公共服务平台作为支撑"三通"实现的重要措施，边建设边应用，并发挥示范引领作用。教育部要求各地充分利用教育资源公共服务平台提供的资源与服务，组织开展多种模式的资源应用活动；在教育管理公共服务平台方面，要求按照国家和省两级数据中心建设，中央、省、市（地）、县和学校五级应用的基本思路，建设覆盖全国各级各类教育的学校、教师、学生的信息管理系统，实现对学籍、营养餐、教师培训、校车、校园安全等方面的监管和支持。

（2）农村教育信息化环境建设提速，为实现教育公平奠定基础

教育信息化 1.0 时期，不论是农远工程还是"三通两平台"的实施，都旨在完善教育信息化的基础设施建设，为不同区域的学校搭建较为完善的数字化教学环境。这促进了教育信息化的公平发展，缩小了城乡教育信息化发展的硬件与师资条件差距。

例如，建设"三通两平台"是通过信息通信网络完成优质数字资源共享的初步实践。从本质上讲，建设"三通两平台"是为经济欠发达、教育资源不足地区的学校分配优质教育教学资源，达到各地区优质教育教学资源均衡配备的目的。"三通两平台"从工具（或装备）功能上讲，就是要将城市学校的优质课程资源通过互联网（或光盘形式）传递到教育资源匮乏的地区，解决以农村地区中小学为代表的教育贫困地区人力资源（教师）、物力资源（设备）以及智力资源（课程）缺乏的问题。

（3）城乡信息化差距缩小，乡村师资水平显著提升

教育信息化 1.0 时期，农村学校高一级学历与职称教师的比例持续提升，而且提升的幅度均高于城市学校。2017 年，农村小学专科及以上学历教师的比例为 93.8%，城乡差距比 2016 年缩小 1.6 个百分点。农村初中本科及以上学历教师的比例为 81.1%，城乡差距比 2016 年缩小 1.3 个百分点。农村小学中级及以上职称的教师比例为 49.6%，城乡差距从 2016 年的 2.5 个百分点缩小到 1.8 个百分点。农村初中中级及以上职称教师比例为 59.7%，城乡差距从 2016 年的 5.2 个百分点缩小到 4.2 个百分点。在信息化基础设施方面，全国小学每百名学生拥有教学用计算机数量从 2016 年的 9.5 台增加到 2017 年的 10.5 台，初中由 2016 年的 13.9 台增加到 2017 年的 14.8 台。义务教育学校连网的比例持续增多，农村学校成绩突出。2017 年，全国共有 96.3% 的小学接入互联网，其中，

续

专栏 2.3　　中国教育信息化发展历程

城市小学为 98.1%，农村小学为 95.5%，城乡小学差距较 2016 年变小。全国共有 98.6%的初中接入互联网，其中城市的初中为 98.3%，农村的初中为 98.7%。

在教师培训模式方面，西部各地区依照自身师资结构，探索出了各具特色的教师培训方式。例如，青海省教育厅组织西宁地区部分现代教育技术实验学校的校长和教师组成信息技术与课程整合讲师团，以新课程标准为基础，以提高教学效率和实施信息技术教育为主要内容，历时两个半月，赴 9 个项目县向教师进行讲演。教师们反映讲演的内容贴近教学实际，立足课堂教学，为教师利用三种模式提供的教育教学资源服务于课堂教学提供了经验。而陕西省在实施农远项目的过程中，探索建立了全新的组织领导机制、政策导向机制、经费保障机制和督查考评机制，强调教师在培训中要"人人过关，个个合格"，制定了教育理念、操作技能、教学效果等方面的考核标准，同时把培训结果与教师年度考核、评选先进以及职称晋级等挂钩，形成了人人竞相参加培训的局面。

教育信息化 2.0 时期

随着教育信息化步入 2.0 时代，"三全两高一大"已成为新的发展目标。在 2.0 时期，资金、硬件设施的投入不再占据首位，重点是利用已基本实现全覆盖的信息化基础设施，让各级各类学校形成新的教育教学理念、新的形态，推进互联网、大数据、人工智能、5G 等现代信息技术与教育教学的深度融合。

具体举措：

党的十九大报告指出中国特色社会主义进入了新时代，"办好网络教育"亦被写入报告，这标志着中国的教育信息化建设进入了新时代，即教育信息化 2.0 时代。

2018 年教育部发布的《教育信息化 2.0 行动计划》提出，到 2022 年基本实现"三全两高一大"的发展目标，即教学应用覆盖全体教师、学习应用覆盖全体适龄学生、数字校园建设覆盖全体学校，信息化应用水平和师生信息素养普遍提高，建成"互联网 + 教育"大平台，推动从教育专用资源向教育大资源转变、从提升师生信息技术应用能力向全面提升其信息素养转变、从融合应用向创新发展转变，努力构建"互联网+"条件下的人才培养新模式、发展基于互联网的教育服务新模式、探索信息时代教育治理新模式。

在实施举措方面，《教育信息化 2.0 行动计划》提出以下建设重点。一是数字资源服务普及行动。建成国家教育资源公共服务体系，国家枢纽和国家教育资源公共服务平台、32 个省级体系全部连通，数字教育资源实现开放共享。二是网络学习空间覆盖行动。要求规范网络学习空间建设与应用，保障全体教师和适龄学生"人人有空间"，开展校长领导力和教师应用力培训，普及推广网络学习空间应用，实现"人人用空间"。实现网络学习空间应用向全面普及发展，推动实现"一人一空间"，使网络学习空间真正成

续

专栏 2.3 中国教育信息化发展历程

为广大师生利用信息技术开展教与学活动的主阵地。三是网络扶智工程攻坚行动。促进教育公平和均衡发展，支持以"三区三州"为重点的深度贫困地区教育信息化发展，推进网络条件下的精准扶智。同时，实现"互联网+"条件下的区域教育资源均衡配置机制，缩小区域、城乡、校际差距，缓解教育数字鸿沟问题，实现公平而有质量的教育。四是教育治理能力优化行动。在教育管理服务方面以"互联互通、信息共享、业务协同"为目标，完成教育政务信息系统整合工作。建立"覆盖全国、统一标准、上下联动、资源共享"的教育政务信息资源大数据，以实现"一张表管理"和"一站式服务"。五是百区千校万课引领行动。结合教育信息化各类试点和"信息技术与教育深度融合示范培育推广计划"的实施，认定百个典型区域、千所标杆学校、万堂示范课例，汇聚优秀案例，推广典型经验。六是实施数字校园规范建设行动。通过试点探索利用宽带卫星实现边远地区学校互联网接入、利用信息化手段扩大优质教育资源覆盖面的有效途径。全面推进各级各类学校数字校园建设与应用。七是实施智慧教育创新发展行动。以人工智能、大数据、物联网等新兴技术为基础，依托各类智能设备及网络，积极开展智慧教育创新研究和示范，推动新技术支持下教育的模式变革和生态重构。八是实施信息素养全面提升行动。充分认识提升信息素养对于落实立德树人目标、培养创新人才的重要作用，将学生信息素养纳入学生综合素质评价，全面提升学生信息素养。

从《教育信息化 2.0 行动计划》来看，"智慧教育创新发展行动"是其中一大亮点。"智慧教育"这一名词首次出现在国家层面的规划文件中。可见，智慧教育将不再仅限于 1.0 阶段少数发达省市层面的初步探索，而是将在全国范围进行推广施行。2.0 时期，人工智能等新一代信息技术在教育中的应用日渐成熟，培养人工智能时代的智慧型人才已经刻不容缓；同时，中国也亟须重构人工智能时代的智慧教育新生态，以全面推动教育现代化的进程。

成效与特征：

（1）关注人的发展，从教育信息化到信息化教育，技术成为教育变革的内生变量

教育信息化与信息化教育虽然形式上只是"教育"与"信息化"两词的不同组合，其内涵却有所区别。教育信息化是一个过程，而信息化教育则是教育信息化发展到一定阶段的产物，是教育信息化的结果，是一种崭新的教育形态或方式。信息化教育更加侧重于人的发展，即教育本身的育人功能，回归"人本"，而非技术与基础设施本位——这正是中国教育信息化 2.0 时期教育信息化发展的一大特征。

2.0 时期，新一代信息技术正在颠覆传统教育形态、教学模式和学习方式。"移动互联网+"改变了知识创生、传播、获取与应用的方式，学校和教室将不再是主要的知识获得场所，教师将不再是主要的知识传授者，网络知识系统和在线优质课程与教学资源将成为学习者获取知识的主要渠道，互联网正在改造和重构知识发现、创生、传播的方式和学习方式。新一代信息技术特别是人工智能技术，已经成为教育、教学和学习变

续

专栏2.3　中国教育信息化发展历程

革的核心驱动力，是支撑课堂教学变革的内源性动力，是"学为中心"的学习方式变革的重要推力。更值得关注的是，1.0阶段的智慧教育是由"Web2.0"等传统信息技术所支持的，而2.0阶段发展的智慧教育是由人工智能等新一代信息技术所推动的。这也说明智慧教育在发展形态和人才发展目标上，都将由网络化和信息化全面转向智能化和智慧化，即从智慧教育1.0迈向智慧教育2.0，也可称之为人工智能时代的智能教育。

信息化2.0时代的智能教育变革，其实质是新一代信息技术驱动的教育理念、教学方式和学习方式的革新，而其核心和关键是课堂教学变革。课堂变革首先应从"教师中心"向"学生中心"转变，并真正确立智慧课堂中"学为中心"的理念。"学为中心"是教育信息化2.0时代课堂教学变革的本质要求。这说明2.0时期智能化、智慧化的教育与1.0时期不同，即不仅仅是引入技术变量完成教育形态、理念的变革，更是回归"以人为本"，充分发挥教育的"育人"功能，实现将技术作为教育变革的内生变量的目标。

（2）教师信息素养仍有待提升，多方面政策引导教师培养方向

在教育信息化2.0时期，新冠疫情严重阻碍了学校教育线下教学活动，扰乱了正常的教育教学秩序。中国以"停课不停学"为应对策略，利用信息技术为各阶段师生、教学管理人员提供教育服务支撑，积极应对信息化教学的挑战，在不断探索的过程中，教学形态的转变使得教育教学活动对师生的信息素养有了更高的要求。

对于教师而言，在面对后疫情时代更加在线化、更加智慧化的教学场景要求时，需要快速适应时空分离的教学关系，调整教学方法，灵活处理在线教学的突发情况等。教师良好的信息素养成为确保教学过程有序、顺利开展的关键因素。然而，疫情期间的教学却暴露出了教师信息素养存在的一些问题。首先，教师的信息意识有待加强。一是仍然有部分教师对在线教学存在不接受、不习惯的心理，对在线教学产生本能的抵触情绪，同时对现有在线教学软件使用知识储备不足，难以成功开展信息技术支持下的在线教学活动；二是教师感知、发现、挖掘优质教育资源的能力不足，面对网上繁多的教育资源，一度难理头绪。其次，信息技能亟待提升。部分教师对在线教学工具、直播软件不熟悉，并缺乏有效的在线教学策略，难以实现对课堂纪律的管控。此外，由于部分教师对在线教学不适应，依然将传统以教为主的课堂简单照搬到网上，导致教学效果不佳。最后，互动效果有待改善。一方面，同时段、大规模的在线直播教学导致网络拥堵，对师生互动体验产生了不利影响；另一方面，部分教师主要利用幻灯片（PPT）为学生开展形式单一的讲授式教学，而没有根据在线教学的特点设计教学活动，师生、生生互动时间较少。

在这些问题的应对方面，我国从师范生培养抓起，从源头上提升未来教师的信息素养与信息技术应用能力。师范生作为我国教师的储备军，提升其信息素养水平对加快教育信息化发展至关重要。2021年，教育部印发《中学教育专业师范生教师职业能力标准（试行）》《小学教育专业师范生教师职业能力标准（试行）》《中等职业教育专业师范生教师职业能力标准（试行）》等五个文件，明确了中学教育、小学教育、学前教育、

续

> **专栏 2.3　中国教育信息化发展历程**
>
> 中等职业教育和特殊教育专业师范生教师职业基本能力标准。其中，对中小幼职特五类专业师范生的信息化能力也做出了明确要求。除师范生培养外，中国也陆续出台各类针对教师继续教育、发展专业能力的相关政策和意见，引导教师提升信息素养，适应教育信息化 2.0 时期的发展要求。例如，2018 年中共中央、国务院印发的《关于全面深化新时代教师队伍建设改革的意见》，教育部等五部门发布的《教师教育振兴行动计划（2018—2022 年）》，教育部印发的《关于开展人工智能助推教师队伍建设行动试点工作的通知》等，均提出教师要主动适应信息化、人工智能等新技术变革，积极有效开展教育教学。
>
> （3）建立免费信息化基础教育资源服务平台，数字资源建设成果初显
>
> 《教育信息化 2.0 行动计划》针对智慧教育的发展提出了数字资源服务普及行动、网络学习空间覆盖行动、网络扶智工程攻坚行动以及教育治理能力优化行动的行动纲要，这四项具体行动为各地开展智慧教育明确了努力的方向。
>
> 在数字资源建设方面，2021 年，教育部等五部门联合发布《关于大力加强中小学线上教育教学资源建设与应用的意见》，提出力争用 5 年时间建立健全国家和省级中小学线上教育教学平台资源体系和运行机制。目标是到 2025 年，基本形成定位清晰、互联互通、共建共享的线上教育平台体系，覆盖各类专题教育和各教材版本的学科课程资源体系，以及涵盖建设运维、资源开发、教学应用、推进实施等方面的政策保障制度体系。同时，学校终端配备和网络条件满足教育教学需要，师生信息化素养和应用能力显著提升，利用线上教育资源教与学成为新常态。优质教育资源共享共用格局基本完善，信息化推动教育公平发展和质量提升的作用得到有效发挥。
>
> 疫情期间，保障"停课不停学"的"国家队"——国家中小学网络云平台在 2020 年 2 月 17 日正式开通。据教育部数据，该平台上线了小学、初中、高中各学段主要学科春季学期课程学习资源 4649 课时，秋季学期课程学习资源 3803 课时，实现了小学、初中、高中所有年级和各主要学科全覆盖。未来，不断完善的国家中小学网络云平台上的资源将以微课视频为主要形式，中学微课时长为 20—25 分钟、小学微课时长为 15—20 分钟，符合网上学习的特点及视力保护的需求；同时，采用"教师讲解＋多媒体大屏"的形式，最大限度还原课堂教学的真实场景。
>
> 信息化资源平台建设的人性化与个性化，标志着中国开始步入"融合＋创新"的"教育信息化 2.0 时代"，与以往的教育信息化规划相比，教育信息化 2.0 时期的探索所凸显出来的"时代引领、应用驱动、深度融合、教育治理、探索普及、兼顾多方面"的特征，使其构建起了新时代中国教育信息化的新生态。
>
> 参考资料：陈庆贵.农村中小学现代远程教育环境下的教学应用模式研究 [J].电化教育研究，2006（12）：35-40；蔡宝来.教育信息化 2.0 时代的智慧教学：理念、特质及模式 [J].中国教育学刊，2019（11）：56-61；蔡宝来.人工智能赋能课

续

专栏 2.3　中国教育信息化发展历程

堂革命：实质与理念 [J]. 教育发展研究，2019（2）：8-14；冯建军. 优质均衡：义务教育均衡发展的新目标 [J]. 教育发展研究，2011（6）：1-5；何敏. 我国"农远工程"教师培训绩效的实证研究：以湖北省农村中小学远程教育工程教师培训项目为案例 [D]. 武汉：华中师范大学，2008；黄荣怀，江新，张进宝. 创新与变革：当前教育信息化发展的焦点 [J]. 中国远程教育，2006（4）：52-58，80；蒋东兴，吴海燕，袁芳. "三通两平台"建设内容与实施模式分析 [J]. 中国教育信息化，2014（3）：7-10；雷朝滋. 中国特色教育信息化发展成果与展望：在第十七届中国教育信息化创新与发展论坛上的讲话 [EB/OL].（2017-11-23）[2021-05-15].http：//sczg.china.com.cn/2017-11/23/content_40078873.htm；刘荣，吴必昌. 促进城乡教育信息化均衡发展的"扬州模式" [J]. 中国电化教育，2008（1）：29-31；李志民. 探索教育资源建设新模式 全面提升教育信息化应用水平 [EB/OL].https：//www.edu.cn/xxh/focus/li_lun_yi/200603/t20060323_134029.shtml；任昌山. 加快推进 2.0，打造教育信息化升级版：《教育信息化 2.0 行动计划》解读之二 [J]. 电化教育研究，2018（6）：29-31，89；任友群. 走进新时代的中国教育信息化：《教育信息化 2.0 行动计划》解读之一 [J]. 电化教育研究，2018（6）：27-28，60；桑新民. 疫情中的教育反思 [J]. 中小学数字化教学，2020（5）：1；吴砥，蒋龙艳. 后疫情时代提升教师信息素养的思考与建议 [J]. 中小学数字化教学，2020（8）：25-27；汪基德，冯永华. "农远工程"的发展对我国基础教育信息化的启示 [J]. 教育研究，2012（2）：65-73；王瑞军. 农村中小学现代远程教育工程项目学校教师教学中应用信息技术评价指标的研究：以呼市地区小学语文二年级为例 [D]. 呼和浩特：内蒙古师范大学，2007；王运武，黄荣怀，杨萍，等. 改革开放 40 年：教育信息化从 1.0 到 2.0 的嬗变与超越 [J]. 中国医学教育技术，2019（1）：1-7；袁磊. "农远工程"背景下的小学英语多媒体教学策略研究：关注差生的教育公平 [D]. 长春：东北师范大学，2007；赵健. 利用学习资源促进农村教师专业发展之行动研究 [D]. 兰州：西北师范大学，2005；郑旭东. 智慧教育 2.0：教育信息化 2.0 视域下的教育新生态：《教育信息化 2.0 行动计划》解读之二 [J]. 远程教育杂志，2018（4）：11-19；祝智庭. 中国基础教育信息化进展报告 [J]. 中国电化教育，2003（9）：6-12；国务院关于进一步加强农村教育工作的决定 [EB/OL].[2021-05-13].http：//www.gov.cn/gongbao/content/2003/content_62440.htm；教育部关于印发《教育信息化 2.0 行动计划》的通知 [EB/OL].[2021-05-13]. http：//www.moe.gov.cn/srcsite/A16/s3342/201804/t20180425_334188.html.

（二）课程与教学创新

科技创新在国家竞争中扮演着举足轻重的角色。面对人工智能发展大趋势，各个国家都出台了一系列应对政策。2006 年 1 月 31 日，美国总统布什在其国情咨文中公布了一项重要计划——"美国竞争力计划"，提出知识经济时代的教育目标之一是培养具有 STEM 素养的人才，并称其为保持全球竞争力的关键。由此，美国在 STEM 教育方面不断加大投入。2011 年，奥巴马总统推出了旨在确保经济增长与繁荣的新版《美国创新战略》。美国"创新教育运动"指引着公共和私营部门联合，以加强 STEM 教育。不仅是美国，英国、德国、澳大利亚、芬兰等国家均将 STEM 等跨学科综合性课程建设、能力素养课程建设等作为基础教育教学实践的重要创新形式，力求通过加强课程与教学创新，提升学生的综合素养和能力，实现培养创新型、复合型人才的目标。近年来，中国也大力推动 STEM 教育发展，力图在课程建设、教学模式、人才培养等方面实现创新与变革。2016 年，教育部出台的《教育信息化"十三五"规划》明确指出，积极探索信息技术在"众创空间"、跨学科学习（STEAM 教育）、创客教育等新教育模式中的应用，使学生具有较强的信息素养与创新意识，养成数字化学习习惯。2017 年，国务院印发的《新一代人工智能发展规划》指出，要在中小学阶段设置人工智能相关课程，逐步推广编程教育。但总体而言，由于起步时间较晚，中国与发达国家在课程与教学创新方面还存在一定差距（详见专栏 2.4）。

专栏 2.4　代表性国家课程与教学创新实践

英国：PSHE 课程

PSHE 课程，即个人、社会、健康与经济教育（Personal, Social, Health and Economic Education，PSHE）课程，是英国一项备受关注的跨学科综合性课程。PSHE 课程兴起于 20 世纪 80 年代，由英国教育部支持、PSHE 学科协会研发与推广，是一项旨在支持基础教育阶段青少年生理、精神、道德、社会等方面全方位健康发展的综合性课程。目前，该课程已被纳入英国国家课程体系，其中大部分内容从 2020 年起被列入英国中小学法定必修课程。

PSHE 学科协会 2013 年颁布的课程纲要显示，传统的个人教育（Personal Education）、社会教育（Social Education）、健康教育（Health Education）及经济教育（Economic Education）四大课程领域正转为聚焦健康与幸福（Health and Well-being）、人际关系（Relationships）以及生活在更广阔世界（Living in the Wider World）三大核心领域。PSHE 课程内容广泛，几乎包含了所有学科的知识，如生理教育、性与人际关系教育、心理与情绪健康教育、安全教育、职业教育、理财与消费观教育、道德伦理教育、

续

专栏 2.4　代表性国家课程与教学创新实践

数字技能与媒介素养等。由此可见，PSHE 课程在性质上是一门以学生健康发展与生活为中心的跨学科综合性课程，课程的内容与时代危机和社会变革紧密结合，是英国基础教育课程中新型的、发展性的课程。同时，也反映了学校教育在价值取向上"回归生活"的趋势。

2020 年 3 月，世界卫生组织（WHO）宣布新冠肺炎疫情进入全球大流行时期，PSHE 学科协会便积极探索，形成了体系化的课程。例如，"如何与青少年谈论新冠肺炎疫情"专题课根据不同年龄段学生的不同需求与特点提出了针对性的教学和生活指导。

在课程内容设计与选取层面，PSHE 表现出"以学生为中心"的特点。通过课程资源重组，构建起以"生命 – 健康"为核心的学科课程群，一方面使课程内容更具有系统性，另一方面也消除了学科设置混乱问题。

美国：STEM 课程

美国的教育实践表明，STEM 教育有助于培养学生的科学探究能力、创新意识、批判性思维、信息技术能力等未来社会必备的技能和能力，并在其未来生活和工作中持续发挥作用。美国 STEM 教育的目标是通过制定具体的课程标准实现的。STEM 课程广泛地以分科授课的形式出现，其课程标准也具体到每个学科。如，美国 K–12 阶段的 STEM 课程包括基本的核心课程以及形式多样的选修课程。除此之外，STEM 整合课程也在基础教育阶段广泛实施。

为保障 STEM 教育的开展，一些第三方社会组织如"项目引路"（Project Lead To the Way，PLTW）与"变革方程"（Change the Equation）等专门致力于提供 STEM 教育课程计划。PLTW 机构是美国初高中 STEM 课程的主要提供者，是目前全美最大的非营利 STEM 教育项目提供者。其提供的课程严谨且具有创新性，其鼓励学生参与基于活动、基于项目、基于问题解决的（Activities，Project，Problem Based，APPB）学习。PLTW 的另一大特点是在高中阶段设置了工程类课程，包含工程原理、工程设计、开发与制作等实践性的活动，要求学生综合应用所学知识解决问题。

2016 年 9 月，美国研究所与美国教育部联合发布了《STEM 2026：STEM 教育创新愿景》（STEM 2026：A Vision for Innovation in STEM Education），旨在促进 STEM 教育公平以及让所有学生都受到优质的 STEM 教育。文件发布促进了社会机构、企业、学校等多方力量推动 STEM 课程在全国中小学的普及。

德国：MINT 课程

MINT 是德文"数学、信息、自然科学和技术"四个单词首字母的组合。在 2008 年的德累斯顿教育峰会上，德国总理默克尔与德国各州州长共同拟定了"通过教育实现

续

专栏 2.4　代表性国家课程与教学创新实践

进步"的《德累斯顿决议》，提出"加强青少年及儿童对 MINT 专业的兴趣，中长期应对技能劳动力匮乏问题"。

2008 年 5 月，德国在"MINT 创造未来"联盟框架下设立了"MINT 友好学校"年度学校评选项目，旨在通过标杆学校的榜样效应鼓励学校促进数学、信息、自然科学和技术专业的教育教学，并加强学校与学校、企业、科研机构之间的 MINT 合作。

各学段的"MINT 友好学校"均根据青少年成长规律设置相应的 STEM 课程与活动。小学注重常识课中的科学普及，补充技术与工程内容，尽量做到联系实际生活；在五至八年级开设自然科学、编程、技术综合专业课程；针对九年级以上的学生，对数学、物理化学、生物和信息技术的高中毕业考试进行修订，更强调跨学科整合与实际应用能力的考查。德国政府希望逐步将中小学 MINT 友好学校的实践与终身教育结合在一起，创造教育链的可持续性。

2018 年，科隆经济研究所调研显示，德国 MINT 专业岗位缺口达 33.8 万，超过岗位总数的 68%，再创新高。为此，德国政府多次提到"要用中小学 MINT 教育来弥补缺陷"。德国联邦教育及研究部（BMBF）在《MINT 展望——MINT 事业与推广指南》中明确提出，"保证劳动力的数量和质量是联邦政府活动的重心"，并于 2019 年 3 月启动"2019 人工智能主题科学年"计划。新的 MINT 行动计划将从青少年、儿童、专业人才、女性与社会应用共四方面加强 MINT 教育。到 2022 年，联邦教育及研究部将为新 MINT 行动计划提供 5500 万欧元（约人民币 4.2 亿元）的财政支持。

芬兰：注重横贯能力培养

芬兰的基础教育历经多次改革，始终坚持以学生为本的价值取向，取得了引人注目的成就，也被誉为全世界落差最小的教育。2014 年 12 月，芬兰国家教委会颁布了针对一至九年级的《国家基础教育核心课程》，并确定于 2016 年 12 月正式在全国实施。此次改革特别强调对学生"横贯能力"（transversal competences）的培养，是教育教学价值取向的又一次升华。在具体实施方面，鼓励地方教育当局和学校以创新方式达到学生培养目标。

横贯能力强调多种能力的融合和贯通，强调跨学科知识的整合和迁移，是情感、意志、价值观等综合素养的具体体现，主要包括七大能力：思考与学会学习的能力；文化能力、交流与表达的能力；照顾自我、经营与管理日常生活的能力；多元识读能力；信息和通信技术（ICT）能力；工作与创业能力；参与并建设可持续的未来的能力。具体来看，横贯能力的培养在教育教学层面主要借助两种方式：一是现象教学，二是社区化学校。虽然横贯能力强调跨学科的能力，但在教学实施层面依然是依托具体学科来实现的。现象教学能够在保留传统分科教学的基础上以一种跨学科形式教学，如围绕特定的主题将相近的学科知识重新编排，形成学科融合式的课程模块，并以其为载体实现跨

续

专栏 2.4　代表性国家课程与教学创新实践

学科教学。

日本：超级科学高中与"高大接续"改革

21世纪以来，日本将"科学技术创造立国"的目标具体化为提高国民科学素养、培养科学英才、营造科学文化的各项计划。2002年启动的"超级科学高中"（Super Science High School，SSH）计划是日本"科学技术相关人才培育综合计划"的一部分，为后续日本高中教育的一系列创新改革奠定了基础。

SSH计划实施以来，日本的SSH指定校从2002年的26所增加到2013年的201所。据2010年统计数据，国立高中占SSH指定校总数的6.5%，私立高中占11.2%，公立高中占82.2%。2002年启动SSH项目时的指定期限为3年，2005年起延长为5年。另外，SSH指定校可不受文部科学省《学习指导要领》限制，制订自身的理科校本课程，如将高中课程开发重点放在理科和数学上等。为培养面向未来的国际型高科技人才，日本同时注重打造与国际接轨的世界型高中。2015年，文部科学省规划了56所"超级全球高中"（Super Global High School，SGH），其中包括7所国立高中、31所公立高中、18所私立高中，覆盖全国41个行政区。

2017年，日本文部科学省开始正式推行"高大接续"改革，即高中与大学教育衔接的改革。2018年3月，文部科学省发布《新高中教育学习指导要领》（简称《要领》），标志着"高大接续"改革在高中教育阶段的全面开展。《要领》显示，此次改革以"学力三要素"的养成为目标，重点增加了语言能力、数理能力、传统与文化、道德教育、外国语教育及其他教育（包括与初中教育相关的内容、权力意识、消费保护意识、防灾安全、情报与编程、特殊教育）等。另外，《要领》明确了以"能够做什么"为指导理念，提升学生对知识的理解程度；以实现主体性、深度对话为方向，改善教师教学方式。《要领》建议高中学校要通过适当把握教学内容与时间，构建学习效果最大化的课程管理模式，使日本高中与大学衔接更加通畅。

澳大利亚：扩充 STEM 教育

2014年，澳大利亚联邦政府发布了《科学、技术、工程学与数学：澳大利亚的未来》和《确定基准：澳大利亚的科学、技术、工程学和数学》。前者表明STEM在国家发展中的重要位置，后者为STEM发展指明了方向。2015年12月发布的《国家创新与科学进程》提出了"提高所有人的数字化素养与STEM一揽子计划"。2016年，联邦及各州和地区教育部长们签署了《STEM学校教育国家战略2016—2026》，表现了澳大利亚国家层面重新关注STEM学校教育的决心。

依据《STEM项目索引（2016）》，澳大利亚中小学STEM教育项目可分为科学、数字技术和ICT、工程技术、数学、整合的和跨学科的STEM、商业技能等6个大类科

续

专栏 2.4　代表性国家课程与教学创新实践

目，前 4 个科目分别对应科学学科、数字和设计技术学科、数学学科，后 2 个科目融合了多学科内容。其中，商业技能的培养是澳大利亚 STEM 教育的创新性延伸。《STEM 项目索引（2016）》中与 STEM 相关的商业技能主要包括创业能力和财经素养。培养商业技能的教育项目并非 STEM 活动的主要组成部分，但却体现了 STEM 教育在解决经济、社会问题等方面的功能，这与澳大利亚一直以来追求的开通 STEM 教育"社会执照"（social license）功能一致。

财经素养与 STEM 教育的融合源于《财经素养的国家战略》所提出的"将财经素养整合、融入国家课程"的教育途径。在此文件之前，《消费者和财经素养的国家框架》就财经素养的培育目标按照年级进行了规划，如理解金钱(小学低年级)、消费者素养(小学高年级)、个人财务（初中）、金钱管理（高中）。另外，在澳大利亚的中小学阶段，数学和科学课程成为整合财经素养的重要形式，STEM 教学项目对此也持开放态度。

中国：以教育信息化推动 STEM 教育

近年来，STEM 教育在中国快速发展。2015 年，教育部首次提出 STEM 概念。2016 年，教育部出台的《教育信息化"十三五"规划》明确指出探索跨学科学习（STEAM 教育）、创客教育等新教育模式。2016 年国务院办公厅发布的《全民科学素质行动计划纲要实施方案（2016—2020 年）》强调，要鼓励普通高中探索开展科学创新与技术实践的跨学科探究活动。

2017 年，教育部印发《义务教育小学科学课程标准》，明确指出小学科学教育的重要性，倡导跨学科学习方式，建议教师可以在教学实践中尝试 STEM 教育。同年，中国教育科学研究院发布的《中国 STEM 教育白皮书》指出，STEM 教育在中国已进入蓬勃发展期，其在教育实践、理论研究和教育政策方面都取得了明显的进展。同时，中国各地也在积极探索 STEM 教育推进方式，如江苏省、深圳市、成都市都发布了专门文件推进 STEM 课程，并开展了试点学校申报和 STEM 教师培训工作。另外，许多学校建立了 STEM 专业教室或创客空间，在课堂教学中推进项目式学习。但客观来看，我国 STEM 教育无论是在学科建设、课程保障机制方面，还是在课程标准与评价标准方面，都还存在问题。

首先，学科整合与建设方面缺少打通学段的整体框架。要在中小学开展 STEM 教育，就必须站在培育创新人才的高度来看问题，从产业发展、人才需求、人才培养的角度统筹考虑，整合多学科资源。同时，也要考虑课程目标衔接问题。

其次，在保障机制方面，教学项目联动机制不健全。STEM 教育是一项内容丰富、涉及面广的系统工程，这就需要建立社会联动机制，整合社会资源，发挥各自优势，在统一体系下形成合力。目前，虽然我国已经形成了一些专业机构和学校联盟，但都是相对松散的民间机构，不像美国、澳大利亚等国家将社会机构、企业与学校联合起来，共

续

专栏2.4　代表性国家课程与教学创新实践

同推进中小学 STEM 课程的开展。

最后，在课程评价标准方面，我国各学段 STEM 学科标准与评估机制尚未建立。客观来说，我国 STEM 教育还处于发展初期，关于 STEM 课程自身的优劣、准入标准、课程预期效果等都尚未有明确定义，甚至很难保障 STEM 教育培养出的人才能与国家需求相匹配。可以说，我国 STEM 课程的改革与创新仍任重道远。

参考资料: Finnish National Board of Education.New national core curriculum for basic education: focus on school culture and integrative approach[EB/OL].[2021-08-30]. https://www.ncsl.org/Portals/1/Documents/educ/International_Ed_Study_Group_2020/Finland/15.FinlandNationalCoreCurriculumBrochure.pdf; 初等中等教育局教育課程課教育課程企画室. 高等学校学習指導要領の全部を改正する告示等の公示について（通知）[EB/OL].[2021-11-03].http://www.mext.go.jp/component/a_menu/education/micro_detail/__icsFiles/afieldfile/2018/07/11/1384661_1_2_1_1.pdf; 蔡娟. 新世纪以来澳大利亚学校改进的举措与挑战[J]. 外国中小学教育, 2018（2）: 1-10; 冯惠敏, 郭洪瑞. 芬兰国家核心课程改革中横贯能力的培养对我国的启示 [J]. 外国中小学教育, 2017（10）: 8-14; 金慧, 胡盈滢. 以 STEM 教育创新引领教育未来: 美国《STEM 2026: STEM 教育创新愿景》报告的解读与启示 [J]. 远程教育杂志, 2017（1）: 17-25; 唐科莉. 让所有年轻人具备必要的 STEM 技能和知识: 澳大利亚《STEM 学校教育国家战略 2016—2026》[J]. 基础教育参考, 2016（3）: 72-74, 76; 吴佳妮, 张文丽. 如何与青少年谈论新冠肺炎疫情: 英国 PSHE 课程及其应对疫情方案探析 [J]. 比较教育研究, 2020（8）: 18-25; 徐星. 澳大利亚: 致力将财经素养融入国家课程 [J]. 上海教育, 2014（2）: 38-41; 钟柏昌, 张禄. 项目引路（PLTW）机构的产生、发展及其对我国的启示 [J]. 教育科学研究, 2015（5）: 63-69; 张永萍, 陈清清. 美国 K-12 STEM 教育对我国中小学创客教育的启示 [J]. 中小学电教, 2021（4）: 11-15; 中国教育科学研究院. 中国 STEM 教育白皮书（精华版）[EB/OL].[2021-09-20].https://ict.edu.cn/uploadfile/2018/0507/20180507033914363.pdf; 教育部关于印发《教育信息化"十三五"规划》的通知 [EB/OL].[2021-10-15].http://www.moe.gov.cn/srcsite/A16/s3342/201606/t20160622_269367.html; 教育部关于印发《义务教育小学科学课程标准》的通知 [EB/OL].[2021-09-16].http://www.moe.gov.cn/srcsite/A26/s8001/201702/t20170215_296305.html.

第4节 教育产出

一、基础教育各阶段毕业率

2018 年，全球范围内有 88% 的儿童上完小学，72% 的青少年上完初中，53% 的青年上完高中。从联合国对可持续发展目标 4 的进展监测来看，如果按城乡地点和家庭财富划分，差距通常更为极端，分别有约三分之一和六分之一的国家和地区在完成初等教育方面实现了均等[①]。经合组织数据显示，2018 年各国中学毕业率在 48.6%—96.6%，且大多数国家位于 70%—90%[②]。新冠疫情可能加剧了教育不公平问题，在远程学习过程中，贫困家庭及其他弱势群体的参与能力可能更低，有可能导致其长期或永久辍学或失学。

可持续发展目标 4 要求"普遍完成高中教育"，但现今许多国家的免费义务教育至多只到初级中等教育阶段。目前，国际上将教育完成率分为两种，第一种是比正式毕业年限最多晚 3—5 年的，被称为"及时完成"；第二种是超过正式毕业年限 3—5 年的，被称为"最终完成"。基础教育各阶段世界"及时完成"与"最终完成"的情况如图 2.24 和图 2.25 所示。可以看出，无论是及时完成率还是最终完成率均在逐年提高，但高阶教育阶段这两项完成率均低于低阶教育阶段。

① 联合国 . 实现可持续发展目标进展情况 [EB/OL].[2021-08-25].https：//undocs.org/zh/E/2021/58.
② OECD. Secondary graduation rate [DS/OL].[2021-08-21]. https：//data. oecd. org/students/secondary-graduation-rate. htm.

图 2.24　基础教育各阶段世界及时完成率

资料来源：联合国教科文组织。

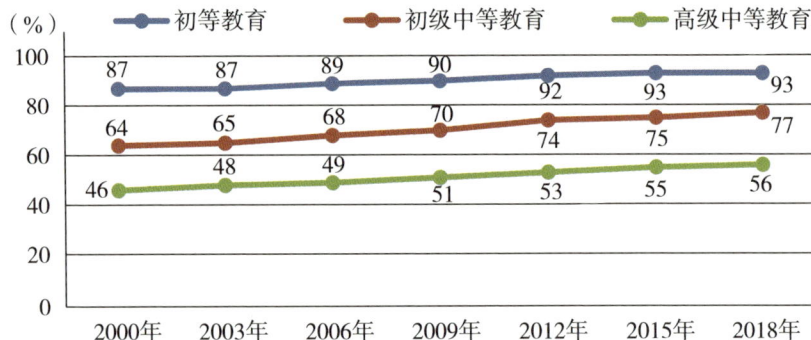

图 2.25　基础教育各阶段世界最终完成率

资料来源：联合国教科文组织。

目前，中国未对基础教育各阶段的及时完成率和最终完成率进行统计。从图 2.26 中国基础教育各阶段毕业率情况来看，在初等教育阶段，2018年，中国的毕业率为 98.03%，高于世界及时完成率（88%）和最终完成率（93%）。此外，2018—2020 年，中国小学升初中的升学率分别为 99.1%、99.5% 和 99.5%，学生继续接受教育的趋势明显。另外，2018—2020 年，中国初中升高中（指高级中等教育阶段，不仅包括普通高中）的升学率分别为95.2%、95.5% 和 95.7%，这意味着大多数中国学生都选择继续接受高中阶段教育。在高级中等教育阶段，2018 年，中国的毕业率为 95.57%，高于世界及时完成率（53%）和最终完成率（56%）。2019 年和 2020 年，中国高级中等教育完成率分别为 96.35% 和 100.43%。总体而言，中国初等教育、初级中等教育、高级中等教育各阶段毕业率均高于世界平均水平。

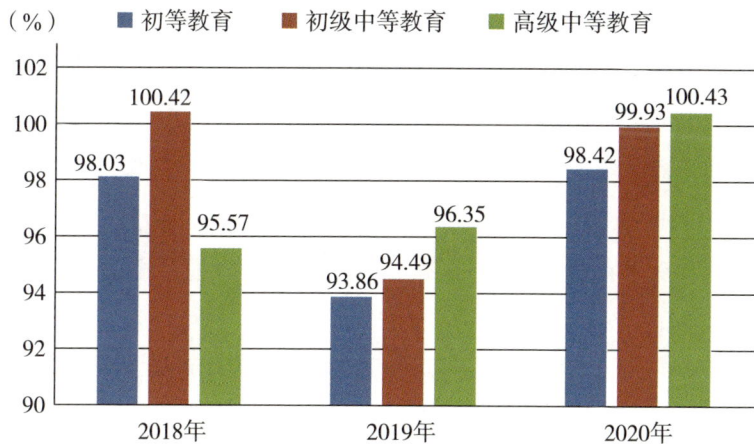

图 2.26　中国基础教育各阶段毕业率

注：教育数据统计中未明确给出毕业率，表中数据为计算所得。计算公式为：毕业生数 / 预计毕业生数 ×100%。

数据来源：教育部 2018—2020 年教育统计数据。

二、高等教育入学率

高等教育入学率作为衡量高等教育发展相对规模的指标，既反映了一个国家提供高等教育机会的整体水平，也反映了基础教育阶段的成果。从毛入学率来看，一般认为，高等教育毛入学率在 15% 以下属于精英教育阶段，15%—50% 为大众化阶段，50% 以上为普及化阶段。自 1999 年开始大学扩招后，中国高等教育毛入学率快速上升，2002 年已从精英教育阶段进入大众化阶段。2010 年颁布的《国家中长期教育改革和发展规划纲要（2010—2020 年）》提出，到 2020 年实现更高水平的普及教育，高等教育大众化水平进一步提高，毛入学率达到 40%。2012 年发布的《国家教育事业发展第十二个五年规划》提出了 2015 年的阶段性目标，即到 2015 年我国高等教育毛入学率要达到 36%。随着经济社会的快速发展，2016 年我国高等教育毛入学率就超过了 40%，2020 年已达到 54.4%[①]。

从世界范围来看，在高等教育总入学率方面，如图 2.27 所示，2020 年，经合组织国家平均高等教育总入学率为 77%、欧盟国家平均为 73%、世界平均为 40%。低收入国家[②]、中低收入国家、中等收入国家、中高收入国家和高收入国家的高等教育总入学率分别为 9%、27%、38%、58% 和 79%。2020 年，中国高等教育总入学率为 58%[③]，高于世界平均水平，与中高收入国家水平持平，但低于高收入国家 21 个百分点，低于欧盟国家 15 个百分点，低于经合组织国家 19 个百分点。这说明中国在高等教育总入学率方面还具有很大的提升空间。

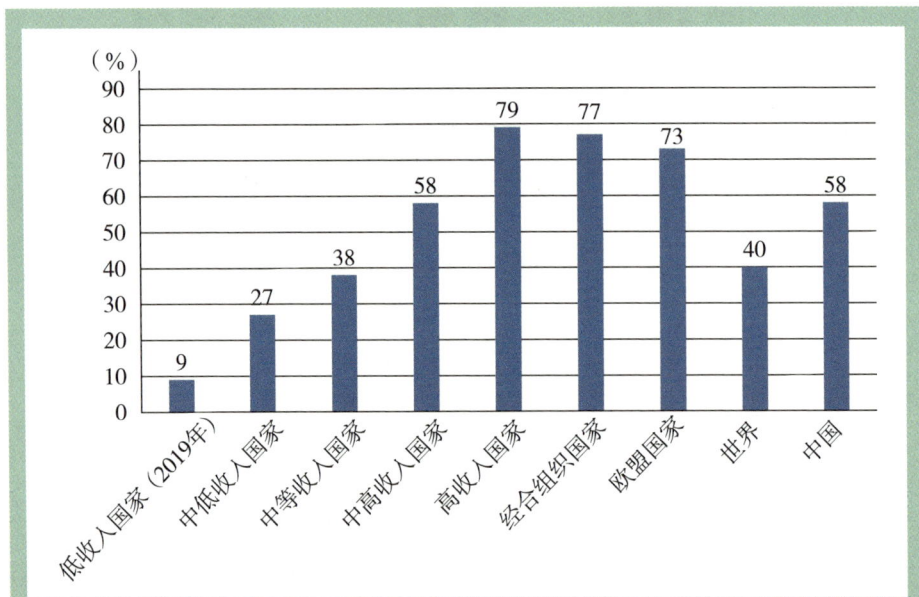

图 2.27　2020 年世界各收入水平国家和地区高等教育总入学率

资料来源：世界银行。

---

① 教育部发展规划司 . 2020 年全国教育事业统计主要结果 [EB/OL]. （2021-03-01）[2021-10-22]. http://www.moe.gov.cn/jyb_xwfb/gzdt_gzdt/s5987/202103/t20210301_516062.html.
② 世界银行目前缺乏低收入国家 2020 年高等教育总入学率数据，此处为 2019 年数据。
③ 世界银行统计的中国高等教育总入学率为 58%，中国《2020 年全国教育事业发展统计公报》中高等教育毛入学率为 54.4%。

三、PISA 成绩

国际学生评估项目（PISA）是经合组织于 2000 年发起的对基础教育进行跨国家（地区）、跨文化评价的项目，目的是对 15 岁学生的阅读、数学、科学素养和运用知识解决现实问题的能力进行评价，反映学生参与未来生活的能力。参与 PISA 的成员主要是经合组织国家和地区，但该项目同时也吸引非经合组织国家和地区参加，现已成为世界上规模较大且具有广泛国际影响力的第三方评估项目。

PISA 坚持"能力立意"导向，通过设置测试情境、设计高阶能力试题、组织问卷调查等多种方式，实现对学生素养的深度测评，呈现并比较各国基础教育阶段学生的竞争力。如表 2.4 所示，2018 年在参与 PISA 的 79 个国家和地区中，北京、上海、江苏和浙江组成的中国部分地区联合体（B–S–J–Z）以阅读 555 分、数学 591 分、科学素养 590 分的成绩包揽了三项第一；2015 年时居于榜首的新加坡 2018 年获得三项第二名；前十名的国家和地区中，排名明显上升的有中国、中国澳门、中国香港、加拿大、爱尔兰、韩国和波兰。

值得一提的是，中国在 2009 年、2012 年连续排名第一，2015 年虽跌至第十，2018 年又重归第一，这对展现中国基础教育国际竞争力具有重要意义。"PISA 测试之父"、经合组织教育和技能部部长施莱歇（A. Schleicher）曾言：虽然来自中国东部地区的四个省市远不能代表整个中国，但每个省市的规模都相当于或超过了一个典型的经合组织国家。这从侧面肯定了中国北京、上海、江苏和浙江四省市的基础教育国际竞争力。[①] 从阅读精熟度来看，中国四省市成绩亮眼，北京、上海、江苏和浙江联合体中成绩靠后的 10% 学生显示出比经合组织平均水平更高的阅读能力[②]。

---

① 韩晓蓉 . 最新 PISA 结果公布：中国京沪苏浙联合体包揽三项第一 [EB/OL].[2021–08–10].http：//m.thepaper.cn/quickApp_jump.jsp? contid=5129243.

② 李晨琰 . 最新！中国四省市 2018 PISA 测试三项第一，专家：值得庆贺但要保持清醒 [EB/OL].（2019–12–03）[2021–08–10].https：//wenhui. whb. cn/third/baidu/201912/03/306593. html.

表 2.4 　2015 年和 2018 年 PISA 成绩（排名前十的国家和地区）

2015 年					2018 年				
排名	国家	阅读	数学	科学素养	排名	国家	阅读	数学	科学素养
1	新加坡	535	564	556	1	中国	555	591	590
2	日本	516	532	538	2	新加坡	549	569	551
3	爱沙尼亚	519	520	534	3	中国澳门	525	558	544
4	中国台北	497	542	532	4	中国香港	524	551	517
5	芬兰	526	511	531	5	爱沙尼亚	523	523	530
6	中国澳门	509	544	529	6	加拿大	520	512	518
7	加拿大	527	516	528	7	芬兰	520	507	522
8	越南	487	495	525	8	爱尔兰	518	500	496
9	中国香港	527	548	523	9	韩国	514	526	519
10	中国	494	531	518	10	波兰	512	516	511

资料来源：经合组织、PISA 2018 数据库。

四、成年人口识字率

成年人口识字率是指能够理解、阅读和书写有关日常生活的短文且年龄在 15 岁和 15 岁以上的人口所占比例。在基础读写能力方面，2000—2018 年，世界掌握读写能力的成人百分比从 81% 上升至 86%，掌握读写能力的青年百分比从 87% 上升至 91%。尽管总体进步明显，但文盲在许多国家仍普遍存在。

目前，全世界仍有 1.03 亿青年缺乏基本的识字技能，其中 60% 以上是妇女[①]。2019 年的数据显示，每 100 名识字的人中，15 岁以上识字的人数为 92 人。在撒哈拉以南非洲的 37 个国家，超过一半的女性为文盲；在乍得和布基纳法索，识字率始终维持在 5% 以下且未有改善。

基础读写能力仅衡量了人们是否能够阅读简单的句子。能够准确阅读书面指示、信函内容、合同释义等的功能性读写则更为复杂，但该方面的调查较少，定期监测更少。世界银行数据显示：2020 年世界成人总体（15 岁及以上人口）识字率为 87%，2019 年为 86.48%，2018 年为 86.25%[②]。2020 年世界各收入水平国家成人识字率如图 2.28 所示[③]。世界银行数据显示，2018 年中国成人识字率为 97%，高于同期世界平均水平。另外，中国第七次人口普查数据显示，中国文盲率已下降至 2.67%，即非文盲比例为 97.33%。

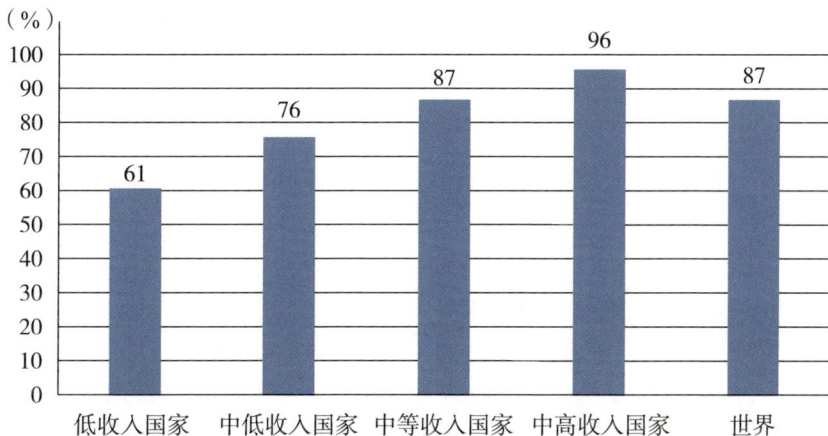

图 2.28　2020 年世界各收入水平国家成人识字率

资料来源：世界银行。

[①]　UNDP.Sustainable-development-goals[EB/OL].[2022–08–22].https：//www.undp.org/sustainable-development-goals#quality-education.

[②]　世界银行 . 数据：识字率，成人总体（占 15 岁以上人口的百分比）[EB/OL].[2021–09–04].https：//data.worldbank.org.cn/indicator/SE.ADT.LITR.ZS.

[③]　世界银行数据中缺乏高收入国家的数据，故图中未展示。

五、人类发展指数－教育指数

"教育指数"（Education Index）是联合国开发计划署（UNDP）推出的"人类发展指数"（Human Development Index，HDI）的三大成分指标之一。2010年之前，教育指数用成人识字率（2/3权重）及小学、中学和大学的综合入学率（1/3权重）来衡量；2010年后，教育指数的衡量标准改为将人口平均受教育年限与预期受教育年限相结合。2020年人类发展指数排名前30位的国家和地区及中国排名如表2.5所示。[①] 数据显示，在189个国家和地区中，挪威排名第1，人类发展指数得分为0.957，平均受教育年限为12.9年，预期受教育年限为18.1年；中国香港排名第4，人类发展指数得分为0.949，平均受教育年限为12.3年，预期受教育年限为16.9年；中国大陆排名第85，人类发展指数得分为0.761，平均受教育年限为8.1年，预期受教育年限为14.0年，平均受教育年限最高的国家为德国，14.2年，预期受教育年限最高的国家为澳大利亚，22.0年。从教育指数的两个指标来看，我国基础教育的产出还存在缺口。

表2.5　2020年部分国家和地区人类发展指数排名及教育指数情况

排名	国家	人类发展指数	平均受教育年限（年）	预期受教育年限（年）	排名	国家	人类发展指数	平均受教育年限（年）	预期受教育年限（年）
1	挪威	0.957	12.9	18.1	4	中国香港	0.949	12.3	16.9
2	爱尔兰	0.955	12.7	18.7		冰岛		12.8	19.1
	瑞士		13.4	16.3	6	德国	0.947	14.2	17.0

---

① 2020人类发展指数排行，共189个国家与地区[EB/OL].[2022-05-11]. https://new.qq.com/omn/20210131/20210131A0989V00.html.

续

排名	国家	人类发展指数	平均受教育年限（年）	预期受教育年限（年）	排名	国家	人类发展指数	平均受教育年限（年）	预期受教育年限（年）
7	瑞典	0.945	12.5	19.5		以色列		13.0	16.2
8	澳大利亚	0.944	12.7	22.0	19	日本	0.919	12.9	15.2
	荷兰		12.4	18.5		列支敦士登		12.5	14.9
10	丹麦	0.940	12.6	18.9	22	斯洛文尼亚	0.917	12.7	17.6
11	芬兰	0.938	12.8	19.4	23	韩国	0.916	12.2	16.5
	新加坡		11.6	16.4		卢森堡		12.3	14.3
13	英国	0.932	13.2	17.5	25	西班牙	0.904	10.3	17.6
14	比利时	0.931	12.1	19.8	26	法国	0.901	11.5	16.9
	新西兰		12.8	18.8	27	捷克	0.900	12.7	16.8
16	加拿大	0.929	13.4	14.2	28	马耳他	0.895	11.3	16.9
17	美国	0.926	13.4	16.3	29	爱沙尼亚	0.892	13.1	16.9
18	奥地利	0.922	12.5	16.1		意大利		10.4	16.1
					85	中国	0.761	8.1	14.0

六、失业率

全球教育监测数据将获得相关技能（包括技术和职业技能）、就业和体面工作列为重要的教育监测指标，可见教育之于就业的重要性。美国社区学院协会曾发布的《数据要点：教育的价值》指出，较高的受教育程度有利于提高收入、降低失业率。^①所以，各国的就业率或失业率也可以反映出各国的教育能力。从实践来看，是否在基础教育阶段接受过良好的教育，也直接影响个体未来的升学和就业。

经合组织将失业者定义为没有工作但正在积极寻找工作并且目前可以开始工作的人。了解失业率与教育之间的关系可从长期失业率、青年失业率、按受教育程度分列失业率等方面进行分析。长期失业是指失业 12 个月或以上，在调查前一周从事有酬工作的时间少于 1 小时并在过去 4 周内寻找过工作的人。青年失业率是指 15—24 岁失业人口占青年劳动力的比例。按受教育程度分列失业率是高中以下、高中非高等教育或高等教育阶段的失业率，衡量的是 25—64 岁劳动力中失业者的百分比。

在长期失业率方面，2020 年，经合组织国家的总失业率为 18.4%，北马其顿情况最差，为 75.4%，其次为希腊（66.5%）；韩国情况最好，失业率仅为 0.6%，其次为墨西哥（1.4%）。在青年失业率方面，经合组织国家总体的男女青年失业率估计值分别为 14.9% 和 15.6%。2020 年，西班牙与哥斯达黎加表现最差，西班牙男性和女性的青年失业率分别高达 37.1% 和 39.7%，哥斯达黎加分别为 36.2% 和 53.3%；日本与德国的情况最好，日本男性和女性的青年失业率分别为 5.1% 和 4.0%，德国分别为 7.5% 和 6.5%。在按受教育程度分列失业率方面，2019 年，经合组织国家平均为 9.3%；斯洛伐克共和国表现最差，为 27.9%，其次为南非（25.4%）；沙特阿拉伯表现最好，仅为

---

① 张培菡 . 美国社区学院协会：受教育程度影响收入与失业率 [J]. 世界教育信息，2018（24）：72-73.

0.3%；印度尼西亚次之，为1.6%①。

　　世界银行数据显示（见图2.29），2020年世界平均失业率为6.6%，中高收入国家失业率最高，为6.8%，往后依次为中等收入国家（6.7%）、中低收入国家（6.6%）、高收入国家（6.5%），失业率最低的为低收入国家（5.6%）。欧盟国家及经合组织国家失业率分别为7.0%和7.1%。中国失业率仅为5.0%，低于世界平均水平和大多数国家，但与韩国、日本、德国等低失业率国家相比还存在一定差距。总的来说，中国较低的失业率既得益于经济社会的健康有序发展，也得益于强有力的教育体系支撑。

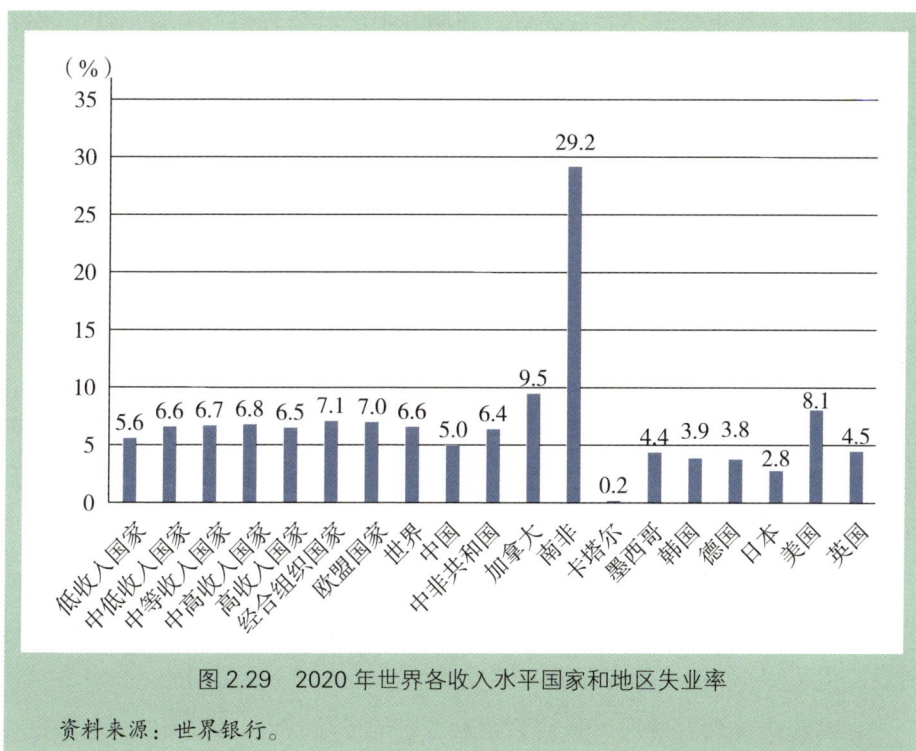

图 2.29　2020 年世界各收入水平国家和地区失业率

资料来源：世界银行。

---

① OECD. Unemployment rates by education level [EB/OL].[2021−09−03].https：//www.oecd-library.org/employment/unemployment-rates-by-education-level/indicator/english_6183d527-en.

第5节　中国基础教育国际竞争力提升潜力

总结上述分析可以发现，中国基础教育在教育环境、教育投入、教育过程、教育产出各维度总体表现良好，在国际上已具备较强竞争力，且正朝着全球教育发展的中高水平迈进。但从基础教育高质量发展要求与现代化目标的角度来看，中国基础教育在教育公平、区域协调、教师教育、教学创新及教育投入等方面仍存在提升潜力与空间。

一、各教育阶段完成率仍需提升

在不同的教育阶段，贫富差距对教育的影响不同。得益于九年义务教育，中国在初等教育及初级中等教育阶段受贫富差距影响较小。2018 年，在初等教育阶段，最贫困者完成率为 98%，最富有者完成率为 100%，相差 2个百分点，与同期美国情况相同；在初级中等教育阶段，最贫困者完成率为83%，最富有者完成率为 87%，相差 4 个百分点，同期美国最贫困者初级中等教育完成率（98%）低于最富有者完成率（100%）2 个百分点。

在高级中等教育阶段，贫富差距对教育的影响较大。该阶段中国最贫困者完成率仅为 50%，最富有者完成率达 73%，相差 23 个百分点。同阶段美国最贫困者完成率（85%）低于最富有者（97%）12 个百分点；英国最贫困者完成率（83%）低于最富有者（87%）4 个百分点。

虽然中国各阶段教育完成率均高于同期世界平均水平、中高收入国家平均水平及区域平均水平，但与发达国家相比还存在一定差距。人力资本结构的差异将会对经济增长产生异质性影响。初等教育型人力资本占比的提高对经济增长的作用会随着经济发展水平的提高而逐渐下降，中等教育型人力资本占比的提高将更有利于经济增长，高等教育型人力资本的作用则会逐渐加大[①]。主要原因在于不同类型的人力资本对技术创新和技术应用的影响具有差异性；同时，当经济体处于不同的发展水平时，由于影响要素存在差异，技术创新和技术应用的贡献度也会有所不同。所以，中国不仅需要通过提升各阶段教育完成率以培养高等教育型人力资本，促进经济高质量增长，也需要投资职业教育，培养更多技术技能型人才以夯实劳动力基础。

二、区域和城乡教育均衡有待推进

推动基础教育区域均衡发展，是提升基础教育国际竞争力的重要基础。根据第七次全国人口普查数据，我国东部、中部、西部和东北地区基础教育发展还存在较大差距。全国每 10 万人口中拥有高级中等学历（包含中专）者各省平均人数为 15088 人。按区域划分，东部地区居于榜首，约为 16127 人；中部地区位居第二，约为 15894 人；东北地区与中部地区相差无几，约为 15758 人；西部地区最低，仅为 12508 人。

从受教育年限来看，虽然我国 15 岁及以上人口的平均受教育年限已有所提升，但区域发展还不平衡。其中，东部地区最高，约为 10.55 年；东北地区次之，约为 10.15 年；中部地区较短，约为 9.87 年；西部地区最短，约为 9.26 年。人口受教育年限最长的 3 个省份均在东部，分别为北京（12.64 年）、上海（11.81 年）、天津（11.29 年）；人口受教育年限最短的 3 个省份均在西部，分别为西藏（6.75 年）、贵州（8.75 年）、青海（8.85 年）。西藏、贵州、青海和云南（8.82 年）的人口受教育年限甚至低于法律规定的 9 年。区域间教育均衡发展的本质是追求教育平等，实现教育公平。实践表明，新一代信息技术对于实现教育环境均衡、教育资源配置均衡、教育机会均等和教育质量均

---

① 台航，崔小勇.人力资本结构与经济增长：基于跨国面板数据的分析 [J].世界经济文汇，2017（2）：48–71.

衡具有重要作用。所以，未来应充分发挥新一代信息技术优势，进一步缩小区域教育差距，实现基础教育优质均衡的目标（详见专栏2.5）。

从城乡来看，经济社会发展差距客观上造成教育发展的差距，影响教育公平。我国农村教育发展面临的主要问题如下。一是乡村生师比较低，人力资源利用效率较低。在初等教育、初级中等教育、高级中等教育生师比中，乡村分别为13.7、11.4和12.9，镇区分别为17.3、12.8和13.5，城区分别为18.2、13.0和14.3。同时，存在农村部分学科缺乏专业教师、部分教师适应新课程的能力不足，部分教师运用信息技术手段开展教学的能力不足等问题，乡村教师质量有待提高[1]。二是在经历"撤点并校"后，乡村学校班级数量持续减少，班均学生数量显著少于城镇。三是乡村办学条件快速改善，但教育信息化水平有待提升。虽然乡村学生数量不断减少，加之城乡义务教育均衡发展快速推进，乡村生均办学条件不断改善，但乡村教育信息化的整体水平还有待提高[2]。此外，还有一些指标难以用数据衡量，例如英语教师的口语水平、语文教师的文学素养、硬件设施和软件的使用率与使用效果等。

专栏2.5　以科技助力落后地区享有更加公平而有质量的教育

进入"十四五"时期，我国开启现代化强国建设新征程，教育现代化既是国家现代化的重要组成部分，也是国家现代化的基础支撑和引擎。当前，满足人民群众对公平优质教育的需求，为落后地区提供更加优质的教育资源和服务、增强落后地区教育发展的内生动力，不仅是教育高质量发展进程中需要解决的重要问题，也是消除绝对贫困后，缓解相对贫困、预防脱贫者返贫的关键所在。

以互联网、大数据、人工智能、5G等为代表的现代信息技术的蓬勃发展为跨时空配置优质教育资源、促进个性化教育教学提供了重要机遇和工具。通过对落后地区县城和农村学校不同类型的教育科技助学项目的调研，我们发现信息化工具和手段的介入可以缓解优质教育资源不足的问题，并通过提高成绩和自我效能感增强学生自我发展的内生动力。为此，应以教育信息化建设为基础，充分利用现代信息技术手段、创新教育产品及服务模式，破解落后地区教育发展难题、助力公平而有质量教育目标的实现。

---

[1] 齐燕. 过度教育城镇化：形成机制与实践后果：基于中西部工业欠发达县域的分析 [J]. 北京社会科学，2020（3）：59-69.
[2] 苏红键. 教育城镇化演进与城乡义务教育公平之路 [J]. 教育研究，2021（10）：35-44.

续

专栏 2.5　以科技助力落后地区享有更加公平而有质量的教育

以互联网技术为支撑，破解师资难题

落后地区特别是刚刚退出贫困县序列的县，经济发展水平低，财政经费有限，教师工资待遇普遍较低，导致优质师资引进难、本地优质师资流失率高两种情况同时存在。加之本地教师队伍老龄化、专业知识和技能更新慢，教师供给数量、质量和结构难题长期制约地区教育发展。在"互联网＋"全新教育生态加快形成的背景下，现代信息技术发展为跨时空配置教育资源、破解落后地区的师资难题带来了希望。

基于调研，可考虑从以下两方面开展实践：一是开展"双师课堂"教学模式改革试点工作。挑选一批已经引入"双师课堂"项目且师生反馈较好的落后县及农村为试点，引入本省或省外优秀中小学、校外培训机构教师资源，鼓励通过政府购买的方式，以在线直播的形式定期服务于落后地区的教育教学实践，逐步探索出可复制、可推广的典型经验。二是以在线教育教学平台为支撑，加强与发达地区的教育合作。应创造条件和机制，推动落后地区学校与经济、教育发展水平领先地区同级同类学校展开线上联合教研或有针对性地组织开展线上教师培训，提升落后地区教师的教育教学能力、增强教师的自信心与信念感。

以提升信息化建设水平为抓手，缩小县乡差距

当前，落后地区教育信息化建设表现出较大的县城和农村差距，农村宽带网络等基础设施建设明显滞后于农村信息化教育教学需求。我们从调研中了解到，尽管有不少针对落后地区农村学校的教育信息化帮扶项目，但由于平板电脑、直播课程等对网络的速度、稳定性要求较高，而农村信息化基础设施建设滞后，不仅相关软件、平台、工具使用不畅，影响教学效果，还有很多设备和资源被闲置与浪费。这将进一步拉大县城和农村之间的教育差距，影响教育均衡发展的实现。

为此，一是要进一步升级改造落后县的中小学校园网，特别是着力提升农村学校和教学点的宽带网络条件，使县城和农村均能享有技术先进、扩展性强、安全可靠、高效畅通的网络条件。二是要着力加强县、校两级基于大数据与云平台的数字教育教学资源库建设，与中央、省、市公共教育资源平台互联互通，与各帮扶企业和机构的专属教育资源平台有机整合，并通过多媒体智慧教室建设，让优质教育资源在课堂教学中能够得到及时、普遍的应用。三是要加强在线教学空间建设，使教师能够使用网络空间高效开展各类教学、管理活动及家校互动；加强在线学习空间建设，优化整合各类在线学习资源，激励学生开展自主学习与探索。

续

专栏2.5　以科技助力落后地区享有更加公平而有质量的教育

以满足差异化需求为重点，提高帮扶精准度

现有的教育帮扶项目很多，但各落后地区的生态环境、民族文化、语言使用等不同因素都会对当地教育的发展产生影响。在后扶贫时期，应更充分地考虑这些因素引发的差异化需求，分类施策。

一是要发挥多主体力量，明确需求。联合政府部门、高校院所、公益组织、企业等多主体力量对落后地区现阶段及长远教育发展的需求进行分析，做到项目与需求精准对接。二是要以需求驱动提升供给质量。应鼓励企业、科研机构研究开发精准对接需求的教育科技产品，如目前在四川省昭觉县全县推广的"人工智能教学普通话"系统，是利用科技精准助力民族地区师生学习普通话、提升认知与非认知能力的代表性项目，且具有在其他民族地区推广和复制的可行性。三是要紧密跟踪和评估项目实施效果。应建立和完善包含第三方专业评估机构在内的项目执行反馈、评估机制，对教育帮扶项目的成本收益、实施效果、推广复制可行性等进行科学评估。

以开源和提效为抓手，建立教育资金投入增长机制

当前，在落后地区推广的教育信息化项目往往只在建设初期一次性地配备硬件设备，而后期日常运行、购置耗材、维护更新等方面的需求却较难得到满足，相关配套经费缺口较大。调研发现，部分学校特别是农村学校的多媒体教室、触控一体机、智能终端等信息化设备利用率不高，甚至处于闲置状态，不能发挥其应有的作用。

为此，应从"开源"和"提效"两方面入手，保障教育资金投入的稳定性、持续性。在开源方面，要增加转移支付力度，并发挥财政杠杆作用，带动社会资本流入，对帮扶机构、企业施行税务减免，或对积极推动、参与落后地区教育发展的主体给予名誉上的奖励。在提效方面，一是要及时拨付已经被纳入教育帮扶资金拨付预算的资金，提高时效性，同时积极整合、统筹使用好各类帮扶资金，优先对教育工作进行资金分配，做好资金使用规划；二是要突出重点投入领域，优先向农村学校倾斜，重点考虑教师补贴、信息化基础设施建设、教师培训、教育帮扶项目后续保障等方面的投入。

以培训和课程建设为核心，提升师生信息化素养

信息化素养是支撑落后地区教育发展"弯道超车"的基础条件之一。调研发现，落后地区师生信息化素养仍较低，主要表现如下。一是部分高龄教师对使用信息化教学工具存在抵触情绪。二是信息技术与教育教学的融合远远不够。中小学教师较少运用互联网主动搜集教学资源与更新授课方法，也较少使用交互式电子白板、在线测试、在线学习空间等现代教学工具和方式，绝大多数直接运用多媒体设备播放教学内容或视频，仍处于浅层次信息技术教学应用阶段。三是学校对师生信息化素养的培养不够重视。例如，学校虽开设了信息技术课程，但内容单一且层次较低。四是信息技术课程教师匮乏或

续

> **专栏 2.5　以科技助力落后地区享有更加公平而有质量的教育**
>
> 专业性不够。
>
> 　　为此，一是要为落后地区培养一支信息化人才支撑队伍，包括研究、规划、建设、运行、服务、培训等方面的人才，定向增加专职信息技术人员的招聘数量。二是要激励各级各类学校管理者重视信息技术课程，大力推动信息技术课程内容改革，加入有助于提高学生兴趣、提升应用能力的教育教学内容，提高信息化设备和资源使用效率，制定课堂使用信息化手段的考核、考评制度。三是要加强教师信息技术技能的专业培训，切实提高将信息技术融入教育教学的能力，推动教师在教学理念、方式、内容方面的改革、创新与突破。
>
> 　　注：原文《以科技助力落后地区享有更加公平而有质量的教育》发表于人民网，作者关成华、陈超凡。

三、教师教育具有提升空间

　　教师是极具社会价值的专业人士，需要对其进行培养与培训。教师培养与培训不同，教师培养具有耗时长、精细化的特征，而教师培训一般可分为入职前的岗前培训和入职后的在职培训，具有可持续、灵活性的特征。

　　在教师培养中，目前我国主要在大专院校培养教师，但即使是师范专业的学生，其在大学里所学到的知识也不能完全适应工作岗位的需求，尤其是具有实操性和专业性的职业教育领域。这样的培养方式相较于美国的"教师驻校模式"、英国"以中小学为基地"的教师培养模式而言形式较为单一。在教师培训中，在职培训更能促进教师的可持续发展。在职培训可以帮助教师提升专业知识、专业技能以及综合素质；能够助力师生关系的处理、理论与实践的结合、教学管理有效性的提升以及教师与教师、教师与学生之间良好合作关系的产生。

　　加快推进教师教育现代化发展，建设高质量教师教育体系，是构建高质量教育体系的重要保障。目前，在教师教育领域，教师教育者、师范生和一线教师构成内在的核心层，教师教育机构的资源、课程、管理和文化等构成内部的质量层，教师教育机构外部的政府、社会等提供的学科机制、教育政策、经费投入、就业岗位以及舆论引导等构成外部的支持层[①]。由此可见，师范专业认证是贯穿三大层面的主渠道，但同时，补齐教师教育职前培养、入职教育和职后培训短板也至关重要。教育系统具有整体性，每个问题都可能引发蝴蝶效应。就教师培训率不足来看，其可能导致教师数量及质量不能满足学生成长的需求，从而降低本国的教育竞争力，甚至影响人力资本质量。

四、课程教学需注重创新与多元供给

学生过多地依赖教师及学术权威，易导致自身的自主探究能力、解决问题能力、批判能力、系统思考能力、协作能力等可持续发展能力薄弱。这无益于培养具有自我意识、创新精神与创新思维且能够适应未来社会需求的可持续发展人才。

从《可持续发展教育的议程与趋势》提出的"5T"行动学习框架——对话（Talk）、思考（Think）、行动（Take Action）、田野调查（Touch）以及共同规划（Tune-in）来看，目前中国基础教育阶段的行动学习还有很大的提升空间。另外，与新加坡利用高科技信息通信技术的"智慧国"计划、德国MINT友好学校等相比，中国的未来学校计划还稍显不足。所以，中国基础教育阶段的教育理念与教学模式等还需创新。

教学创新可被理解为教学组织（校内或校外教育机构等）为了改善教育供给、提升教育公平而遵循一定的教学规律，引入新的教学大纲、教学资源、学习内容或是采用新的教学组织方式和评价方式。例如，德国的MINT友好学校鼓励学校加强数学、信息、自然科学和技术专业教育教学，还促进学校与学校、企业、科研院所之间在MINT方面的合作，为课程及教学改革注入了新鲜活力。当前，以人工智能技术为代表的新兴信息技术与课程融合正在走向深水区。由互联网、教与学终端、资源、平台等构成的教师教学环境的

---

① 张炜，张万红．高质量教师教育体系建设：框架与路径 [J]．现代教育管理，2022（3）：57–65．

技术生态体系正在重构，对教师理性认知技术、驾驭智能教学环境、创新教学、适应人机协同教学、提升数据素养等提出了更高要求[①]。在此背景下，我国在大单元教学、个性化学习、规模个性化教学、教师专业发展、综合素质评价以及家校社协同共育、校企互动合作等方面需要进一步改革与创新。

五、需进一步保证教育投入稳定增长

教育投入是保证教育发展的重要基础，也是提升教育国际竞争力的重要抓手。自 2012 年开始，中国财政性教育经费投入连续多年超过 GDP 的 4%，但与高福利国家、发达国家甚至某些教育发展水平较高的发展中国家相比还存在一定差距。

在实践层面，是否仍要采取"挂钩"机制来保证教育财政投入成为"后4%"时代面临的首要问题。有观点认为，尽管这种"挂钩"机制在一定时期内促进了我国教育事业的发展并取得了里程碑式的成绩，但这一比例的确有其特定的历史背景，并非政府教育财政决策的指标，加之这一比例并不具有可操作性，财政性教育支出不应继续与 GDP 固定挂钩。[②] 然而，淡化固定挂钩机制后，教育可能会失去激励各级政府增加教育财政投入的"政策抓手"[③]。因此，在一定时期内，坚持没有时限和数量要求的弹性挂钩仍具有一定的必要性和可行性。[④] 未来，教育财政应"以需定支"，确保财政投入的充足性，改善优化投入结构，将教育财政保障纳入政府职能转变和公共治理的框架中推进。[⑤] "定标准、定责任、入预算"，建立并完善教育财政投入持续稳定增长

① 贺相春，郭绍青. 人工智能助力教学创新的路径研究 [J]. 国家教育行政学院学报，2021（9）：31-38.
② 王善迈. 深化教育财政体制改革 [J]. 中国教育报，2014-03-07（7）.
③ 宗晓华，陈静漪. "新常态"下中国教育财政投入的可持续性与制度转型 [J]. 复旦教育论坛，2015（6）：5-11.
④ 王善迈，赵婧. 教育经费投入体制的改革与展望：纪念改革开放 40 周年 [J]. 教育研究，2018（8）：4-10.
⑤ 姚继军，张新平. "后 4% 时代"公共财政如何更好地保障教育的改革与发展 [J]. 教育与经济，2014（4）：9-13.

的长效机制，以保证财政对教育事业的支持。[①] 另外，还需注重教育财政投入各级各类教育的比例。面对经济新常态下经济社会环境的变化和国家财政制度的调整，为保证财政对教育的稳健支持，我们仍需寻找新出路。

教育财政作为一种治理工具，其一系列的供给保障不仅体现为传统意义上的经济政策，更体现在对社会、经济、文化等各方面的综合作用和影响。一方面，教育财政政策作为实现现代教育治理的重要工具，应及时回应不同时期教育需求的变化。随着教育机会的增加以及中产阶级群体的扩大，我国教育供求矛盾从"上学难"转变为"上好学难"，这也构成了当代教育财政必须回应的问题，即如何调整教育财政体制，以适应经济增速换挡、财政收支矛盾加大、居民教育消费水平仍不断提高的新形势[②]。由于教育发展不平衡不充分的问题没有从根本上得到解决，教育财政有必要既重视教育事业的量的发展，同时也重视质的提升。另一方面，教育财政政策应着力构建政府与学校、社会、市场之间的新型关系。从当前的教育投入机制看，国家财政对各级各类教育的保障力度都有所强化，中央与地方财政的关系有所改善，教育财政预算管理制度和转移支付制度不断完善。但从大国办教育的实际需要来看，非财政性经费投入仍有较大提升空间，财政通过税收工具和奖补方式拉动社会力量投入的动力仍有待提升。与此同时，社会和科技领域的新变化呼吁教育财政不断提高财政政策的精准性和有效性，进一步向社会开放，提高有效竞争和对公众需求的反应能力。

---

① 王善迈 . "后 4%" 时代财政教育投入的长效机制 [N]. 光明日报，2015-12-08（14）.
② 田志磊 . 经济增速放缓背景下的教育财政 [J]. 教育发展研究，2019（19）：3.

第三章

校外教育发展：国际经验与中国实践

正规教育系统的高质量发展是提升国家基础教育竞争力的重要来源，而健康有序发展的校外教育也对提升基础教育竞争力有着积极作用。相比于正规学校教育，校外教育能够满足学习者更加多样化和个性化的教育需求，促进因材施教和全面育人。虽然校外教育在发展过程中产生了一系列问题，也对正规教育系统产生了一定冲击，但积极引导校外教育健康有序发展能够对学校教育起到有益补充作用。对此，全球各国和各地区都展开了积极探索和实践。本章重点讨论校外教育与基础教育国际竞争力的关系，分析了包括中国在内的世界主要国家和地区的校外教育发展情况，并基于 PISA 数据，分析校外教育对学习者综合能力的影响，以期为客观认识校外教育的需求及作用，促进校外教育更好地服务于基础教育高质量发展提供理论、案例及经验参考。

第 1 节　校外教育

世界各地教育规划者和决策者所关注的焦点，是从幼儿园到小学和中学再到大学的正规教育系统。[1] 正规教育的高质量发展是一个国家教育竞争力乃

---

[1]　贝磊. 直面影子教育系统：课外辅导与政府政策抉择 [R/OL]. [2021-12-14].http://www.kcs.ecnu.edu.cn/kindeditor/Upload/file/20210727/20210727151744_7656.pdf.

至国家综合竞争力提升的重要来源。在基础教育阶段，教育服务具有典型的公共产品属性，向全体受教育者提供优质均衡的公共教育服务成为首要目标。当前，我国基础教育发展已达到中高收入国家水平，但发展仍不平衡不充分，区域、城乡、校际发展差距还比较大。同时，随着经济社会发展，人们需要更多的终身学习机会和个性化教育服务。因此，在学校教育之外，校外教育逐渐兴起并成为正规教育系统的有益补充。

校外教育有着广泛的外延。理论上，在学校正规教育之外所进行的"教"与"学"活动均属于校外教育的范畴。在基础教育阶段，校外教育主要是指由各类校外机构通过丰富的学习内容、多样化的活动形式、弹性化的组织形式以及灵活的管理模式对儿童和青少年进行的有计划、有目的的教育活动[1]。2015年，联合国教科文组织在《反思教育：向"全球共同利益"的理念转变？》报告中指出，教育的发展趋势是从传统教育机构转向混合、多样化和复杂的学习格局，实现正规学习、非正规学习和非正式学习，让学校教育和正规教育机构与其他非正规教育经验开展更加密切的互动，而且这种互动要从幼儿阶段开始，延续终生。[2]因此，提升基础教育国际竞争力，除了依托学校这个教育主阵地以外，也离不开校外教育的创新发展。

总体而言，校外教育在拓展教育服务范畴、优化教育资源配置、促进学生个性化发展和能力培养等方面发挥着积极作用。随着校外教育规模的不断扩大，校外教育已成为世界各国基础教育阶段的一种普遍现象，其影响力在不断增强，对社会经济发展也产生了一系列影响。从人力资本理论的角度来说，校外教育也是一种教育投资，可以促进人力资本积累。校外教育投资不仅可以提高个体的竞争力，也有助于提高国家基础教育的整体竞争力。

---

① 康丽颖.学科视域中的校外教育理论建设[J].教育研究，2012（8）：25-31.
② UNESCO. Rethinking education：towards a global common good？[R].Paris：UNESCO，2015.

一、校外教育的主要类型

目前，我国校外教育主要由三种类型的机构提供①。

一是青少年宫等开展的校外学习活动。我国政府在学校以外对青少年开展培养活动的机构有少年宫、青少年学生活动中心、儿童活动中心等，这些是具有中国特色的市民福利和民生工程，由各级政府投资建设，为未成年人提供公益服务。这些机构具有公益性、普及性和实用性的特点，对于提高青少年综合素质、促进青少年个性发展具有重要意义。1949年，中国第一所青少年宫在大连成立，1953年，中国福利会少年宫成立，随后全国许多省市都成立了少年宫等活动中心。作为学校教育的补充，这些公益性服务机构旨在丰富青少年的课余生活，进行科技、艺术、体育等课程的学习实践。近年来，综合性青少年宫等机构也在积极探索社会化、市场化、数字化的发展道路，如青少年活动中心引入现代管理方法和手段，利用信息技术对管理、课程进行改革和创新，通过网络、应用程序（APP）等开展远程活动和培训。在培训内容上，青少年宫顺应时代发展，开展了以STEM、编程、科学教育等为主要内容的培训活动。

二是各类学习场馆所提供的服务。各类校外教育实践基地和营地（如爱国主义教育基地、禁毒教育基地、素质拓展营地等），以及科技馆、美术馆、图书馆、博物馆等由政府提供的科普、艺术、阅读、文化历史教育场所开展的学习活动在提高青少年科学文化素质、艺术审美、道德情操等方面发挥着重要作用。例如，红色教育基地通过让青少年了解和学习党史，有利于增强学生的理想信念、提升民族和文化自信；科技馆、博物馆等开展的科学、科普教育，有利于提升学生的思辨能力、信息整合能力、联系实际解决问题的能力、创造与创新能力以及团队合作能力等。当前，互联网、大数据、人工

① 关成华、黄荣怀.面向智能时代：教育、技术与社会发展[M].北京：教育科学出版社，2021：309-354.

智能、虚拟现实等新一代信息技术加速发展，推动了场馆展陈设计智能化和参展体验的个性化，也使得场馆学习体验感和互动效果更强。场馆学习将成为人们获取学习资源、提升文化素养和科学素养的重要途径，对于培养学生的设计思维、创新能力具有重要作用。

三是各类校外教育培训机构所提供的服务。主要指针对具有多样化和个性化服务需求的社会成员，由市场机构或个人提供的具有营利性的教育服务。从培训目的来看，基础教育阶段的校外培训主要包括为了学科学习和应试而进行的课外补习与旨在培养兴趣和特长、提升综合素质而开展的素质类辅导两大类。20 世纪八九十年代，市场主体开始成为我国教育服务的供给者，经过 30 年左右的高速发展，校外培训市场上涌现出各类企业与机构，不少互联网企业、科技企业也纷纷进入校外培训市场，成为教育服务的供给者。此外，得益于现代信息通信技术的快速发展，个人也能够以各类网络平台为媒介，成为教育服务的供给者。校外培训市场的迅猛发展，也引发了一些市场乱象和社会问题。2021 年 7 月，中共中央办公厅、国务院办公厅印发了《关于进一步减轻义务教育阶段学生作业负担和校外培训负担的意见》（简称"双减"政策），对校外培训产生了重大且深远的影响。"双减"工作的核心是从提升学校教育教学质量和规范校外培训两方面协同发力，切实减轻义务教育阶段学生过重的学业负担，促进青少年健康成长。"双减"政策及系列配套政策发布以来，校外培训市场急剧降温，资本大幅撤离，野蛮生长现象得到有效遏制。

二、影子教育与"双减"政策

在以上三种校外教育类型中，前两类是学校教育的延伸，主要由各级政府或公共部门投资建设，其提供的教育服务基本属于公共品或准公共品；第三类校外教育具有私人产品性质，主要由市场上的各类机构、企业或个人提供相关服务，其价格一般由市场供需关系决定，并由政府进行总体调控和指导。在第三类校外教育中，以学科补习、补充性辅导为目的的校外培训也常被称为"影子教育"。影子教育权威专家贝磊（M. Bray）认为，影子教育是指发生在正规学校教育之外，收取一定费用的针对学校学术科目的课外补充性辅导。它不涉及诸如音乐、运动一类的兴趣课程，除非这些课程所授科目属于升学考试科目；同时，影子教育只涉及付费补习，不包括亲属、社区或其他机构提供的免费辅导。就教育阶段而言，影子教育一般只涉及中小学。事实上，用"影子"来比喻学科类课外补习现象是比较贴切的：第一，课外补习只是因为主流教育系统的存在而存在；第二，补习的课程、规模和模式随主流系统的变化而变化；第三，在几乎所有的社会，对主流系统的关注都远远超过对影子的关注；第四，影子系统的特征远不如主流系统那般清晰①。

基础教育阶段，影子教育在校外教育中占比最大。影子教育的产生和发展具有典型的需求驱动特征（详见专栏 3.1）。据测算，在"双减"政策出台前，中国校外培训行业（包括各级各类校外培训）年均市场规模达 2 万亿—3 万亿元。其中，中小学校外培训（包括学科类、素质类等）的市场规模约占40%，而影子教育（学科辅导）的市场又占中小学校外培训市场的 60% 左右。同时，尽管驱动因素和发展模式各异，但在全球许多国家和地区，影子教育都呈现出快速增长的态势。特别是在崇尚教育、强调勤奋、受儒家文化影响深远的东亚国家和地区，影子教育由来已久。对中国而言，影子教育的兴起亦深受读书和考试的传统文化影响（详见专栏 3.2）。近年来，影子教育在我国逐渐发展成规模庞大的产业体系，也驱动校外教育服务产业链日臻完善（见图 3.1）。除了以课外补习和辅导为主的校外培训机构外，各类工具、平台、软件、硬件、技术、综合解决方案提供商也不断涌现，各类新产品和新服务模式层出不穷。例如，若以课程服务形式分类，可分为大班、小班和一对一等形式；若以学习场景分类，可分为线上、线下和线上线下结合（Online-Merge-Offline，OMO）等形式。

① Bray M.The shadow education system：private tutoring and its implications for planners[M].Paris：UNESCO International Institute for Educational Planning，1999：115-117.

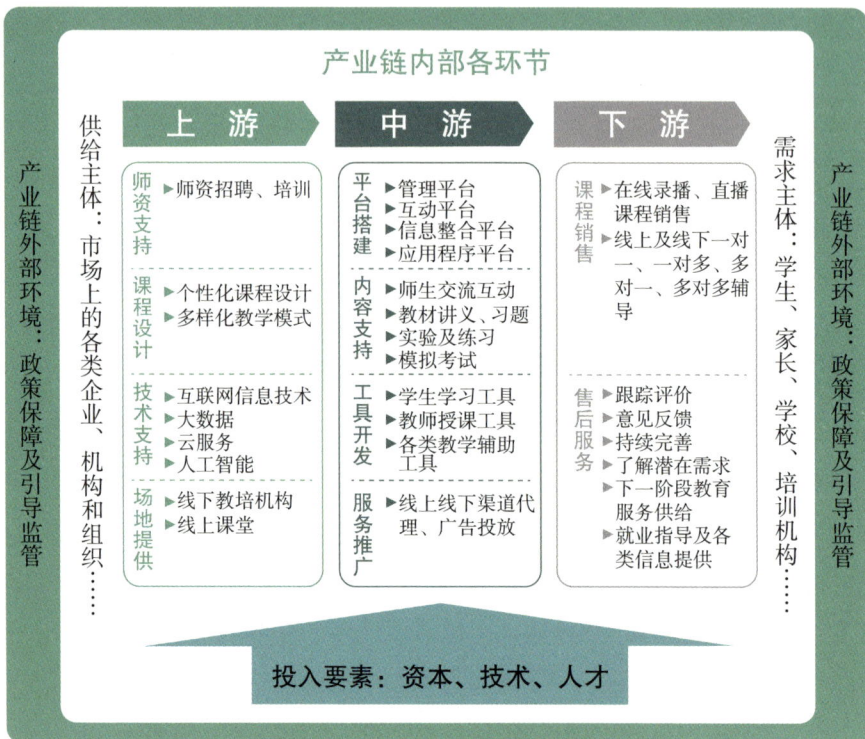

图 3.1 校外教育服务产业链

资料来源：关成华，黄荣怀．面向智能时代：教育、技术与社会发展 [M]．北京：教育科学出版社，2021：317．

专栏 3.1 需求驱动的供给

随着家庭对教育需求的刚性化、多样化和教育市场的发展，正规学校教育之外的机构和资源成为教育的重要组成部分，典型表现就是专门从事校外培训服务的商业化公司数量不断增加。2017 年中国教育财政家庭调查数据显示，在学科类培训市场中，商业公司约占 30%—40%。目前，据行业调研，这一比例已接近 50%。这意味着我国校外培训服务有近一半是由市场机构承担的，而其他的私人补习甚至在校教师补习的情况仍然存在，特别是在一些校外培训资源匮乏的地区和中西部低收入地区。

21 世纪以来，民营经济的发展浪潮叠加持续性的刚需，使校外培训机构迅速崛起。机构数量日益增加、市场份额不断扩大、分工体系日益成熟、服务模式趋向多元化等都驱动校外培训产业链条逐步形成，并发展为一个新兴的服务行业。中国教育科学研究院和前瞻产业研究院的数据显示，2019 年，我国中小学教育培训（校外培训）行业市场规模超过 8000 亿元，其中，学科辅导市场规模约 4700 亿元，占比近 60%，其他细分市

续

专栏 3.1　需求驱动的供给

场主要为素质教育和语言培训。如果比照同期的 1.78 亿在校中小学生数量，意味着平均每位学生在校外培训上的投入为近 4500 元。

新冠疫情暴发以来，校外培训市场中的在线教育呈爆发式增长。据测算，2020 年，中小学在线教育市场规模达到 873.8 亿元，较 2019 年上涨 39.9%。而在后疫情时期，用户线上学习习惯不断强化，进一步促进了在线教育供给强劲增长。

校外培训的快速发展也引起了政府部门的高度关注和重视，一系列旨在推动行业健康规范发展的监管和治理政策频出，使得一批不符合规范经营要求的机构被淘汰。而新冠疫情的暴发也导致一批没有线上运营能力的线下机构破产倒闭。尽管政策、疫情等因素给校外培训带来多重冲击，但整个市场特别是中小学学科培训市场依然热度不减。

升学压力下的"吃不饱"与"吃不好"

随着我国教育事业的改革和发展，中国家长对子女教育问题的关注已然从"能不能接受教育"变成了"能接受什么样的教育"。优质的教育资源是稀缺的，而这种稀缺性又和社会评价及筛选相挂钩。重点中学与非重点中学的分流、"双一流"高校与普通大学的分流都说明即便将带有筛选功能的考试延后，降低考试和升学对补习的影响，"指挥棒"的存在依然可以使校外培训辐射整个教育生命周期。

在现行的升学考试制度和评价体系下，"培优"和"补差"是学生参加校外培训的两大目的。一方面，由于优质教育资源的稀缺性和区域、校际分布不均衡，无法进入优质中小学就读的学生和其家庭面临着"吃不好"的问题。即便有机会进入优质学校，在激烈的学业竞争中，仍有一部分学生是"吃不好"的。不愿因教育资源初始禀赋和成绩落后被淘汰的学生和家长往往将希望寄托在课外补习上，试图通过补习缩小差距、弥补自己面临的竞争劣势。

另一方面，"吃不饱"的学生即追求"培优"的学生也占据相当大的比重，甚至超过了以"补差"为目的的参与补习的学生的比重。这些学生往往已经进入重点学校就读，但更激烈的同辈竞争将学生与家长的压力再次放大，常规的课堂时间和教学设计难以满足其进一步提高成绩以达到"拔尖"的需求，只能如军备竞赛般地比拼投入在校外培训中的时间、精力与金钱。

中国式家庭教育中高强度的教养模式反映了教育过程的竞争本质，以及父母在教育子女过程中内心深处的焦虑。虽然我们反对滥用"焦虑"一词，但面对教育系统本身以及教育投入产出的不确定性时，通过增加教育投入——校外培训，抓住能够抓住的分数，抓住可能进入重点学校的机会，以缓解内心压力，是很多家庭的选择。

家庭规模小型化且财富增加

中国经济的迅猛发展带来人均收入水平的快速提升。2020 年全国居民人均可支配

续

专栏 3.1　需求驱动的供给

收入达到 32189 元，实现了比 2010 年翻一番的基本目标。但随着人均财富的增加，人们的思维方式与观念也发生了较大转变，尤其在婚姻与生育观念上，"现代人"特征明显，本着"少生优生"的原则专注于提高生育与培育质量，对孩子生活与教育的投资显著加大。

在理论上，当家庭进行教育投资时，作为理性的投资者，如果预测未来总收益的贴现值高于现时所必须支付的包括直接成本和机会成本在内的总成本，就会做出投资教育的选择。十多年来，我国教育回报率一直都处于 10% 左右的较高水平，越来越多的父母意识到了教育投资的可观收益，增加教育投资的同时也抬高了对子女的期望。

在这种背景下，中国家长开始追捧"精英化教育"，"精英"的等级越高，意味着家长的付出就越多。孩子入学要去优质幼儿园，然后是优质中小学、重点大学。爱好上也要"精英化"：乐器、芭蕾、箭术、马术……。在一些一线城市中，钢琴甚至也只能算是入门级的兴趣爱好。满足这些昂贵的需求，除对优质学区房的投资外，校外培训也是重要的落脚点。很多中国父母都有一个望子成龙、望女成凤的梦想，希望自己的孩子能够真正成为社会上那小部分的"精英"。

研究表明，整体而言，父母的受教育程度、收入水平越高，对子女的教育期望就越高。中国教育财政家庭调查数据也表明，中国家庭对学科类补习具有"刚需"特征，对兴趣拓展类校外培训的需求具有"弹性"特征。在 1 万多名中小学生样本中，家庭年消费支出最高的 5% 的学生，学科类和兴趣类的校外培训参与率分别高达 54.3% 和 45.7%。

个性化发展的教育需求旺盛

因材施教要求教育者给予受教育者适切的教育，以满足每个受教育者个性化发展的需求。但在学校教育中，教育教学一般都会按照统一的要求和进度来进行，一些学生的个性化需求难以得到满足，特别是在大班集体教学下，教师很难深入了解每个人的学习特征。资源是有限的，政府的公共教育资源更多是"保基本"，让学校和教师做到关注每一名学生的个性化需求，难免有些不切实际。

与学校教育不同的是，校外培训更具弹性和灵活性，其满足个性化需求的特征受到了学生和家长的欢迎。如一对一、小班授课等模式能够较好地掌握学生的学习能力与习惯，通过动态调整教学内容与方式，让学生得到个性化的辅导和发展。

谈到个性化学习，一方面在于校外培训行业本身具有需求导向特征，而另一方面在于前沿技术的行业应用，这在在线教育中得到了充分体现。在技术的加持下，校外培训机构能够为每个学习者提供个性化学习的信息环境。在线教育突破了教学空间与时间的限制，打破了传统优质教育资源的垄断格局，为学习者提供了更为便捷与平等的自学平台。同时，通过教育大数据、人工智能等技术，教育重心从宏观群体走向了微观个体，使得教学过程更具有精准性和针对性。在这样的智慧学习环境下，学习者可以自由选择

续

专栏 3.1 需求驱动的供给

学习方式及内容，实现自我量化与自主管理。教育者也能更准确地判断学习者的特征，赋予学生更多的能动性，以适应其个性化发展的需要。

注：节选自国务院发展研究中心《调查研究报告》中的《加强共治与监管，推动校外培训有序健康发展》，作者李建伟、关成华、陈超凡，内容有修改、删减及整合。

专栏 3.2 校外培训，从中国传统教育文化谈起

校外培训存在的理由和导致的现象，都和长期以来我们对教育的理解密切相关。我们今天之所以既"热衷"校外培训又"担忧"其产生的问题，是因为这当中深刻的文化渊源。从中国传统文化的角度出发来看待和解读校外培训，有助于我们对校外培训有更理性和多元的理解。

法国社会学家涂尔干用"集体表象"的概念来说明由集体心态引发的社会现象。校外培训"乱象"正是当下中国家长焦虑心态的表征。而"社会心态"这一心理学概念背后，存在着影响其形成的历史文化内核。中国人深受"万般皆下品，唯有读书高"等传统文化观念的影响，加之千余年科举制度带来的"后遗症"，一些根深蒂固的观念代代相传，无形中影响着我们每个人。

拥有共同文化传统的群体通常表现出统一的、倾向性一致的集体行为与意愿。校外培训本就是中国传统文化观念的当代外部表征。理解中国传统教育思想中的科举考试文化、儒家教育理想与当今社会现实之间的矛盾，能够帮助我们在校外培训问题上端本清源。

"上品无寒门，下品无势族"被打破——科举文化与中国传统教育思想中的应试观念

科举制是继九品中正制之后我国封建时期选拔人才的考试制度。隋朝开始，科举制长期存在于封建统治时期，它不唯门第出身的选拔规则打破了豪门士族对仕途的垄断。科举的出现虽然为社会各阶层的学子带来了自由报名参加选拔考试的权利，但其选拔目的与之前的制度并无二致，都是选拔服务于政府的官员。

作为一种选官制度，科举与应试学子的受教育程度、学习表现紧密相关，而与应试者的出身门第、社会经济背景等不再相关，这使得封建统治时期阶级固化的现象有了被打破的可能。"上品无寒门，下品无势族"的局面成为过去时，寒门学子也能通过参加科举考取功名，成为政府官员，晋升为"士"阶层。由此可见，科举制给出的是实现社会阶级流动的钥匙，而获取这把钥匙的唯一途径是读书，并且特指熟读儒家经典。

到了明朝，科举考试形成了完备的制度，考试内容基本以"四书五经"为准，以"四书"文句为题；文章格式为八股文，解释必须参照朱熹的《四书集注》。从如此"考纲"中不难看出，在科举文化中，儒家道统的传承与考试本身是无法割裂的，它们共同构成

续

专栏 3.2　校外培训，从中国传统教育文化谈起

"读书—参加科举—出仕"这一获取"士"阶层身份的路径。这一路径也证实了"读书"的权威性与有效性，因此这一模式逐渐被固化在科举文化中。

科举考试为读书人带来的阶层跃升、社会与经济资本的提升都证明一个人可以通过"读书"获得更权威的社会身份与文化人格，也就是实现了我们通常所说的对"成才"与"成功"的追求。这就是中国传统文化中对"读书"与"应试"如此推崇的根本原因。"读书就是为了应试"这一观念也被深深烙印在一代代学子追求教育回报的过程中，并深刻影响着当代中国人对教育的看法。

"万般皆下品，唯有读书高"——从儒家教育传统看校外培训热潮的成因

历史上，儒家思想与科举文化共同造就了中国传统文化中"读书人"的权威人格与崇高地位，其影响不仅延续至当今中国社会，也因历史上东亚地区频繁的文化交流而辐射至东亚诸国。

从唐代起就有来自新罗（今朝鲜半岛）、安南（今越南）、日本等地的留学生涌入长安学习中华文化，他们中不乏积极学习儒家经典、参与科举考试的例子。例如，在朝鲜和韩国学术界享有"东国儒宗"称誉的新罗人崔致远，少年至长安求学，参加科举得中进士后踏入中国官场，后又回到新罗积极传播儒家道统。

历史上，日本、朝鲜和越南都曾效仿科举，促进了儒家思想、科举文化的传播与发展，也在制度上、思想上促成了东亚诸国"儒家文化圈"的形成。这就是如今中国、日本、韩国、马来西亚和新加坡等国共同出现推崇读书、重视学业成绩、积极举办校外培训现象的文化根源。

身处儒家文化圈中心的中国，"为应科举而兴学重教"成为一种社会现实，儒家文化的权威性凭此得到了保留和深化，进而逐渐形成了中华传统文化中崇尚人文和教育的基因。

中国读书人受到的儒学影响很大，而这些影响又在他们对历史的解释和再现中表现出来，由此形成所谓的儒学正统。这样的"正统"地位一旦确立，就使"读书""学习"两件事闪耀起权威、崇高与正确的"金光"，也造就了一个文化上的领袖阶级，而其精英地位的取得则源自教育。

基于此，"万般皆下品，唯有读书高"的价值观出现并进入启蒙教育之中。这种教育观念在传承过程中受到不同历史时期的政治、经济和文化环境影响而流变为当今中国人的教育观念。如今的"五唯"问题、"鸡娃"现象，以及学区房和校外培训等则成为当代中国人集体心态与教育观念的具象化投影，这也是"万般皆下品，唯有读书高"在当代中国的投影。

续

专栏 3.2　校外培训，从中国传统教育文化谈起

"一考定终身"的隐喻——当代中国的社会现实

中国社会在 1949 年后的一段历史时期中，相对于之前社会的结构分层和流动均发生了很大的变革，与此相应，社会观念和教育体系的性质、关系也发生了变化。比如，强调面向大多数人的教育，培养无产阶级知识分子。因此，工农子弟、干部子弟在同等智力条件下，获得优质教育主要依赖个人天分与后天努力，而受社会经济和文化资本的制约较小。

然而，随着高考与高等教育的迅速发展和改革，社会经济资本与文化资本对于个体获取优质教育资源和机会的影响逐渐加剧，资源和机会不再只是依靠个人努力便可获得。

在一个分层的社会中，教育通常被视为保障公平和稳定社会的途径，它让普通人能够有机会跨越阶层，从而防止"阶层固化"的情况发生。当教育成为我们保障社会公平的途径时，人们便自发地强调名校的权威性、维持名校的"崇高"地位，让名校的毕业生获得更高的收入和社会地位，这也呼应了历史上儒家文化所确立的权威、崇高的"读书人身份"。

中国作为世界人口大国，也是考试大国，高考文化已渗透到中国人的社会生活之中。高考关系到个体、家庭的发展，乃至整个国家教育事业和居民就业的前景，以及社会的前进方向。在审视高考制度时，我们会自然而然地将历史上的科举制度与其相比，套用科举文化来看待高考制度，因此科举文化中"一考定终身"的倾向又在当今社会被隐晦地表达，来解构高考的形象。

在社会现实与历史文化因素的交织影响之下，中国家长与学子为实现身份转变和阶层流动，以及获得权威的文化人格、更为崇高的社会地位，会自发追求那些能使其与他人产生差距的教育，在配套考试制度、评价标准的影响下则表现出更加追求考试成绩和高学历的特征。这样的文化价值观诱发了中国人"教育焦虑"的社会心态，进而诱发了校外培训、"中国式教育"等现象的产生。

总结而言，校外培训、教育焦虑等不是单纯的教育问题，而是社会问题。其根本的文化诱因是科举文化衍生的"应试观"与儒家文化所塑造的"读书人"权威人格及其崇高的社会经济文化地位。

注：选自"华英成秀"微信公众号文章《校外培训，从中国传统教育文化谈起》，作者关成华，内容有修改、删减及整合。

社会对校外培训是"爱""怕"交织的（详见专栏 3.3）。影子教育在宏观上有积极的经济社会意义（如创造经济价值、提供就业机会、促进教育创新等）；在微观层面，其提供的有针对性、有效率和个性化的服务也让无数家长和学生趋之若鹜。然而，影子教育也对主流教育体系产生了冲击，其引发的

制造焦虑、资本逐利、过度营销、虚假宣传、乱收学费等乱象也饱受社会争议，这些"乱象"和"急症"需要我们加以反思（详见专栏3.4）。到目前为止，仍未有国家能成功"消灭"校外培训。我国政府不断加强对校外培训机构的监管和治理，但依旧面临诸多难题和挑战。2018年2月，教育部办公厅等四部门印发《关于切实减轻中小学生课外负担开展校外培训机构专项治理行动的通知》，对校外培训机构进行专项治理。同年8月，国务院办公厅发布《关于规范校外培训机构发展的意见》，这是第一个国家层面规范校外培训机构发展的系统性文件，对于构建长效治理机制、规范培训秩序、维护良好教育生态、减轻中小学生过重课外负担具有重要意义。

专栏3.3　校外培训之"爱"与"怕"

作为主流教育系统的"影子"，校外培训已成为教育领域的热点话题。虽然校外培训有着积极的经济与社会意义，但其对主流教育体系的冲击以及引发的各类问题也饱受社会争议。应该说，我们对校外培训的情绪是"爱""怕"交织的。

创造经济社会效益 vs 冲击主流教育体系

校外培训供给约有一半是由专业化的市场机构或企业承担，这些机构和企业的集合形成了校外培训行业。我国校外培训行业的总体市场规模约为2万亿元，相当于全国GDP的2%。其中，中小学校外培训的规模约占40%。巨大的市场体量也贡献了可观的税收。

校外培训行业在就业吸纳和教育公益方面也表现亮眼。"双减"之前，全国校外培训行业吸纳的总就业人口约为1000万人，且保持快速增长。不少培训机构凭借技术和平台优势，开展了大量科技助力教育公平的公益项目。新冠疫情期间，一批有社会责任感的企业积极捐款捐物，提供免费在线教育资源，助力学校"停课不停学"活动。

校外培训的快速发展对主流教育造成了冲击。联合国教科文组织比较教育首席教授贝磊曾提到，"影子教育是一把'双刃剑'，会破坏各国在拓展平等教育机会方面的努力，加剧社会不平等；也会损害教育质量、降低教育效率，造成正规教育系统的低效"。如果学生将过多时间和精力投入校外培训，会对学校正常的教学计划、内容、标准乃至价值导向产生负面影响。由于不同收入水平的家庭对补习服务的购买能力不同，低收入家庭的孩子通过教育实现阶层跃升的难度也将加剧。

提升考试分数 vs 忽视教育规律

提升考试成绩是大多数家长和学生"热衷"补习的重要原因。一些大型的校外培训机构拥有完整的教研体系，不仅能对学生在校学习情况进行精确评估，还可根据学生特点和偏好提供个性化和弹性化的服务。这些机构在把握考试题型、重点和得分点方面表

续

专栏 3.3　校外培训之 "爱" 与 "怕"

现出色，让学生在提分之路上 "事半功倍"。

一些机构 "唯分数" "唯升学" 的导向屡遭社会批评。遗憾的是，对很多家庭来说，他们甚至还来不及担心这种模式是否违背了教育规律，就迫不及待地登上了这艘 "载满旅客的船"。并且，成绩领先的学生往往在补习群体中占据更大比例，对于这些学生和其家庭而言，在追求高分的路上，"没有最好、只有更好"。

如法国社会学家涂尔干所言，教育必须是耐心且连续的。教育的过程理应注重人独立思考与判断能力的培养。一些培训机构采用解题技巧、套路和模板等形式以取得时间和效率上的优势，却忽略了学习过程中必不可少的思考、论证和试错等环节。这种分数速成的背后存在着对学生学习和思维能力的伤害，牺牲了孩子的创新思维、解决问题的能力及可持续成长的动力与潜力。此外，"超前超标" 也是较为突出的问题。寒暑假 "提前学"、幼儿园 "小学化" 等做法违背了认知发展的客观规律，不但伤害了学生的创造力，还会在一定程度上影响孩子的自信心与学习自主性。

解放家长 vs 加重家庭负担

校外培训机构至少迎合了家长两方面的需求。一方面，中小学生放学后的看护断层是部分家庭产生校外培训需求的重要动力，"与其让孩子课后去打游戏或参加户外运动而产生未知风险，不如去上培训班" 是家长给孩子报班的重要理由；另一方面，培训机构将家长从辅导作业中解放出来。不可否认，确实有充当 "甩手掌柜" 的家长，但更普遍的是，很多家长认为即使自己付出时间和精力辅导孩子，效果也不如培训机构来得好。高学历家长给孩子报班已是常态，因为 "即使受过高等教育、拥有博士学位，但仍时常无法辅导孩子的小学作业"。

对很多家庭来说，补习占家庭教育支出的比例越来越大，给家庭带来的经济负担越来越重。《2019 国内家庭子女教育投入调查》显示，38.8% 的受访家庭用于子女校外培训的投入占家庭年收入的 20%—30%。中小学生学科类校外培训参与率超过 40%，32.2% 的受访家庭子女的单科校外培训频率是 2 次 / 周，每周参与的科目不低于 2 科。

对于中等收入人群来说，校外补习是不小的开支，而对于经济条件差的家庭来说，则是望尘莫及。2017 年中国教育财政家庭调查数据表明，家庭年消费支出最少的 5% 的学生，其学科类校外培训参与率仅为 7.5%，而最高的 5% 的学生参与率为 54.3%。

补习带来的不仅是经济负担的加重，还有心理压力。这种心理压力具有持续性，并在社会比较中愈演愈烈。同样是补习，有优质的线下 "一对一辅导"，也有数万人的 "大班在线课"，家长该为孩子选择哪一种呢？校外培训，与其说是孩子的压力，不如说是家长的压力在孩子身上的延伸和渗透。

续

专栏 3.3　校外培训之"爱"与"怕"

促进教育创新 vs 制造市场乱象

　　与标准化、稳定、受到严格规范和监管、相对保守的学校教育相比，善变、多元、分工更细且以市场为导向的校外培训机构更敢于创新。随着人工智能、大数据和区块链等技术与教育的融合日趋紧密，前沿技术在教育领域的应用也愈发成熟。一些校外培训机构成为促进教育创新的主力军。

　　在促进教育创新的同时，行业内也难免乱象丛生。典型的问题包括虚假广告、过度营销、滥用资金和爆雷跑路等。就我们时常看到的校外培训广告来说，美股上市的某头部企业，2020 年第三季度的营销费用为 20.56 亿，课程研发费用为 2.2 亿元，营销费用是研发费用的 9 倍多。这意味着家长花 10 块钱，有 9 块钱被用来做营销。家长本以为将孩子交给机构是为了请机构研究如何教孩子，结果机构花钱最多的地方是研究如何让家长付更多的钱。

　　此外，还有一些校外培训机构的教师并不专注于教学，而是绞尽脑汁售课，甚至做起了"口碑裂变"营销，利用家长推销课程并向家长返利。还有些机构甚至用学费来投资、投机。虚火之下，资金链断裂、爆雷跑路等现象时有发生，将一味追求经济利益的少数企业推向了深渊。

　　注：选自新京报专栏评论《教知识还是玩套路：校外培训为何"虚火难灭"》、"华英成秀"微信公众号文章《校外培训之"爱"与"怕"》，作者关成华，内容有修改、删减及整合。

专栏 3.4　对"热教育"的"冷思考"

　　近年来，我国校外培训行业发展迅猛，逐渐成为社会热议、家长关注、学生依赖、学校掣肘的焦点话题。但与此同时，业内也出现了一些"乱象"和"急症"，需要我们加以反思。

　　起初，校外培训主要是为校内跟不上进度或学习效果较差的学生提供通道，帮助其赶上学习进度或提升学习效果。但随着优质教育资源竞争的不断加剧，社会上产生了对教育进行投资的热潮。校外培训的作用也不仅限于补差，还包括拔高。在政府推出素质教育及学生减负政策后，学生在校时间大幅缩短，"三点半难题"出现。校外培训机构则趁势崛起，"雪中送炭"地填补了这一需求，为寄希望于通过"超前超纲学习"维持竞争优势的学校和家庭提供了契机。

　　随着市场的扩张以及多元化需求的出现，很多校外培训机构开始以"应试"为目的开展培训，这在造成中小学生课外负担过重的同时，也增加了家庭经济压力。更令人担忧的是，无证办学、超范围经营、师资力量缺乏保障等乱象屡见不鲜。这些现象反映出一些校外培训机构无视教育本质和规律、将教育视作一门"生意"的心态。在这种情况

续

专栏 3.4　对"热教育"的"冷思考"

下，我们重新解构教育、思考教育的本质所在，于乱象中反思，对"热教育"进行"冷思考"，可谓至关重要。

适时开发人的潜质与潜能

教育的第一个本质属性是开发人的潜质与潜能。法国著名思想家卢梭认为，人在不同的发展阶段具有不同的特点，我们要根据成长规律给予孩子不同的教育内容。因此，他在对富家孤儿爱弥儿的教育中，采用了"把时间白白地放过去"的方式。这个方法看似"愚蠢"，但不急功近利的教育反而有利于激发孩子的潜质与潜能。

潜质与潜能的开发存在关键期效应，在关键期开发人的潜质与潜能可以达到事半功倍的效果。潜质潜能的开发主要包括"发现—创设—激活"三个步骤。

其中，"发现"是起点，是通过观察、关注等方式方法发现受教育个体的潜质差异；"创设"是开发的前提，是为实现"激活"而进行的准备；"激活"是开发的核心与关键，指充分利用信息、资源和知识等要素，对受教育者进行启发和诱导，使其潜质潜能得到活化的过程。

开发潜质潜能的基本要求是因材施教，切忌揠苗助长与"一刀切"。换言之，顺应人的天性与自然教育法则，更有利于发现孩子成长过程中的闪光点，助其成为真正意义上的"人"。

英国哲学家怀特海从哲学视角出发，提出了"智力发展自有其节奏"的观点。一些校外培训机构在其授课和宣传中，均体现出一种勤于应试、善于提分的"教育工厂"模式。然而，这种模式非但不是开发孩子潜质与潜能的有效途径，甚至还可能成为扼杀潜能、泯灭潜质的元凶。

如康德所说，人是唯一必须受教育的造物。我们应该清醒地认识到，人被改造的目的是更好地发挥潜能与潜质、成为更好的人，这应当是受教育者接受教育的初心，也是教育不可或缺和不可忽视的本质属性。

注重培养人的思维与创新能力

教育的第二个本质属性是培养人的思维与创新能力。在诺贝尔经济学奖得主阿玛蒂亚·森看来，教育的根本目的在于培养人"过自己愿意过的那种生活的可行能力"。同为诺贝尔经济学奖得主的哈耶克认为，教育的根本任务是使孩子获得、享受各种能力以适应不断变化的世界。

教育必须致力于培养人的思维与创新能力。人类发展史是一部人类通过思维与创新实现自身发展的历史。正是数不胜数的思考和创新促使我们不断地实现认知的重构与飞跃，最终实现人类整体的跨越式发展。因此，教育必须致力于培养人的思维与创新能力。

培养人的独立思考与创新能力，需要充分调动受教育者的主观能动性与思维积极性。

续

专栏 3.4　对"热教育"的"冷思考"

在协助受教育者内化知识的基础上，激发其对问题思考及解决的兴趣，实现自身思维能力与创新能力的提升。美国著名心理学家布鲁姆将教育目标分为识记、理解、应用、分析、综合和评估六个水平，识记和理解知识只是学习的初级水平。

　　一些培训机构使用的解题技巧、模板和口诀往往只注重机械式的解题和提分，这种知识毫无活力，只能培养出怀特海所谓的"呆滞的思想"（inert idea），而非拥有创新与思维能力的人。这种只重效率与结果、不重规律与过程的教育方式和方法是与教育本质相悖的。

兼顾人的共性与个性

　　教育的第三个本质属性是兼顾人的共性与个性。我国教育的根本任务是"立德树人"，"立德"即培养人不可或缺的基本素养和正确的价值观念；"树人"即开发人的潜质潜能、培养人的优秀品质。"立德树人"体现了"共性"与"个性"结合的教育本质属性。为不同孩子提供适合其个性的教育，不让孩子感受到"硌脚"的痛苦，应是教育的职责之一。

　　同现代教育学之父赫尔巴特所认为的一样，我们所说的个性化并非"保护畸形者"的个性化，而是陶行知先生所言的"学做真人"的个性化。诸多研究也表明，个性与创新密切相关。在个性得到充分发展的情况下，个人的探索欲和求知欲才能得以充分调动，从而不断发现与解决问题、孕育出真正的创新。

　　经济社会的发展引发多样化的需求。好的教育要以不同个体的能力和天赋为基准，让每个人能够自由地选择适合自己的学习内容。同时，还应区分不同的需要层次，并提供与之相适应的教育。从这个方面来看，校外教育的多样化内容、多形式辅导、灵活化授课或可成为培养孩子个性的重要支撑力量。

　　教育应以开发、内化和创新的方式促进受教育者全面且有个性地发展。然而，在应试教育环境中，各类主体对考试分数的过度重视导致了对教育本质的忽视，将教育拉入功利性深渊，使真正的"教"和"育"成为悬浮于社会之上的"孤岛"。

　　校外培训乱象值得反思，但这终究只是一个缩影。更重要的是，我们应尽可能让教育回归常识、常规和常理，最终回归本质。只要教育回归了本质和初心，校外培训机构便不再可怕，反倒能够促进教育公平、提供多元化的选择。

　　最后，在"做教育"的过程中，我们需要明白陶行知先生所言的"人像树木一样，要使他们尽量长上去，不能勉强都长得一样高，应当是：立脚点上求平等，于出头处谋自由"。

　　注：选自"华英成秀"微信公众号文章《对"热教育"的"冷思考"》，作者关成华，内容有修改、删减及整合。

2021 年，经过前期充分酝酿，"双减"政策发布，这在我国基础教育改革和校外培训发展历史上具有里程碑式的意义，对全面提升学校教育教学质量、从根本上促进校外培训行业规范发展具有重大且深远的影响（表 3.1 报告了"双减"政策出台前后的大事记）。"双减"政策进一步明确"从严治理，全面规范校外培训行为"。主要政策措施包括不再审批新的面向义务教育阶段学生的学科类校外培训机构，现有学科类培训机构统一登记为非营利性机构，对原备案的线上学科类机构改为审批制，学科类培训机构一律不得上市融资，严禁资本化运作（详见专栏 3.5），不得占用国家法定节假日及寒暑假期组织学科类培训，等等。

专栏 3.5　"双减"有效防止资本干扰教育

一段时间以来，"不能让资本把教育变成一场内卷游戏""资本的逐利性与教育的公益性之间存在天然矛盾"等评论，直指校外培训行业，特别是在线教育企业。一些培训机构"被资本绑架""过度营销""卷钱跑路"等现象引发广泛关注。

一系列法律和政策文件为民办教育创新发展提供了政策环境，但校外培训机构类型日益多元增加了治理难度

2016 年以来，我国加快推动民办教育改革，修订颁布了《民促法》，并出台了一系列配套政策。为更好地贯彻落实新修订的《民促法》，2021 年 4 月，国务院正式颁布了《民促法实施条例》。

新修订的《民促法》和《民促法实施条例》进一步厘清了民办教育发展的关键性问题，回应了民办教育领域多方主体的利益诉求，体现了党和国家对新时代民办教育发展形势和定位的新研判以及依法治教和完善现代化教育治理体系的决心，为进一步鼓励和规范民办教育发展提供了根本性的法律依据。

新修订的《民促法》鼓励和支持社会力量办学，对营利性和非营利性民办学校明确实施分类管理。《民促法实施条例》同样旗帜鲜明地支持民办教育，并在财政、税收、用地保障等方面推出多项激励举措。同时，还鼓励金融机构为民办学校融资、开发符合民办学校特点的金融产品、提供风险保障等服务；鼓励民办学校利用互联网技术实施在线教育活动等。

总体上，新修订的《民促法》《民促法实施条例》等为民办教育创新发展及其与产业、资本、技术的融合提供了良好的政策环境，但其规制的对象主要是各级民办学校。不同于民办学校，校外培训机构是追求利润的市场主体，其数量庞大、类型众多，加之在线教育等教育服务新业态新模式层出不穷，为新修订的《民促法》和《民促法实施条例》规范校外培训领域的各类活动增加了难度。

为更有针对性地规范校外培训，2018 年以来，我国连续颁布多项政策，加大力度

续

专栏 3.5　"双减"有效防止资本干扰教育

对校外培训进行治理，如 2018 年国务院办公厅颁布的《关于规范校外培训机构发展的意见》、2019 年教育部等六部门联合颁布的《关于规范校外线上培训的实施意见》等。这些政策对校外培训机构的培训活动、在线教育的经营融资等产生了重要影响。2021 年 7 月，中共中央办公厅、国务院办公厅印发了"双减"政策，该政策成为影响校外培训发展的里程碑式文件。"双减"政策明确规定，现有学科类培训机构统一登记为非营利性机构，对原备案的线上学科类机构改为审批制，学科类培训机构一律不得上市融资，严禁资本化运作，对非学科类培训机构分类制定标准、严格审批，规范培训服务行为，建立培训内容备案与监督制度，等等。

资本进入校外培训市场符合市场经济规律，但资本的逐利逻辑和教育的公益属性产生了巨大张力

在强监管、优治理和促规范的总体基调下，校外培训行业总体进入整顿和调整期，投融资活动低迷且近乎停滞。那么，资本能否进入校外培训市场？资本抢滩在线教育的逻辑是什么？

事实上，作为市场主体，校外培训机构通过融资特别是直接融资来满足企业在技术研发、产品创新、扩大生产规模等方面的资本需求本无可厚非。问题是，不论是线下培训机构还是在线教育企业，尽管它们所提供的"补习""辅导"等服务属于私人产品，但具备了"教育属性"。当育人的"慢"教育遇上逐利的"快"资本时，就容易产生问题和矛盾。

进入 21 世纪以来，资本逐步进入校外培训市场，并在 2010 年前后达到小高峰。新东方、学而思、学大教育等成为最早和境外投资基金接触的校外培训机构，并引发了后续国内机构在美股和港股上市的热潮。2013 年起，随着移动互联网与教育的快速融合，在线教育迎来了爆发式增长，资本也开始从布局线下机构转向线上线下全面开花。

二十余年来，资本的浪潮跌宕起伏，但始终对校外培训市场青睐有加。特别是新冠疫情暴发后，全国 3 亿师生经历了一场全面的线上大迁移，在线教育渗透率大幅提升，中小学在线教育站上了流量高峰，在线教育企业也迎来了它们在资本市场上的"狂欢"。我们也由此看到了一幅资本加码在线教育几近疯狂的画面。但显然，资本的逐利逻辑和教育的公益属性产生了巨大张力。

在线教育乱象的背后是互联网垄断逻辑与风险资本商业本质的叠加，"跑马圈地"导致成本攀升

目前，市场上最具代表性的在线教育企业主要有两类。第一类是原来不从事教育业务，而是从互联网领域进入教育行业的企业，既包括拓展在线教育业务的互联网巨头，也包括进军在线教育行业，开创在线教育品牌的具有互联网从业背景的互联网人所开创的企业。第二类是原来就经营教育业务，通过技术创新进行数字化转型，拓展在线教育业务的企业。

续

专栏 3.5 "双减"有效防止资本干扰教育

在互联网领域"出生"的在线教育企业与传统的校外培训机构具有不同的"教育基因"，在发展模式和商业风格上也有较大差异，前者具有更加典型的互联网运营逻辑和方法论。互联网竞争思维具有"先垄断后获取超额利润"的路径依赖，成为行业第一、实现赢者通吃是典型表现。而这一诉求与风险投资回报高度依赖头部项目表现的商业本质叠加，形成了用最短时间垄断行业、用最快速度赢得高估值以获取高额资本回报的运营逻辑。

"互联网＋资本"掀起的价格战和营销战不仅在网约车、共享单车和团购等商业案例中比比皆是，而且在 2020 年的在线教育市场中表现得淋漓尽致。一方面，巨额资本不断涌入在线教育行业。艾瑞咨询报告的数据显示，2020 年我国在线教育行业融资总额达 1000 多亿元，且资金潮水般地涌向头部企业，"猿辅导"融资 35 亿美元、"作业帮"融资 23.5 亿美元……。另一方面，资本进入后，在线教育企业迅速"跑马圈地"，典型表现就是不惜成本加码营销、通过广告和各类途径疯狂抢占流量。广告投放铺天盖地，导致获客成本节节攀升，这使得在线教育企业增收不增利，仍处"烧钱"阶段。

"双减"政策发布前，据我们测算，在线教育行业的基本情况是平均每招一个学生亏损 250 元至 2000 元，增收不增利、依赖外部融资补缺口是普遍现象。事实上，该亏损已是基于生命周期价值模型计算了用户在未来 3 年可能交纳的学费。这样的商业模式所带来的结果是行业内耗严重，且一旦企业被资本抛弃，将面临资金链断裂风险，在现金储备不足或难以借款的情况下，只能宣告破产，随之而来的就是大量用户退费的风波。

强治理和有序引导是调和矛盾的关键，规范发展必将影响教育资本的投资和布局

校外培训的监管和治理对资本流动产生了重要影响，资本周期基本与政策周期保持同步。2018 年以来，资本敏锐的政策反应使其对校外培训市场的投资更加谨慎。其中，严格规范学科类培训、规定预收学费期限、监管银行托管预付学费、加强企业广告投放管理等举措倒逼资本放慢脚步，推动市场整合与出清。特别是 2021 年年初至"双减"政策出台后，可以看到资本大规模撤出学科类校外培训领域，行业面临转型和重塑。

当前，互联网反垄断、防资本无序扩张是经济领域的高频词，而加大对校外培训机构的监管和治理是教育领域的高频词，这两者共同的交汇点是在线教育。不论是线下培训机构还是在线教育企业，都应积极落实相关政策，追求规范发展，共同打造良好的行业生态。而规范发展的过程具有显著的正外部性，必将影响教育资本的投资和布局。

资本如水，关键是引，重点是怎么引、往哪里引。有序引导资本流向该流入的企业和领域，不仅更加切实可行，且有助于调和资本与教育的矛盾。随着教育需求的日益多元，丰富多彩的校外培训具有持久的生命力。推出合理的制度安排并利用好财税、政府引导基金、国有资本等工具，引导资本流向素质类、兴趣类或与校内教育特别是与应试无关的项目和领域，这是一个方向；引导资本流向职业教育领域，大力推动产教融合，

续

专栏 3.5 "双减"有效防止资本干扰教育

也是一个方向，例如《民促法实施条例》明确支持资本与职业教育的融合。此外，引导资本流向教育科技领域，激励企业的技术研发和产品创新，为智慧校园建设、农村教育发展添砖加瓦等，也都是重要且可行的选择。

注：选自中国教育报《"双减"有效防止资本干扰教育》，2021年9月2日第7版，作者关成华。

为了推进"双减"落地见效，教育部主要开展了如下工作（见表3.1）。[①]（1）成立专门部门。2021年6月，教育部成立"校外教育培训监管司"。（2）形成专门机制。教育部牵头建立由中宣部、网信办、发改委等19个部门协同的"双减"工作专门协调机制。（3）完善政策体系。教育部单独或会同多个部门快速密集出台30多个配套文件，建立起"1+N"政策制度体系。（4）积极正面引导。教育部积极协调中央媒体正面引导，发布消费提示，营造良好氛围，减少家长焦虑。（5）查处违规行为。建立巡察制度，通过明察暗访，依法查处隐形变异培训行为，开展寒假非学科类收费专项整治。（6）维护群众利益。降低培训价格、监管预收费、打击恶意涨价行为、规范培训市场秩序，阻止社会焦虑传播蔓延。（7）推进校内提质。强化"三个提高"（提高作业管理水平、提高课后服务水平、提高课堂教学质量），满足学习需求。教育部统计数据显示，截至2022年2月，原12.4万个线下校外培训机构压减到9728个，压减率为92%；原263个线上校外培训机构压减到34个，压减率为87%；"营转非""备改审"完成率达100%；预收费监管基本实现全覆盖，监管总额超过130亿元；所有省份均已出台政府指导价标准，收费较出台之前平均下降4成以上；校内普遍实现课后服务"5+2"全覆盖；第三方调查显示，85%的家长对学校课后服务表示满意，72%的家长反映教育焦虑有所缓解，90%以上的学生表示学业负担有所减轻。

[①] 教育部校外教育培训监管司."双减"明白卡 [EB/OL].（2022-02-25）[2022-05-03].http://www.moe.gov.cn/jyb_xwfb/gzdt_gzdt/s5987/202202/t20220225_602315.html.

表 3.1　"双减"大事记

时间	政策及内容
2021 年 3 月 6 日	习近平总书记指出："培训乱象，可以说是很难治理的顽瘴痼疾。家长们一方面都希望孩子身心健康，有个幸福的童年；另一方面唯恐孩子输在分数竞争的起跑线上……这个问题还要继续解决。"
2021 年 3 月 23 日	国务院教育督导委员会办公室发布校外培训风险提示，提醒广大家长给孩子选择培训机构和缴纳培训费用时，选择有资质的正规培训机构，不一次性缴纳超 3 个月或 60 课时的培训费用。
2021 年 4 月 23 日	北京市教委通报高途课堂、网易有道精品课、猿辅导等校外线上培训机构违规招生收费等问题，责令其限期整改并公示。
2021 年 5 月 10 日	北京市市场监管局对作业帮和猿辅导两家校外教育培训机构，均处以警告和 250 万元顶格罚款的行政处罚。
2021 年 5 月 18 日	北京市教育委员会、北京市地方金融监督管理局等多部门联合印发《北京市学科类校外培训机构预收费管理办法（试行）》，对学科类校外培训机构收费提出了银行存管模式的要求。
2021 年 5 月 21 日	中共中央总书记、国家主席、中央军委主席、中央全面深化改革委员会主任习近平主持召开中央全面深化改革委员会第十九次会议，会议审议通过了《关于进一步减轻义务教育阶段学生作业负担和校外培训负担的意见》。
2021 年 6 月 1 日	国家市场监管总局举行新闻发布会，通报近期对全国规模较大、知名度较高、投诉举报较多的校外培训机构开展突击执法检查的情况。
2021 年 6 月 15 日	教育部召开校外教育培训监管司成立启动会。
2021 年 6 月 16 日	国务院教育督导委员会办公室发布校外培训风险提示，提醒广大家长，在为孩子选择培训项目、缴纳培训费用时，要特别注意，提高警惕，勿上当。
2021 年 7 月 16 日	国务院教育督导委员会办公室印发《2021 年对省级人民政府履行教育职责的评价方案》，将减轻义务教育阶段学生作业负担和校外培训负担等 2021 年教育改革发展的重点任务纳入评价重点。

续

时间	政策及内容
2021 年 7 月 24 日	中共中央办公厅、国务院办公厅《关于进一步减轻义务教育阶段学生作业负担和校外培训负担的意见》发布。
2021 年 7 月 24 日	中国民办教育协会率 120 家全国性校外培训机构联合发出倡议：深刻认识"双减"重大意义，坚决拥护中央决策部署。
2021 年 7 月 28 日	教育部办公厅印发《关于进一步明确义务教育阶段校外培训学科类和非学科类范围的通知》，明确义务教育阶段校外培训学科类和非学科类范围。
2021 年 8 月 11 日	教育部发布消息，国务院教育督导委员会办公室将对各地落实"双减"情况建立半月通报制度。
2021 年 8 月 14 日	北京市印发《北京市关于进一步减轻义务教育阶段学生作业负担和校外培训负担的措施》。
2021 年 8 月 24 日	教育部公布校外教育培训违规行为处理典型案例，包括北京市"在职教师违规补课"案例、浙江省"无证办学"案例、湖南省"培训机构违规收费"案例、福建省"发布虚假广告"案例和江苏省"内外勾结、监管失职"案例。
2021 年 8 月 25 日	教育部办公厅印发《中小学生校外培训材料管理办法（试行）》，对培训机构自主编写的面向中小学生的所有线上与线下、学科类与非学科类培训材料提出了全面规范要求。
2021 年 8 月 30 日	教育部会同民政部、市场监管总局印发通知，就将面向义务教育阶段学生的学科类校外培训机构统一登记为非营利性机构工作进行部署。
2021 年 9 月 3 日	为指导各地坚决查处学科类校外培训隐形变异问题，教育部办公厅印发《关于坚决查处变相违规开展学科类校外培训问题的通知》，严查七类违规校外培训。
2021 年 9 月 9 日	教育部、人力资源社会保障部联合印发《校外培训机构从业人员管理办法（试行）》。
2021 年 9 月 10 日	教育部会同中央网信办、工业和信息化部、公安部、民政部、市场监管总局印发通知，就做好现有线上学科类培训机构由备案改为审批工作进行部署。

续

时间	政策及内容
2021 年 9 月 27 日	教育部和市场监管总局联合印发《中小学生校外培训服务合同（示范文本）》（2021 年修订版）。
2021 年 10 月	教育部召开全国"双减"试点地区工作推进会，系统总结试点工作成效及经验做法，全面分析问题与挑战，研究部署下一阶段工作任务。
2021 年 10 月 21 日	教育部、国家发展改革委、中国人民银行、税务总局、市场监管总局、中国银保监会印发《关于加强校外培训机构预收费监管工作的通知》。
2021 年 10 月 23 日	十三届全国人大常委会第三十一次会议通过了《中华人民共和国家庭教育促进法》。《中华人民共和国家庭教育促进法》规定，县级以上地方人民政府应当加强监督管理，减轻义务教育阶段学生作业负担和校外培训负担，畅通学校家庭沟通渠道，推进学校教育和家庭教育相互配合。
2021 年 10 月	教育部办公厅印发通知，部署建立校外培训机构底数核查机制。
2021 年 11 月 1 日	教育部的监测数据显示，线下学科类培训机构的压减率已经超过 40%。
2021 年 11 月 3 日	市场监管总局、中央宣传部、中央网信办、教育部、民政部、住房城乡建设部、国务院国资委、广电总局发布《关于做好校外培训广告管控的通知》，该通知在目标要求中提到，不区分学科类、非学科类，要确保做到主流媒体及其新媒体、网络平台以及公共场所、居民区等线上线下空间不刊登、不播发面向中小学（含幼儿园）的校外培训广告。

第 2 节　主要国家校外教育发展模式与经验

　　影子教育只是校外教育体系中的一部分，校外教育类型丰富、实践模式多样。完善的校外教育是构建完整教育环境的关键环节，有助于丰富和充实学生的课余生活、培养良好的思想道德品质，提升组织协调、人际交往等多方面能力以及科学、美学等多方面素养。[①] 目前，校外教育已成为世界各国基础教育阶段的一种普遍现象，但各国和地区校外教育发展模式及侧重点各有不同。为了进一步从各国校外教育发展中汲取经验，并从校外教育维度探讨基础教育国际竞争力，本节主要介绍日本、韩国、美国、英国、芬兰、新加坡及以色列等代表性国家的校外教育发展经验与特征。

一、日本

日本以构建终身学习体系为中心，将校外教育视为学校教育的一种延伸，积极推动校外教育体系的改革，注重发挥校外教育机构在民众自我教育与相互教育中的作用[②]，通过"学社融合"来促进校内与校外、校外与校外教育机构之间的统筹与协调[③]。校外教育在满足学生考试、升学辅导需求的同时，也促进了个性化发展和创造力、自主意识等的培养。日本校外教育体系庞大、机构数量众多，上至市区（町）下至街道（村），一般均设有校外教育机构。

（一）服务应试与升学需求

1977 年，日本开始施行"宽松教育"，目的是减轻学生压力。然而，因为入学选拔仍以笔试为主，主张"全人教育"的校内教育制度和重视"知育"的入学选拔制度之间存在严重的不对称。另外，虽然日本的高等教育升学选拔机制多样化，但无论是公立大学还是私立大学均注重学生的入学考试成绩。所以，很多学生转向校外教育以满足升学需求。

"塾"和"预科学校"是承接学生考试、升学课外辅导需求的主要机构。塾主要分为两种，一种是承担学校学习辅助功能的学习塾，另一种是侧重于

---

① 连瑞庆. 课外活动与人才培养 [M]. 北京：光明日报出版社，1989：1–27.
② 李祖超. 发达国家高校思想政治教育内容与途径比较分析 [J]. 中国高教研究，2006（12）：44–46.
③ 施克灿. 浅析日本的"学社融合"论 [J]. 外国教育研究，2002（9）：6–10.

升学考试教育的升学塾。但实际上，多数塾兼具两种功能。通常情况下，塾的授课对象为初中及以下教育阶段的学生。学生放学后，去塾上语文、数学、英语等辅导课程，这些课程均与升学考试相关。塾的经营主体有个人，也有在全国范围内设置若干连锁分校的垄断性塾。预科学校的授课对象则主要是高中生及复读生，是侧重于升学的校外教育机构。部分预科学校也提供研究生入学考试、公务人员考试等职业资格应试培训。自 1992 年起，日本 18 岁人口急剧减少。在"少子化"及大学升学率持续、稳定增长的背景下，希望进入高选拔性大学的学生对校外教育有着更强烈的参与意识。因此，校外教育的功能并未因升学规模的扩大而弱化，社会对于塾和预科学校的需求也并未降低。

21 世纪以来，日本社会开始重新审视学习塾的价值，学习塾向着规范化、合法化、集团式的方向发展。2001 年，所有私塾组成"全国私塾教育网络"，旨在让各个学习塾之间互通信息、方便开展教学活动的交流与合作，由企业运营的学习塾开始出现。2018 年，日本文部科学省提出未来教室概念，学习塾与学校教育逐步走向合作共生。

根据日本经济产业省发布的 2017 年特定服务产业动态统计数据，日本学习塾从业者总数约为 33.6 万人，参与培训的学习者人数约为 260 万人，全年收益达到 9300 亿日元。不论是从从业者人数、参与培训的学习者人数来看，还是从整体的营业额来看，学习塾行业的规模和效益都在逐年提升。2019 年，日本经济产业省发布《学习塾行业经营力提升指南》，围绕学习塾的教师人才等问题，要求学习塾针对"教育＋新科技"、STEAM 教育、探究性学习、编程教育等新学习形态进行相应的市场开发并提供独具特色的教育服务，通过加大力度引入前沿科技、协同学校教育等新型措施，综合提升学习塾的经营能力，进而推动学习塾行业良性发展①。

（二）重视校内外教育的协同合作

日本的《教育基本法》规定，国家及地方公共团体、学校及家庭等责任

---

① 李冬梅.日本：校外培训对学校教育有协同义务 [N]. 中国教育报，2021-05-20（9）.

主体必须为校外教育的发展提供支持，且必须切实履行自身的责任和义务，为校外教育发展贡献力量。① 日本国立教育政策研究所的调查表明，近年来，地方教委与公立中学校长对学校与学习塾协同合作持肯定态度的比例显著升高，认可聘请学习塾讲师到公立学校任教的比例也显著升高。大多数地区的教委与校长都认为，学校应和包括学习塾在内的民间机构合作，积极推动体验性学习、劳动性学习等多样化学习。

2013 年起，日本文部科学省开始推行"周六教育活动"，并通过修订《学校教育法实施细则》明确规定，各地可根据实际需要，以学校协同校外人才、民间企业的形式共同推进"周六教育活动"。该文件还强调包括学习塾在内的校外教育机构也有义务助力教委与学校共同推进活动，助力丰富教育内容。②2019 年，日本全国学习塾协会发布了年度事业报告书。报告书显示，各地政府与教委对学习塾行业教育资源利用的需求持续增长，协会开始组织带头引导学习塾积极协助学校教育。2019 年，协会接受了 7 个地区的委托，协助调动所属区域内的校外教育机构开展了为期一年的协同辅助支持工作，包括向学校提供教师培训、试题、教材及免费的升学信息咨询服务等。2020 年后，日本全国学习塾协会获得了政府更大支持，包括享受宽松的税制措施和金融、法律等方面的援助，还被经济产业省认定为"各行业领域经营力提升推进机构"，以表彰其在普及推广行业自律准则方面所做的突出贡献。

在教育科技与创新方面，技术也促进了日本在线教育的发展。学校城（School City）作为一种新式的校外教育机构，让学生通过网络进行学习。网络学校提供的课程包含三个模块：一是书面学习；二是通过网站开展自学；三是远程会议与课程。学校城有自己的课程及客户群体，且覆盖区域广泛。同时，学校城有附属公司，主要负责翻译、软件开发、评估体系构建及广告营销等。③

---

① 刘兰兰.日本家庭教育立法及其对我国的启示 [J].教育评论，2015（1）：155-157.
② 李冬梅.日本：校外培训对学校教育有协同义务 [N].中国教育报，2021-05-20（9）.
③ 贝磊.直面影子教育系统：课外辅导与政府政策抉择 [R/OL].[2021-12-14].http://www.kcs.ecnu.edu.cn/kindeditor/Upload/file/20210727/20210727151744_7656.pdf.

（三）发展普惠性校外托管服务

1971 年，日本政府便提出要在终身学习理念下明确学校教育、家庭教育、社会教育各自的功能并将其体系化。自此，日本推出了一系列促进学校教育与社会教育融合发展的措施，包括集中在周末开展社区活动。校外教育课程内容的创设以提高学生与社会发展相适应的核心素养为目标，以学生的个性化、全面发展需求为导向，对学生进行"心灵教育"和生存能力的培养[①]。生存能力的培养不仅需要通过学校有组织、有计划地进行，还需要家庭与社区积极参与。

以面向所有小学生的普惠性校外托管服务——"课后儿童教室"项目为例，其目标覆盖所有小学校区且无群体针对性。项目开展的经费来源于中央政府、各省县市及学生家长。其中，中央政府与各省县市分别提供 1/3 的资金，家长只负担少量的儿童保险费。2010 年，日本国库向该项目补助了 45.56 亿日元[②]，与各地方政府的财政支持共同为项目实施打下了坚实的基础。该项目由各小学校区的运营委员会承担。运营委员会由小学、社区团体、父母与教师联合会[③] 等相关人员组成，另设协调员负责协调及策划，志愿者负责具体实施。其中，协调员的责任重大，需要利用社区一切可用的教育资源，最大限度地促进学校、社区居民、行政机关及其他相关人员参与到项目中来，并协调各方关系，推动项目的实施。志愿者主要来自社区团体以及与儿童教育、文化及福利相关的非营利组织、企业，还包括退休教师、高校学生等。这样的组合有利于扎根社区并建立良好的交流关系，也有利于充分调动家庭和社会力量为学生创造更加丰富多彩的课余生活。

---

① 王晓燕 . 日本校外教育发展的政策与实践 [J]. 国家教育行政学院学报，2009（1）：90-95.
② 李智 . 日美课外教育发展模式的比较研究 [J]. 外国中小学教育，2019（6）：19-24，8.
③ 父母与教师联合会是由学生家长和教师组成互相学习、共同开展活动的社会教育团体。

二、韩国

校外教育是韩国整个教育体系中的重要组成部分，且日益发展成为规模庞大的产业；而面向基础教育阶段学生，满足其考试和升学需求的"影子教育"又在韩国校外教育中占有重要地位。从被禁止到被接受，韩国校外教育在转型发展中逐渐形成了多元化的供给格局。同时，为了避免家庭背景差异及其带来的课外补习机会和质量差异，韩国政府也推出了一系列计划，旨在为更广泛群体提供低成本甚至免费的课外补习机会，促进教育公平。

（一）"私教育"成为重要产业

韩国的校外教育与"影子教育"的概念比较接近，被称为"私教育"，主要以提升学生考试成绩为目的，包括私人开设的辅导班、家教以及通过互联网、习题册等方式进行的课外辅导等。[①]2000 年，韩国宣布废除 1980 年制定的《禁止一切校外辅导》法律，理由是它"违反"了宪法，侵犯了人们教育自己子女的基本权利。2006 年，韩国政府颁布《第二次国家人力资源开发基本计划》，明确"建设学习型社会，成为人才强国"的目标。[②] 该计划的实施为校外教育的发展提供了契机。2006 年，韩国家庭的课外辅导总支出约 250 亿美元，占当年 GDP 的 2.8%。[③]

韩国校外教育产业规模巨大、学生接受校外教育的频率高、时间长。学生及家长对校外教育可谓是"欲罢不能"。[④]《纽约时报》甚至称韩国具有"企业化规模"的校外补习班为"韩国教育体系的支柱"[⑤]。根据韩国统计信息服务中心 2020 年的数据，2019 年韩国 K-12 学生中约有 74.5% 接受了私教育。此

---

① 王晓玲. 论校外教育产业对教育公平政策的影响：以韩国高中教育平均化政策失效为例 [J]. 比较教育研究，2012（10）：77-81.

② 索丰，孙启林. 韩国基础教育 [M]. 上海：同济大学出版社，2015：220-222.

③ 桂文玲. 韩国中小学课外辅导现况及其改革措施 [J]. 基础教育研究，2014（6）：61-63.

④ 陈俊，赵善江. Hagwon：校外辅导的强大势力 [J]. 上海教育，2013（32）：18-19.

⑤ 熊作勇. 走出内卷化：韩国教育热的冷思考 [J]. 公关世界，2021（4）：107-109.

外，经合组织关于经合组织国家私人教育支出的数据显示，韩国的支出为亚洲最高。

韩国校外教育机构将不同阶层看作不同的细分市场，并为其提供差异化服务。有学者通过研究发现，收入与学历较低的家庭是市场上的低端消费者，他们缺乏经济能力，且对校外教育机构的质量缺乏判断力，对教育制度改革方向等缺乏理解。而首尔等大城市则以有名的校外补习班为中心形成了高地价富人区，首尔的大峙洞更被韩国人称为"教育特区"。经济条件相似的大峙洞家长们往往组成学习小组，共同选择校外教育机构的教师，并要求补习班只向家庭条件相似的学生开放，富人区学生凭借参与的校外教育的质量与时长与其他学生拉开了差距。[①]

地方政府也逐渐接受了校外教育的存在。2021年上任的首尔市市长吴世勋表示，既然不能遏制课外补习教育的发展，就应该让所有人共同享受优质辅导班的教育。[②] 为此，他推出"首尔学习"工程，主张由市财政出资，购买江南学院（位于首尔富人区的辅导班，辅导质量最高）知名讲师的课程，免费提供给低收入家庭的学生学习。

（二）借助科技力量发展在线教育

韩国校外教育市场火爆，盈利空间巨大。依靠校外教育扩张的上市公司达十几家，如能率教育（株）、大东（Daekyo）、巨大学习（Megastudy）等。巨大的利润促使韩国许多其他类型的企业也纷纷加入私教育行业，如 SK 通信与上市校外教育机构清潭乐宁（ChungDahm Learning）合作开发的智慧学习服务（Smart Learning Service）"英语豆"（English Bean）等。[③]

韩国最大的在线网络培训机构巨大学习于2000年创办，其子公司和分公司共有11个，遍布江北和江南，服务群体也从建立之初的高中生延伸至小

---

① 王晓玲.论校外教育产业对教育公平政策的影响：以韩国高中教育平均化政策失效为例 [J].比较教育研究，2012（10）：77–81.
② 詹小洪.韩国辅导班为何屡禁不绝 [EB/OL].（2021–08–11）[2022–05–01].http：//www.xinminweekly.com.cn/guanchajia/2021/08/11/16258.html.
③ 李冬新，范靓.韩国私教育盛行之探析 [J].韩国研究论丛，2012（1）：450–466.

学、初中以及成人，业务包含线上教育、线下辅导、图书出版等多个领域。近年来，巨大学习加强了在线考试资讯和高考预测服务功能，还设立了"团队合作"（Teamplay）计划，向达到学习目标的学生、讲师发放高额奖励，每年投入约人民币 4000 万元，以激励教师和学生。巨大学习还创建了贝斯特（Mbest），聚焦初中线上辅导。巨大学习和贝斯特均将课程体系按照难易程度和教师风格进行细分，且哪些教师能激发学生学习兴趣、哪些教师授课只针对尖子生等均会在网站上进行详细说明。不仅如此，巨大学习和贝斯特还会说明每个课程适合哪种性格、成绩在哪个区间的孩子学习。

SK 通信与清潭乐宁合作开发的智慧学习服务"英语豆"旨在将技术手段与英语学习相结合，提供智能化的学习服务。"英语豆"允许学生重复学习并通过手机用英语记录和展示自己的表达，讲师会根据学生的表达、记录进行指导和评估。学生还可以通过英语豆网站观看解说讲座的视频，从而达到深入学习的目的。[①]

2004 年 4 月起，韩国教育电视台兼广播电台（EBS）开始播放与韩国高考相关的电视课程。经过不断探索与改进，课程质量不断完善，数量不断增加，2010 年，韩国教育电视台兼广播电台的课程与教材已经正式与高考所考科目完成对接。考生可以在放学后通过韩国教育电视台兼广播电台辅助完成高考科目学习。另外，韩国教育电视台兼广播电台课程还支持在线播放，学生有不懂或不明白的地方还可以反复观看。通过韩国教育电视台兼广播电台课程，考生可以保障学习进度与学校一致，或者复习在校学习的内容。结果表明，在韩国教育电视台兼广播电台课程中，英语是培训效果最明显的科目[②]，且韩国家长对韩国教育电视台兼广播电台的满意度很高。

（三）保障低收入家庭享有校外教育机会

2006 年，韩国推出了"放学后"计划，力图通过充分利用社区和公共场

---

① SK telecom Nemsroom.SK 通信推出 Smart Learning Service "English Bean" [EB/OL].[2021-10-14]. https：//news.sktelecom.com/157357.

② SK 텔 레 콤 . Smart Learning Service『English Bean』출 시 [EB/OL].[2022-12-01].https://news. sktelecom. com/157357.

所的教育资源，并与大学生、家长、企业及其他社会机构合作，保障低收入家庭子女享有接受校外教育的机会。"放学后"计划的作用主要有三点。一是培养人力资源。"放学后"计划主要针对学校的正规教育课程中很难给予学生但又能启发培养学生能力及特长的多样化学科、非学科及保育项目。二是缩小教育差距，降低低收入家庭私教育费用投入。韩国教育差距主要源于家庭背景及其影响下的私教育质量。该计划为低收入阶层学生、农山渔村地区学生提供免费或低价的教育服务，在缩小教育差距的同时缓解贫困家庭私教育费用负担。三是提供教育福利。该计划为弱势群体、留守儿童、单亲家庭子女提供教育服务，以防止未成年人犯罪，并将其培养为各方面健全的市民。

"放学后"计划的推动主体是教育部、教育厅及教育援助厅、学校，参与主体包括地方自治团体、家长、企业等民间主体。与私教育的超前教学、填鸭式学习和题海战术不同，"放学后"计划包括学科项目与特技特长项目，严格禁止练习题集、超前学习、赶学科进度等行为。"放学后"计划项目主要包括英语、国语、第二外语、数学、科学、社会、音乐、美术、电脑、论述、体育等，特长项目主要培养学生的素质及特长。[①] 该计划的教师由专职教师与外部教师组成。其中，学科类项目教师以专职教师为主，特技特长教师以外部教师为主，学科项目教师与特技特长项目教师的体量相当。小学阶段的"Dolbom"（意为"关怀"）作为"放学后"计划最重要的项目之一[②]，旨在利用学校闲置教室开展灵活实践，将时间安排在晚间、休息日及假期等。为保障服务质量，该项目聘用保育资格证书持有者来实施教育服务。

"放学后"计划的民间委托项目由营利机构与非营利机构共同承担，韩国政府也在积极努力改进该计划，并鼓励可靠的私教育组织参与该计划，提高执行计划的教师质量，完善对低收入家庭的支持系统等。"放学后"计划采用发放自由授课券的形式，保障低收入阶层子女能够在无负担的情况下自由选择并参与该计划，以提升低收入阶层子女的学业成就。自由授课券年均援助金额不断扩大，受益学生数量也呈上升趋势，农山渔村的情况也是如此。

---

① 李成实. 韩国放学后学校研究 [D]. 长春：东北师范大学，2015.
② 李周浩，程琳. 加强学校教育，减少校外私教育 [J]. 上海教育，2013（32）：28-31.

三、美国

在美国，校外教育并不被看作学生学习和生活之外的部分，而是被当成学生学习和成长的必要组成部分来进行整体规划与设计。美国联邦政府对校外教育进行资助始于1998年推出的21世纪社区学习中心。2017年，联邦政府资助21世纪社区学习中心约11亿美金[①]，2018年又增加了2000万美元拨款用以促进其发展[②]。总体而言，美国校外教育具有多元化的供给主体，这些校外教育机构不仅为校外教育提供了大量资金，还为校外教育项目提供设计与评估等服务以及物品、空间等资源及专业人员或志愿者等。校外教育的蓬勃发展不仅满足了青少年多样化的学习需求，还在推动教育公平、促进教育创新等方面发挥了积极作用。

（一）供给主体多元

在校外教育供给方面，美国的社区组织承担了大部分校外教育服务，如男孩和女孩俱乐部、基督教青年会、21世纪社区学习中心以及各类体育联盟、宗教机构、图书馆、公园和各类娱乐场所等。

大学也作为校外教育的供给主体发挥重要作用。如约翰斯·霍普金斯大学创建的天才少年中心及杜克大学的英才发掘项目等。慈善组织也是美国校外教育的主要供给者之一。例如，由商人和慈善家共同组织成立的纽约市改善贫困协会以"拒绝单纯物质上的给予，提高被救济者自身道德与身体素质"为主要目标，开展了纽约市假期学校项目。随着假期学校的不断发展壮大，纽约市改善贫困协会逐渐力不能及，随后纽约市教育董事会接管了这一

---

① US Department of Education. 21st century community learning center funding status[EB/OL].[2021−09−28].http：//www2.ed.gov/programs/21stcclc/funding.html.

② Grant J. Afterschool awesomeness prevails [EB/OL].[2021−09−28].https：//aftersohoolalliance. org/afterschool/Snack/Afterschool-awesomeness-prevails_03−23−2018. cfm.

项目。[①]另外，学区、博物馆、企业等也提供校外教育服务。例如艾奥瓦州伯灵顿学区面向六至八年级学生开放的课前课后计划，美国自然历史博物馆为十至十二年级学生定制的自然科学系列项目，特许经营公司西尔万（Sylvan）学习中心提供的优质个人辅导等。

参与校外教育的工作人员，主要由专职与兼职工作者组成。校外教育专职工作者需要通过当地的从业资格考试。通常，各州的公共服务部会公布校外教育执照标准，但各州标准略有不同。校外教育兼职工作者主要指志愿者，包括参与者的家人、社区服务人员、大学生及高中生等。例如，4-H项目为美国农业部管理，关注儿童及青少年发展的四个方面——头（head）、心（heart）、手（hand）和健康（health），目前已累计招募志愿者50多万人，为超过650万名儿童和青少年提供过服务。此外，也有大量学校教师参与其中，例如在21世纪社区学习中心，在校教师占全体工作人员的35%。

（二）满足多样化需求

校外教育机构组织了种类繁多的高质量学术充实型活动（academic enrichment activities），既包括英语、数学、科学等核心课程，也包括园艺、音乐、艺术及技术等辅助性课程。[②]此类校外服务并非学校常规教育教学活动的重复或延伸，而是通过组织符合儿童及青少年成长所需或兴趣的活动来"补充"校内教学，包括家庭作业辅导、满足个性化学习需求、组织互动性活动及营造支持性学习环境等。

在家庭作业辅导方面，美国大多数校外教育机构均提供此服务，以帮助学生掌握学习技巧，培养其时间管理意识与按时完成任务的意识。在满足个性化学习需求方面，校外教育机构在准确评估学生课业水平的基础上，为学生选择适宜的学习内容与方法。在组织互动性活动方面，校外教育机构重视学生的主动参与，通过组织与学生学习密切相关的活动促进其学以致用。例

---

① 张斌贤，何灿时 . 校外教育的产生与初步发展：纽约市假期学校 [J]. 教育史研究，2020（3）：79-89.

② 苏瑞杰 . 浅析美国中小学课后计划及其功能 [J]. 河北师范大学学报（教育科学版），2018（4）：118-122.

如，在科学思考中成长项目鼓励学生通过设计、检验计算机模型来解决在现实生活中遇到的生态、生物、社会等领域问题。在营造支持性学习环境方面，校外教育为学生营造了低利害（low-stakes）环境，鼓励学生拓展与创新。对此，美国教育发展中心曾提出，对一部分学生来说，学校让学生对失败产生恐惧，我们不希望将这种恐惧移植到课后学习之中①。

多项研究表明，美国校外教育对学生发展产生了正面影响。例如，"钟外计划"作为美国洛杉矶联合学区的校外教育计划对加州高中毕业生成绩产生了影响。在加州高中毕业考试中，参加该计划的学生英语、数学的合格比例分别高于未参加该计划的学生 6 个和 8 个百分点②。另外，校外教育还有助于提升学生对科学、艺术、技术、工程的兴趣，如"女孩开端"与"少年科学俱乐部"等项目均提升了学生参加 STEM 课程的兴趣③。

（三）注重缩小贫富差距及教育创新

美国校外教育机构在全面育人、推动教育公平方面发挥了积极作用：一是在贫困地区开展校外教育活动，为低收入家庭的孩子提供教育资源；二是帮助学生提高学习能力，降低辍学率；三是帮助学生认识自身潜力，开展职业技能培训；四是开设药物和暴力防治等课程。④从基础教育的角度来看，校外教育在缩减贫富差距与学业水平差距方面起到了重要作用。

在缩减贫富差距方面，美国的校外教育一直具有"对低收入家庭进行补偿"的性质⑤，其强调为薄弱学校及弱势家庭儿童提供补偿，以促进其学习水平提高。《不让一个孩子掉队法案》《每一个学生成功法案》等⑥将 21 世纪社

---

① Blazer C.After-school academic enrichment programs [R/OL].[2021-11-20].https：//files. eric. ed. gov/ fulltext/ED570131. pdf.

② Afterschool Alliance.Taking a deeper dive into afterschool：positive outcomes and promising practices [EB/OL].[2021-09-27].http：//files.eric.ed.gov/fulltext/ED557914.pdf.

③ Krishnamurthi A，Ballard M，Noam G G. Examining the impact of afterschool STEM programs [EB/OL].[2021-09-27].http：//files.eric.ed.gov/fulltext/ED546628.PDF.

④ 戴妍，杜皓. 发达国家校外教育改革的经验与启示 [J]. 现代基础教育研究，2018（4）：77-82.

⑤ 周金燕. 对低收入家庭儿童的教育补偿：美国"放学后计划"的兴起和发展 [J]. 比较教育研究，2013（4）：49-53.

⑥ Cohen A J.A brief history of federal financing for child care in the United States[J].Future of Children，1996，6（2）：26-40.

区学习中心服务对象集中在高度贫困地区或薄弱学校[①]；洛杉矶市长布拉德利（T. Bradley）发起建立的洛杉矶最佳课后充实计划项目已为 193 所小学、超过 25000 名学生提供校外教育。

在缩减学业水平差距方面，学业水平较低的学生在校内教育中较少得到教师的关注，自我期望也较低，导致其参与课堂教学活动的积极性不高，而校外教育刚好弥补了这一不足。例如，在美国"中小学课后计划"中，学业成绩较低的学生可以获得个性化的指导，这提升了其参加学习活动的积极性与学业成绩。研究发现，美国低收入家庭的学生较高频率地参与校外学习后，与高收入家庭的学生在数学、科学等学科上的成绩差距显著缩小。反之，对于未参加校外学习或参加频率较低的低收入家庭学生而言，其与高收入家庭学生在数学成绩上的差距则进一步拉大。

美国教育部现任部长卡多纳（M. Cardona）表示，要"让整个社会参与教育，学校、家长、社会组织和企业都要为推动教育发展贡献力量"。在美国政府的鼓励和开放态度下，美国教育科技巨头纷纷进校，促进了前沿技术与教育教学的融合及创新。谷歌课堂（Google classroom）、莱夏学习系统（Lexia）、IXL 网站等教育科技产品在教学数据管理系统、课程学习软件、测评软件等方面搭建了教学辅助闭环，以大数据驱动精准教学。据统计，新冠疫情后教育科技投资为疫情前的 3 倍，并仍以 72% 的复合增速持续增长，海外教育科技公司借助资本整合不断扩大，推进线上线下教育融合发展，提供个性化的智适应教育，增强科技驱动力。全球教育科技领域已经出现切格（Chegg）、多邻国（Duolingo）、拜居（Byju's）、学习时代（Age of Learning）等明星公司，其中，美国在教育科技领域的投入由 2020 年的 25 亿美元增长至 2021 年的 85 亿美元，占全球头部教育科技公司总投入的比例超过一半。

[①] Heinrich C J，Meyer R H，Whitten G.Supplemental education services under No Child Left Behind：who signs up，and what do they gain？[J].Educational Evaluation and policy Analysis，2010，32（2）：273-298.

四、英国

2008 年，英国政府对本国课外辅导问题进行了电话普查。结果显示，正在接受课外辅导的中小学学生占 20%。2018 年，萨顿信托基金的研究人员在英格兰和威尔士随机访问了 2381 名 11—16 岁的学生"是否曾接受过私人补习或者家庭补习"，结果显示，伦敦地区 41%、其他地区 27% 的受访者给出了肯定回答。[①] 近年来，英国课外辅导市场规模不断扩大，形成了独立的产业体系。参加课外辅导的学生因家庭经济条件、就读学校性质、所在地区、社会阶层状态、父母文化水平等的差异而呈现出不同的特征，引发了一系列教育公平问题。[②] 对此，英国政府制定了相应的策略并在实践层面展开了探索。

（一）校外教育参与率持续上升

英国越来越多的学生选择参加课外辅导以增加其在教育"军备竞赛"中获胜的砝码，课外辅导已经成为英国教育经济中一个巨大且日益重要的组成部分。[③] 著名咨询公司益普索（Ipsos MORI）的一项调查数据显示：在英格兰和威尔士约有 25%（总计约 70 万）的公立学校的 11—16 岁学生曾经接受过课外辅导（包括乐器等课程）。也有研究者经调查指出，2006—2016 年，英国接受过课外辅导的 11—16 岁学生比例从 18% 上升到 25%[④]。在科目方面，萨顿信托基金研究发现，学生最可能接受数学科目（77%）的辅导，其次是英语（55%）和科学（30%）。

英国 25% 的学龄儿童会参与私人补习，在伦敦，这一比例更是高达

① The Sutton Trust.Private tuition polling 2018[EB/OL].[2021-09-29].https：//www.suttontrust.com/research-paper/private-tuition-polling-2018.
② 孔令帅，马文婷.英国中小学课外辅导的教育公平：问题、策略与启示 [J]. 现代基础教育研究，2018（3）：69-75.
③ Lill D. The continuing growth of tutoring across the UK[EB/OL].[2021-09-30].https：//www.talk-business.co.uk/2019/01/21/the-continuing-growth-of-tutoring-across-the-uk/.
④ Kirby P. Shadow schooling：private tuition and social mobility in the UK[EB/OL].[2021-09-27].https：//www. suttontrust. com/our-research/shadowschooling-private-tuition-social-mobility/.

40%。私人教师网站（The Tutor Website）2015 年发布的英国私人家教行业概况调查报告显示，英国私人辅导市场价值估计增长到 60 亿英镑。[①] 多类报告都预测英国的私人校外补习行业在未来十年都将保持上升趋势。值得注意的是，英国私人补习收费不菲。第一家教（First Tutors）网站在 2012 年进行的一项调查显示，英国经中介介绍的家教的平均收费为每小时 22 英镑，自由职业家教的收费也在上涨，尤其是在伦敦，其收费超过每小时 100 英镑。

近年来，英国课外私人辅导在线化程度也有所提升。《英国 K-12 在线培训市场报告》显示[②]，2021—2025 年，英国教育服务行业 K-12 在线辅导市场预计将增长 45 亿美元。某行业研究机构（TechNavio）最新的市场调查报告预测：K-12 在线辅导市场将以 10.77% 以上的复合年增长率实现扩增。为提升私人辅导的专业化程度，英国校外私人补习行业成立了导师协会，并鼓励辅导机构签署协会标准守则。

（二）创新学科类校外教育模式

英国校外教育服务供给模式大致可分为五种。一是独立运作模式。辅导教师通过学生家长口口相传及在自己的网站或古姆特里（Gumtree）、黄页（Yell）等平台进行宣传来提供相关服务。此模式中的教师大多是非专业教师，收费一般不高。二是借助中介机构运作的模式。随着校外教育在线化程度的提升，有补习需求的家庭可在支付网站服务费后获取大量的辅导教师资料，然后通过信息或电子邮件等方式与辅导教师建立联系。三是线下模式。英国各地有许多线下校外辅导中心，有补习需求的学生在支付补习费用后可到线下中心上课。在此模式中，孩子们通常是分组上课且家长不能旁听。如果持续补习，则需要按照一定周期、依据课程数量持续缴纳学费。四是由私人代理机构运作的模式。这类校外教育机构的总部通常设在伦敦，专注于为国际家庭、精英家庭以及想要进入顶尖私立学校的家庭提供服务，补习费用高昂。

---

① Tutor Website. An overview of the private tutoring industry in the UK[EB/OL].[2021-09-28].https：//www.thetutorwebsite.co.uk/articles/93，an-overview-of-the-private-tutoring-industry-in-the-uk.html.

② Technavio.K-12 online tutoring market in UK to accelerate at a CAGR of over 10.77% during 2021-2025 [EB/OL].[2021-09-26].https：//www.prnewswire.com/news-releases/k-12-online-tutoring-market-in-uk-to-accelerate-at-a-cagr-of-over-10-77-during-2021-2025-17000-technavio-report-301362866.html.

五是在线平台模式。教师到家（Teachers To Your Home）是英国目前发展势头正猛的校外教育在线平台。它扎根于英国，同时也通过网络向世界各地提供服务，平台师资质量高且经验丰富。

多种形式的英国校外培训已经引发了新的教育不平衡问题。萨顿信托基金 2020 年发布的报告显示，英国私人补习参与度不断上升，且富裕家庭的孩子接受课外辅导的程度已显著高于贫困家庭的孩子①。英国政府正积极调整校外教育服务带来的教育不平衡问题。例如，英格兰 2007 年启动试点项目，为 10% 的第二和第三关键期学生（7—11 岁及 11—14 岁儿童）接受一对一形式课外辅导支付全部费用，包括学生们在英语、数学每门科目上 10 小时的课外辅导费用，以及他们与学校或辅导教师们的 2 小时联系费用②。

五、芬兰

经济发达、社会福利水平高的国家的学生参与课外补习的比例较低，挪威、瑞典、丹麦和芬兰等北欧福利国家均是如此③。斯堪的纳维亚半岛上的国家始终保持着学校充分满足学生需求的传统，尽管当地学生也在接受补差或培优课程，但这些课程多由公立教育体系提供，而非另一套平行的课外补习体系④。斯堪的纳维亚地区大多数学校努力保障各阶段、各能力水平学生的教育需求，量体裁衣、因材施教，这也是芬兰教育的主要特征之一⑤。

---

① Richards M.The rise in private tuition：why are so many pupils having extra lessons outside school？[EB/OL].[2021-09-29].https：//www.theeducator.com/articles/blog/the-rise-in-private-tuition-why-are-so-many-pupils-having-extra-lessons-outside-school/3950.

② 贝磊. 直面影子教育系统：课外辅导与政府政策抉择 [R/OL]. [2021-12-14].http://www.kcs.ecnu.edu.cn/kindeditor/Upload/file/20210727/20210727151744_7656.pdf.

③ 陈全功. 补习教育的地域延展及其社会效应分析 [J]. 比较教育研究，2012（3）：42-46.

④ 贝磊. 欧洲地区影子教育研究：发展态势、动因及政策启示 [J]. 全球教育展望，2020（2）：35-61.

⑤ Niemi H，Toom A，Kallioniemi A. Miracle of education：the principles and practices of teaching and learning in Finnish schools [M]. 2nd ed. Rotterdam：Sense Publishers，2016：260.

（一）以培养兴趣和实践能力为主

芬兰独特的教育理念与体系一直是国际教育研究关注的重点。芬兰学生连年在 PISA 中名列前茅；联合国儿童基金会以全球最富裕的 29 个国家为观察对象评价孩子身心快乐程度，芬兰排名第四（前三名依次是荷兰、挪威、冰岛）。

芬兰中小学开设的课程种类丰富、内容多样，涉及芬兰语和芬兰文学、瑞典语和瑞典文学、历史、数学、物理、化学、生物、地理、体育、健康、音乐、艺术、外语、家政、环境学、社会学、公民教育、手工制作、宗教和伦理等各个领域。芬兰的学校，尤其是小学，放学时间早于全球许多国家和地区。芬兰权威媒体《赫尔辛基报》对 20000 名芬兰家长的调查显示，芬兰父母最在意的两件事是培养孩子的兴趣爱好和运动能力。因此，芬兰家庭支持儿童从幼儿时期就参加课外的兴趣教育。运动是芬兰儿童必须学习的课程。研究表明，78% 的芬兰父母认为孩子每天要运动至少两个小时。

社会实践是芬兰课后教育服务的另一个主要模式。芬兰有"全民热"的社会实践活动，几乎每个孩子都要参加。以"创造性的建筑实践活动"为例，芬兰学生从 4 岁到 19 岁，必须修满 1300 个小时的基础建筑课。职业启蒙实践也是芬兰课后实践教育的典型。芬兰孩子从小学起就要上"教育与职业辅导课"，学会观察和了解自己身边的各种行业，了解各个工作对知识和技能等的要求。在六年级、九年级这两个成长的关键时间点，芬兰学生并不是一味地准备升学考试，而是在积极筹备"我和我的城市"（Me & My City）这一深度职业启蒙活动，即在 15—20 家企业或者公共服务平台（银行、邮政等）共 70 多种职业中选择自己感兴趣的职业并以社会实践的形式深入体验①。

由此可见，芬兰学生的课后教育内容丰富，但多为兴趣、实践类课程。芬兰教育整体表现出"快乐学习"的特点，这是芬兰秉承开放、包容、尊重儿童发展教育理念的表征。另外，《赫尔辛基报》调查显示，芬兰只有 3% 的

---

① 学院君.芬兰孩子疯狂上课外班的背后：特长培养与快乐学习如何兼顾？[EB/OL].（2017-12-07）[2021-10-8]. https://www.jiemodui.com/N/86952.html.

父母把"学习成绩"当作教养目标，高达 48% 的父母"希望孩子做最好的自己"，34% 的父母注重培养孩子的人际交往能力①。总结来看，芬兰教育无论是在校内还是校外，培养方向都是让孩子成为独立自主的个体，注重挖掘兴趣、发挥潜能。

（二）提供普惠的课后托管服务

课后托管是许多无法在孩子放学后亲自照看孩子的家长的首要选择，芬兰的教育体系很好地解决了这一问题。芬兰小学生的上课时间全球最少。一般来说，一至二年级学生的放学时间为中午 12 点，而芬兰家长的上班时间为朝八晚四，这样就出现了中午 12 点至下午 4 点的"真空"时间段。芬兰文化观念中照顾孩子是新生代父母的职责，且有法律规定一至二年级的孩子不可以独自在家，必须有人看护。

晨间 / 午后俱乐部为芬兰一至二年级学生提供放学后的托管服务，主要活动涉及吃喝玩乐和写作业等各个方面②，除此之外，考虑到有些孩子上午第一节课的开始时间为 10 点，放学时间为下午 2 点，晨间 / 午后俱乐部还设有晨间托管。在家长离家上班后，学生们能在晨间 / 午后俱乐部得到教师的看护与指导。

芬兰的晨间 / 午后俱乐部在国际上被视为优秀的课后教育服务典型，因为它始终坚守教育的本质和职责。芬兰式托管以保障学生的运动需求、尊重儿童身心发展为原则，坚持普惠低价，照顾到了普通家庭。另外，它也让学校教育、课后教育服务与家长需求、社会需要相衔接。

更重要的一点是，芬兰的课后托管服务坚守教育的公共属性，不允许教育活动成为逐利的市场行为。尽管芬兰的晨间 / 午后俱乐部并非义务活动而需要收费，但费用较低。芬兰出台了相关政策与法律法规来保障其实施。首先，《基础教育法》规定，芬兰各地的教育提供方要提供晨间 / 午后俱乐部服务；其次，《国家课程大纲》对各地的晨间 / 午后俱乐部进行了规范。再次，国家

---

① 钱文丹. 芬兰家长最在意孩子五件事 [EB/OL].（2018–09–28）[2021–10–08]. https://ict.edu.cn/world/w3/n20180928_52777.shtml.

② 文丹. 芬兰的托管好在哪？[J]. 上海教育，2019（6）：56–57.

教育部门出台的《晨间／午后俱乐部大纲》规定，各地区每学年要提供 760 小时的活动安排。以赫尔辛基市为例，晨间／午后俱乐部主要有三种形式：一是普通学校内的晨间／午后俱乐部，二是儿童游乐场的晨间／午后俱乐部（全赫尔辛基共有 64 个这样的活动场所），三是适合特殊儿童和孤独症孩子的活动。[①] 在师资方面，《基础教育法》对晨间／午后俱乐部的从业者资格做了规定，即托管教师要达到一定学历并持有职业资格证书，且有指导小组活动的经验等 [②]。

（三）注重人工智能教育

近年来，芬兰正在多维推进智能教育，助力国家战略。主要包括两方面：一是将人工智能（AI）作为教育的内容，加强与人工智能知识和技能相关的教育；二是从人工智能作为教育手段的角度切入，通过人工智能推动教育的发展。芬兰从推进人工智能和全民终身学习、中小学编程教育进国家课程、加强人工智能实际应用教育与培训、在大学增设人工智能学位课程等方面推进智能教育的创新与发展。

在人工智能教育中，芬兰从各个层面强调了学习机器人与编程相关知识的重要性。[③] 在公立学校开展机器人知识教学并非特别昂贵，因为机器人课程可以和其他科目相融合，如数学、物理、环境知识和手工课等。也就是说，学校的科目总数并不会因为机器人课程而增加。如果机器人课程成为学校的必修课，那么即使不喜欢科技的学生也要学习有关机器人的基础知识。另外，搭建机器人是非常实用的技能，同时也可以给那些在语言学习和表达能力方面有障碍的学生一个表现的机会。

芬兰已将编程写入了新一轮国家基础教育课程标准，于 2013 年启动，2016 年在中小学全面实施。芬兰阿尔托大学相关研究表明：与其他欧洲国家相比，芬兰在国家基础教育课程标准中对编程教育的要求较高，且从一年级

---

① 文丹．芬兰的托管好在哪？[J]. 上海教育，2019（6）：56-57.
② 钱文丹．芬兰小学生 12 点放学，他们这样解决托管难题 [EB/OL].（2019-02-12）[2021-09-29]. https://jiemodui.com/N/104235.html.
③ 芬兰教育：提倡孩子从幼儿园起就学习人工智能和机器人知识 [EB/OL].[2021-10-08].https://new.qq.com/omn/20210308/20210308A095GO00.html.

开始就开展这方面的教育。作为信息技术教育惯用模式的延续，编程在芬兰的新一轮国家课程标准中不是一门单独的学科课程，而是融入数学、手工等不同学科的综合性学科。与其他一些欧洲国家仅将编程作为专门的课程相比，这是芬兰中小学编程教育的独特之处①。

在人工智能应用方面，芬兰学校强调 AI 教育的同时也强调 BI（Biology Intelligence）——生物智能。芬兰的理念是教育与科技需要关注"学生的大脑正在发生哪些变化，有哪些成长的契机"。在 2017 年 11 月第四届中国未来学校大会上，来自芬兰创业高中的佩乌拉（P. Peura）指出，工具在学校和教室中最重要的功能是创造协作学习的环境，让学生在彼此交流中学习。

六、新加坡

新加坡校外教育具有依赖影子教育的特征。数据显示，新加坡 2019 年在教育部注册过的课外补习机构超过 950 家，2018 年家庭在课外补习机构的支出总额为 14 亿新币（2004 年为 6.5 亿新币，2009 年为 8.2 亿新币，2013 年为 11 亿新币）②。另外，高收入家庭孩子的校外教育费用更高，收入前 20% 的家庭平均每月校外教育支出约为 121.3 新币，大约是收入后 20% 家庭（32.7 新币）的 4 倍。新加坡国立大学的研究人员表示：私人课外补习的最大原因是父母和学生都认为有更好的考试成绩才能在竞争激烈的教育环境中出类拔萃，即使教育部采取措施缓解了学生的学业压力，也很难改变学生父母的想法。

（一）校外教育需求旺盛

新加坡媒体的一份调查问卷显示，有 30% 的当地居民认为孩子应从幼小

① 康建朝. 芬兰多维推进人工智能教育 [N]. 中国教育报，2019-05-24（5）.
② 季丽云. 新加坡影子教育：家庭花费持续高涨 [EB/OL].（2019-09-25）[2021-10-08]. http：//cice. shnu.edu.cn/ca/c6/c18762a707270/page.htm.

衔接阶段开始就参加补习，近 40% 的民众认为小学阶段就应该让孩子补习①。一项对新加坡 1052 个家庭的调查和对 1261 名学生的访谈显示，新加坡 49% 的小学生和 30% 的中学生正在接受校外辅导。这一结果和较早前对 572 名小学生和 581 名中学生的调查结果相同②，足见新加坡校外教育，尤其是影子教育市场的庞大。

新加坡庞大的校外教育市场源于新加坡的"教育分流制度"。新加坡的教育体系并非仅以学校为主体，其出于提高教学效率的目的把学生分成快慢班。在小学、初中、高中这三个阶段的任何一个阶段中，学生除了会被按照学习能力和学习科目进行校内分流之外，还有可能被校际分流。这两类分流都是制度性的，旨在从基础教育阶段便将学生分层别类地引入不同的学校和教育轨道，为学生日后进入不同的职业和社会阶层奠定基础③。

新加坡特有的"天才教育计划"即为典型。该计划旨在寻找和发掘在智力与学习能力方面突出的孩子，并发挥他们的优势，满足其学习方面的渴求，从而达到为新加坡国家和社会培养高精尖人才的目的。新加坡的小学为六年制，通常在小学三年级临近结束时，小学生们会收到新加坡教育部的天才教育计划考试通知。对家长和学生们来说，备考的任务不外乎补习、刷题、押题。虽然通过率决定了天才教育计划是为极少数人准备的培养计划，但只要被选上就意味着被视作"天才儿童"，可以获得最优质的教育资源。而且，即使没有通过第二轮选拔，第一轮获得的成绩也可作为今后申请名牌中学的加分项。所以，很多学生家长尤其是华人家长们对天才教育计划考试补习班趋之若鹜④。

新加坡全国统一组织的小升初离校考试是第二次分流，也直接决定了学生们的人生轨迹。大约前 10% 的优等生会进入特选中学，这些中学大部分都是名校，学生在这里接受初高中四年一贯制的特别课程教育，准备参加相当

① 新加坡：课后补习疯狂！政府无意禁止？[EB/OL].[2021-10-08].http://www.iedusg.com/show-17-15087-1.html.
② 张月云.不断膨胀的影子：全球影子教育的普遍化 [EB/OL].（2020-06-06）[2021-10-09].https://www.thepaper.cn/newsDetail_forward_7705753.
③ 小学三年级成绩决定人生 [EB/OL].（2018-12-07）[2021-10-09].https://user.guancha.cn/main/content?id=59937.
④ 同③.

于我国高考的新加坡剑桥 O 水准考试直升大学；接下来 50% 的学生会进入特选中学，接受四年制的快捷课程教育，以继续升学为目标。后 20% 左右的学生会进入政府指定的邻里中学（通常是所在社区附近的学校）接受普通学术课程教育，在名义上仍以升学为主。最末 20% 的学生会在邻里中学接受普通技术课程教育，以上技校和就业为主。普通学术和普通技术也被统称为普通源流（Normal Stream）。

目前，新加坡有众多校外教育机构提供天才教育计划预备课程，一个月的学费多在 300 新币左右，甚至达到 1000 新币。除此之外，新加坡家长对天才教育计划、小升初离校考试、O 水准考试、A 水准考试等的重视还滋生出许多"地下组织"和"命题人员"，还有即便可疑但也能吸引家长高价购买的所谓"真题"。2018 年 9 月，新加坡教育部宣布废除小学一年级和小学二年级的年底考试，以及部分小学和中学阶段的年中考，以此缓和家长对学业成绩的过度偏重，并促使学校更全面地栽培学生。此后，新加坡教育部提出了"为了人生而学习""让我们的学生为了考试成绩之外的事情做好准备"等口号[①]。但在颁布"减负令"后，小升初离校考试、O 水准考试、A 水准考试等依旧存在，反而加重了学生的课外压力。

（二）尊重影子教育需求

新加坡的校外教育具有典型的商业属性。为争夺生源，校外教育机构大多保持着面授教学方式。对于新加坡的校外教育机构来说，辅导材料、教学模式等均为机构的核心机密，培训机构教师必须签订保密协议，以保证不泄露供职机构的教学、考试及培训内容[②]。而且，新加坡教育部规定在职教师一旦被举报或发现在培训机构代课或以各种名义举办培训补习班，将终身无法再担任教师职位。

以影子教育为主导的校外教育对于新加坡来说意义复杂，甚至新加坡政

---

① Ministry of Education Singapore. Learn for life [EB/OL].[2021-10-11].https：//www.moe.gov.sg/news/press-releases/20180928-learn-for-life-preparing-our-students-to-excel-beyond-exam-results.
② 郑江. 揭秘新加坡中小学生课余是如何补习的？ [EB/OL]. （2015-03-12）[2021-10-11].https：//www.yan.sg/xiaoxue shengkeyushiruhebuxide/.

府都认为校外教育是有积极影响的，尤其是对那些需要帮助才能跟上同龄人的学生，校外补习班能够为他们提供必要的支持①。另外，新加坡政府认为校外教育能够在一定程度上缓解不同族裔学生的教育公平问题。例如，20 世纪 80 年代，与华裔和印度裔学生相比，马来族学生成绩糟糕②。对此，当局提供经费资助马来西亚与穆斯林儿童教育委员会为学生提供课外辅导，帮助学生提升学业成绩。为此，新加坡政府允许该委员会在放学后利用公立学校教学空间为学生开展课外辅导。为保障教学效果，还对志愿教师或辅导教师进行了培训。

2018 年"减负令"发布后，时任新加坡教育部部长王乙康表示，即使教育部正在采取重大措施，以减少对考试成绩的过度强调，但有些事已超出了教育部和学校的掌控，例如有父母在通信程序（WhatsApp）聊天群组中对照笔记，将孩子送去补习。另外，王乙康还表示不会禁止市场上的补习班，认为父母这样做是出于对孩子的关怀。同时，社区中的志愿者也会免费或以低价帮助弱势学生提升其学业成绩，这有利于缓解新加坡教育不平等的问题。

七、以色列

犹太民族有着重视教育的悠久传统，以色列认为"教育"与"学习"是崇高的。犹太家长从小就教育孩子"知识是甜蜜的"。教师在犹太文化传统中也享有崇高的地位③。以色列建国初期，教师在大众媒体中的形象不仅是国家英雄，还是犹太民族的精神领袖。可以说，尊重教师、崇尚知识的犹太传统构成了以色列重视教育、重视科技的文化基因。

当今的以色列科技创新日新月异，创业风潮席卷全国。纳斯达克上市的科技公司中，以色列的科技公司是除美国以外最多的，整体多于欧洲、日本、

---

① 参见 http://www.iiep.unesco.org/en。
② 贝磊. 直面影子教育系统：课外辅导与政府政策抉择 [R/OL]. [2021-12-14].http://www.kcs.ecnu.edu.cn/kindeditor/Upload/file/20210727/20210727151744_7656.pdf.
③ 赵萍，周钧，李琼. 教育：以色列科技创新的核心 [J]. 中国教师，2017（5）：88-92.

韩国、印度以及中国公司的总和。2016年全球创业生态系统排名报告显示，以色列有全球最高的初创企业密度，每1600人中就有1人是创业者①，因此，以色列有着"科技创业之国"之称。在科技的加持下，以色列校外教育发展迅速，生机勃勃。

以色列对于"科技＋教育"宗旨的贯彻从其连续召开的教育科技峰会中可见一斑。教育科技峰会是以色列年度国际高端教育论坛，通过联合全球先锋机构的力量，探讨教育科技（EdTech）走势和相关学习工具的发展前景，致力于教育产业的升级。2016年6月，第一届教育科技峰会便有48家以色列教育科技公司参会。由此可见，先进的教育装备与AI智慧教育是以色列校外教育的重要特征。

（一）以人工智能推动学科培训创新

辛普利西科（Simplisico）、马蒂菲克（Matific）、符号实践（Symbolab）等教育科技公司是以色列专注学科培训的人工智能教育企业。这些企业提供0—12岁儿童的数学思维培养、高中及大学的数学辅导等服务。以大数据和算法为驱动的自适应教学模式是学科培训的主流。这种模式会追踪学生的学习情况并根据算法不断优化学习计划，提供与不同学习阶段的需求相适应的学习方案，从而达到个性化学习的目的。自适应模式需要足够多的用户学习行为数据，才能产生好的个性化教育效果。

（1）辛普利西科打造的模拟真人教师②。辛普利西科成立于2014年，创办理念是"打造一种基于智能算法的虚拟私人数学教师"。学生可以输入关键词向人工智能驱动的"私人教师"提问，私人教师针对问题给出答案和解题思路。辛普利西科主要对高中数学和大学一年级的微积分和代数问题进行解答，通过智能算法，让高中学生更好地学习数学并预习大学的数学课程。

辛普利西科将学科知识进行分拆，针对相同知识点延伸出的不同问题进

---

① 科亨．"创新之国"以色列的 STEM 教育体系是如何设计的？[EB/OL]．（2019-10-11）[2021-10-12].https://www.163.com/dy/article/ER71E4R00511A5RQ.html.
② 以自适应切入，以色列的学科教育智能化程度如何？[EB/OL]．（2019-09-09）[2021-10-11].https：//cloud.tencent.com/developer/news/442786.

行归纳总结，给出不同形式的解题方法，包括视频、图像、文字分析表述等。在交互方面，用户可登录网页或客户端直接输入问题，辛普利西科会根据用户输入的关键词给出建议，用户选择一个建议或对给出的建议进行二次编辑后，辛普利西科会推送详细的解决方案。AI 技术在连接辛普利西科的内容与用户方面起到了至关重要的作用，给用户带来了标准化和自动化学习方式。另外，辛普利西科还可以依照"搜索—答案—二次提问—答案迭代—学习方案定制"的流程为用户量身定制无限量的练习。总的来看，辛普利西科的整个辅导过程已形成闭环，犹如一位私人教师。

（2）马蒂菲克提供的游戏化教学①。马蒂菲克是一家数学思维训练机构，通过数学游戏的方式帮助学生学习数学知识。目前为止，马蒂菲克提供了数百个有趣的数学游戏，覆盖了幼儿园到六年级的所有数学知识。另外，马蒂菲克还引导学生动手和参与活动，以沉浸式的学习方式提高学生的数学能力。马蒂菲克认为，游戏化的学习方式不仅可以减少孩子们对于数学学习的焦虑，还可以提高数学分数。马蒂菲克的内容与以色列的国家数学课程保持完全一致，以补充教育的方式改善学生的学业表现。马蒂菲克通过多台移动终端设备为家长、学校、教师提供针对性的帮助，已成为家校共育的完美工具。

具体来看，马蒂菲克将小学阶段的数学内容分为六大板块，各个板块都根据知识点的特性设计具象化的教学内容，将抽象的数学概念和知识具体化。同时，马蒂菲克将学生在平台上的学习路径一一记录下来，通过智能算法，一方面给学生提供适合其学习阶段和学习能力的学习路径，另一方面也为学校、家长提供学生学习情况的分析报告，使其掌握学生的学习情况。在此基础上，马蒂菲克还会配合学校和家长制订计划。在为家长提供的分析报告中，可以看到学生的学习偏好、学习内容比重分布、待提高处及每周的学习时间等，综合报告还体现出孩子与同年级孩子学习情况的比较结果。在学校方面，马蒂菲克可以提供整体的学科学习解决方案，也可以利用大数据和算法帮助学校跟踪学生的学习情况。在课堂上，马蒂菲克可以配合学校的课程设置和

---

① 以自适应切入，以色列的学科教育智能化程度如何？[EB/OL].（2019-09-09）[2021-10-11].
https://cloud.tencent.com/developer/news/442786.

主流学习教材提供学习内容，补充完善学校课程计划，为教师提供辅助；课后，马蒂菲克提供家庭学习计划，帮助学生完成家庭作业。

（3）符号实践开发的智能算法运用[①]。符号实践是一家专注于数学学科培训的教育科技公司。它将数学知识点和运算符号以独立单元的形式录入系统，当用户有问题时，登录网页点击符号和算法就能检索到相应的解决方案。在此之后，符号实践还会推荐相似的习题以供练习。

符号实践按照用户学习路径分为两种形式，一是问题搜索，即用户可直接输入问题进行检索；二是作图计算器，主要运用于线性计算等。符号实践还具有笔记本功能，即可以在符号实践上记录问题或知识点，生成学习画像，找出弱项与不足。另外，符号实践还有习题练习板块，将数学习题分为7个主题，用户可任选其中一个主题，通过实践（练习习题，习得数学技能，解决不同类型的问题并获得反馈）和测验（测试自己，深入研究任何数学主题并构建自定义测验，查看学习进度）获得有效的学习分析报告。符号实践也设有学习小组板块，即通过创建虚拟教室，将线上学习的学生聚集在一起，让用户与虚拟班级共享问题和图表，生成评估报表，获得即时反馈与分析。

（二）注重教育科技孵化与教育合作

以色列不仅重视以科技赋能校外教育，还十分注重教育科技的孵化。以色列涌现出了一批教育科技领域的孵化器，技术与教育创新中心（MindCET）便是其中的代表之一。MindCET被誉为"以色列教育界YC[②]"，与美国的教育科技孵化器想象学习（Imagine Learning）和学习启动（Learn Launch）一样颇负盛名。

MindCET是以色列教育技术中心（CET）的一个独立机构，汇集了众多教育领域的创业者、企业家、教学工作者、研发人员，其目的是帮助项目团队孵化出具有颠覆性、创造性与实用性的教育科技产品，并推动这些产品运

---

① 以自适应切入，以色列的学科教育智能化程度如何？[EB/OL].（2019-09-09）[2021-10-11]. https://cloud.tencent.com/developer/news/442786.

② YC即Y Combinator，是美国著名创业孵化器。

用到教学实践中，以改变教学现状、变革教学模式①。MindCET 主要由三个部分构成，分别是"车库"（garage）、"实验室"（laboratory）和"水族馆"（aquarium）。其中，"车库"是加速孵化器，"实验室"帮助教师、教研人员以及教育产品研发者实现资源对接，"水族馆"包含大量研发信息资讯。

（1）车库——加速孵化器。平台接受处于初创阶段的教育科技类软件、应用程序或者基于网络的教学工具类项目，每期项目的孵化时间为 5 个月。MindCET 会为入驻项目提供全方位的服务，包括创业导师的专业指导、投资人对接、学校对接、办公场地等各项服务。目前，MindCET 平台上共有 20 多位来自教育科技领域的创业导师。此外，MindCET 还会帮助试用产品、测试产品性能并接受用户反馈，确保产品能够适应市场需求。

（2）实验室——对接产品研发者和使用者。MindCET 的教育实验室实现了孵化的项目产品与学校的对接。目前，以色列的很多中小学校、教师和学生都参与了 MindCET 的教育科研项目，形成了一个专业的教育科技学习社区，致力于研究教育科技在实际教学中的运用。MindCET 也会主动学习和了解实际教学中的创新想法、经验、需求以及产品在教学中的实际运用情况。同时，合作学校和教师也会在平日的教学中试用 MindCET 孵化出的产品并给出反馈。

（3）水族馆——教育科技资讯网。水族馆既有全球最新的教育科技领域的研究成果，也有 MindCET 的科研成果，包括教育科技领域的科研论文、出版物和视频课程等。水族馆可以为 MindCET 孵化项目提供最新、最专业和最实用的知识，以加速教育科技创新②。

此外，以色列也重视教育的开放创新与合作。其中，STEAM 教育是重点，包括教学设计、教学工具与课程、产品研发的全新理念等。例如，以色列集思堂教育公司在创意实验室建设和 STEAM 课程实施上具有强大的专业能力，且其国际资源和优质师资众多，其与潍坊滨海国际学校（现潍坊滨海

---

① 参见 MindCET 官方网站。
② 欧开磊."以色列教育界 YC"：MindCET 教育科技孵化器 [EB/OL].（2015-06-25）[2021-10-12]. https：//www.sohu.com/a/20117975_115563.

鲲城学校）于 2019 年签订项目合作协议，联合打造创新教育实验室[①]。该项目以创新教育为切入点，集中双方优质资源，凝聚合力，致力于打造具有先进性、引领力、创造力的创新教育实验室，并推行 STEAM 课程。为深入推进项目，集思堂从三方面展开部署。一是全力策划设计创意实验室，包括空间设计、色彩设计、设备设施等；二是规划具体学期安排、制定年度教学大纲和课程项目清单等；三是安排高水平专职外教常驻学校。此外，还会根据课程实施进程举办系列活动，选拔优秀学子参加国际挑战赛，举办项目成果、课程成效专题展览等，推动学校与以色列中小学及一流大学建立合作伙伴关系，深化国际校际合作，全面有序地接轨国际前沿教育。

第 3 节　校外教育与基础教育国际竞争力

　　基础教育国际竞争力的提升是一项系统工程，包含教育环境、教育投入、教育过程和教育产出等各个维度。校外教育作为基础教育的重要组成部分，在影响基础教育竞争力的各个环节都可以发挥有益补充作用。不论是各类公益性的校外教育实践基地、场馆，还是市场上各类学科或非学科的培训机构，其根本价值和使命在于为"立德树人"贡献力量。在实践中，校外教育为提供更加丰富的终身学习机会、满足更加广泛而多样化的社会需求、促进广大青少年的全面发展和拔尖创新人才的个性化成长、提升人口综合素质、服务相关产业发展以及专业人员就业等做出了积极贡献。在分析各国校外教育发展模式和经验的基础上，本节着重阐述获得良好发展的校外教育对于提升基础教育国际竞争力的作用，并基于 PISA 数据，定量描述校外教育与基础教育国际竞争力之间的关系。

---

① 潍坊滨海国际学校.对接国际前沿 借力引智发展：潍坊滨海国际学校和以色列集思堂教育公司签订项目合作协议 [EB/OL].[2021-10-12].http://www.wfbhgjxx.com/html/2019/yiseliesteam_0102/449.html.

一、校外教育对提升基础教育国际竞争力的作用

（一）丰富教育生态体系

从整个教育环境的维度来看，校外教育是丰富教育生态体系的有效途径，与学校教育一起担负着"育人"的使命。作为承接基础教育阶段学生培优、补差、兴趣培养等需求的重要资源供给方，校外的线上线下教育可为学生学习生活提供"有益补充"，它们与学校教育同属基础教育范畴，但又有着不同的功能。学校教育强调共性，即要依据课程标准培育未来社会的人才。而校外教育注重个性发展，以满足兴趣为培养目标，促进儿童和青少年的全面健康成长。校外教育与学校教育发挥不同的功能，而促成青少年的社会化是校外教育与学校教育有效衔接的本质内涵。因此，校外教育可成为实施素质教育、丰富教育生态体系、提高教育质量的重要途径。要提高基础教育国际竞争力就要重视和加强校外教育建设，完善覆盖群体广泛、尊重教育规律和特点的校外教育服务体系，全面推进校外教育和素质教育协调发展。

相比正规学校教育，校外教育系统内部有更多探索新的教育理念的空间，有助于推动教育创新。在全球范围内，校外教育的供给呈现多元化趋势。这种变化可以引发校外教育在多元化、差异化结构中的教育理念更新，并使校外教育成为新教育理念实施的试验田。校外教育系统内外部因素的互动可以促进教育理念的整合与探索。具体来看，校外教育系统外部既有社会、家庭、学校等资源因素，也有历史、地域、文化等人文因素。面对同类教育对象，系统内部结构与外部环境通过校内外融合育人、社会家庭协同育人等有机关系，共同实现教育理念的探索与更新[①]。随着智能时代的到来，人工智能、大数据、区块链等技术与教育的融合更为紧密，教育变革要以促进学习者发展和提升学习者智慧为理念，在智能技术所打造的物联化、智能化、泛在化的教育信息生态系统的支持下，开展贴近真实世界、符合学习发生的自然过程、

---

① 周立奇，冯晓虹.系统论视野下的校外教育创新实践[J].未来教育家，2020（2）：57-59.

具有开放性和按需供给等特性的教育①。在这方面，许多校外教育机构都进行了丰富的探索实践，且已经发展成创新综合体，推动了传统教育理念的革新，拓展了智慧教育的新生态。

（二）补充教育投入

从教育投入来源来看，校外教育可以拓宽基础教育资金供给渠道，补充财政在教育经费上的投入，增加社会资源对教育的投入与倾斜，从而提升基础教育质量和国际竞争力。过去十年，在保持财政教育经费增长的同时，得益于鼓励社会资金进入教育领域的政策支持，中国民办教育和校外教育飞速发展，基础教育的资金来源持续拓宽。然而，近两年来，社会对教育的投入受民办教育规范政策、"双减"政策的影响持续缩减，加之新冠疫情及国际形势对各地各级财政收支影响加剧，社会教育投入显著减少，客观上增加了财政教育经费的使用和需求压力。例如，地方政府财政经费增长需要补上当地民办学校退出的缺口，以满足优质教育资源需求；又如，对培训机构的治理使得80%以上的校外教育供给主体不再存在，其中包含的优质教育补充资源客观上需要当地政府增加财政经费投入和优质师资供给来替代②。

从教育投入结构来看，有社会责任感的校外教育机构可以为经济与教育发展落后的地区带来更多的教育资源，包括资金、设施，以及高水平师资、先进课程体系及理念等。同时，有社会责任感的校外教育机构还能发挥以下功能：一是支持弱势群体的教育事业，缓解由于区域经济发展不均衡引起的区域基础教育条件不平衡；二是调节城乡基础教育投入结构，辅助农村基础教育发展；三是缓解高中教育不平衡的危机，促进基础教育均衡发展。因此，校外教育通过优化教育投入结构，可以弥补公共教育支出在教育投入上的不均等、不平衡，并促进基础教育的均衡发展。从教育投入的去向来看，随着教育需求日益多元化，内容丰富、形式多样的校外教育仍然具有旺盛的生命

---

① 刘晓琳，黄荣怀.从知识走向智慧：真实学习视域中的智慧教育[J].中国电化教育，2016（3）：14-20.
② 储朝晖.财政如何保障教育经费[EB/OL].（2022-02-11）[2022-05-15].https://opinion.caixin.com/2022-02-11/101840601.html.

力。推出合理的制度安排并利用好财税、政府引导基金、国有资本等工具，引导教育投入流向素质类、兴趣类等与校内教育特别是与应试无关的项目和领域，如教育科技领域等，可以激励企业的技术研发和产品创新，也能够促进我国基础教育国际竞争力的提升。

（三）丰富教育教学模式

随着"互联网+"行动计划的提出，传统教育与"互联网+"深度交汇融合，造就了教育发展的新生态。校外教育机构利用"互联网+"技术，创立在线学习互动平台，并对原有的系统性课程进行二次开发，建设了一批有内在系统架构、短小精悍、寓教于乐的学习资源模块（如微课、慕课、直播课堂等），让学生可以有效利用课余碎片化时间进行自主学习。另外，对"智慧学习"和"智慧教育"模式的探索也为传统学校教育提供了新的教学模式与教育理念。同时，在现代信息技术的支撑下，互联网平台通过整合社会中空闲、零散的实体教育资源，可以促进传统校外教育学习中心转型为"互联网+校外学习"中心。通过建设网络化和智慧化的公共服务基础平台，为青少年课外培训、辅导、素质教育和社区教育等提供智慧学习及相关教育服务[①]。

相较于校内教育，校外教育具有形式更多样、内容更丰富、方式方法更灵活，以及实践性、社会性和技术性更强等特点，可成为学校教育的补充和延伸。例如，在学科学习方面，每个学生的学习情况都是有差异的，学校教育很难满足学生的不同需求。而"一对一""小班化"等校外教育教学模式可以有效实施"因材施教"的教育理念。对于成绩较为优秀的学生，校外教育是一个"培优"的过程；对于学习成绩中等的学生，校外教育是一个查漏补缺的过程；对于一些存在学业困难的学生，校外教育是一个"补差"的过程，能够帮助学生树立信心，提高竞争力。在体育方面，学生可依据自己的兴趣选择校外体育项目，接受系统、规范和连续的训练，不仅可以增进健康增强体质，还可以提高心理素质、陶冶情操、发展个性。在美育方面，学校美育

---

① 贺斌.智慧学习：内涵、演进与趋向：学习者的视角 [J].电化教育研究，2013（11）：24-33，52.

在师资、设施等方面存在不足，且在美育观念、课程设置和实施、教学过程等方面也存在一定偏差。而校外教育可以提供形体、艺术体操、礼仪、伦理、朗诵与演讲、服饰、行为美学等一系列美育课程，具有丰富的内容供给优势。在劳动教育方面，校外教育基地可以利用时间、空间上的优势，为学生创设丰富的劳动实践等。

（四）深化技术创新及其教育应用

步入智能时代，5G、大数据、区块链、机器人、虚拟现实、人工智能等新一代信息技术对校外教育影响深远，极大地拓展了校外教育的服务边界，推动校外教育产品及服务不断迭代升级，为学生和家长带来了全新的教育服务体验。相比学校教育系统，校外教育机构、企业等在前沿技术研发和应用方面具有更强的能力，创造的产品与实践案例也更为丰富。从全球范围来看，教育科技蓬勃发展，不少国家和地区都在加强教育科技领域的投资，以获取未来教育竞争新优势（详见专栏3.6）。

在前沿技术的渗透下，技术的教育应用场景也日益丰富，例如：移动设备、互联网技术的进步改变了学习的时间与空间，智能技术的支持和校外学习资源的极大丰富使任意时间和任意地点的学习成为可能[①]；大数据为学习成果表达及学习成果的评价提供了清晰的可视化途径和精准的数据支持，提升了校外教育的服务质量；通过人工智能算法对学习者个人行为及内隐特征进行的"数字画像"，可以更好地了解学习者的特点和个性差异，从而开展精准教学和个性化学习服务[②]。目前，人工智能在校外教育中的应用主要包括自适应学习、在线双师课堂、人机对话互动、语音测评及处理等，其渗透已从外延的纯辅助逐渐向核心环节渐进与完善；虚拟现实和增强现实技术让教学更生动、更立体，使学习者获得"沉浸式体验"，有效提高了知识感知度和保留度，提高了教学质量。新冠疫情期间，互联网、直播、云计算等技术提供了

---

① 黄荣怀，刘德建，刘晓琳，等.互联网促进教育变革的基本格局 [J].中国电化教育，2017（1）：7-16.
② 田爱丽.综合素质评价：智能化时代学习评价的变革与实施 [J].中国电化教育，2020（1）：109-113，121.

便利的学习工具，丰富了教育资源，改变了学习方式，大大促进了教育发展。大批线下校外教育机构转为线上授课，通过智能技术寻求创新，以增强服务能力、探索教育的更多可能性。多种类型的线上教育平台涌现，有提供直播工具的，有提供内容的，还有提供综合管理的，均对"互联网+教育"的发展产生了积极影响。

专栏 3.6　全球教育科技发展概览

科技是教育发展的助推器。近年来，随着全球范围内移动互联网和教育信息化基础设施的普及，直播、大数据、人工智能、虚拟现实和增强现实等创新技术在教育领域得到了广泛的应用，极大地促进了优质教育资源的均衡分布，有效提升了学习的效果和体验感，展现出智能时代下教育创新的巨大潜力。一些教育科技企业已发展为教育科技创新的重要推动力量，对学校教育体系形成有力支持。2020 年初突如其来的新冠疫情给教育带来了重大的挑战，同时也加速了科技与教育的融合。

教育科技蓬勃发展，促进教育均衡并提升学习体验感

科技对教育的助推可以归纳为数字化、智能化和新体验三个方面。

数字化推动高质量教育内容的规模化。数字化内容让高质量的学习资源能够覆盖全球范围内更多的学习者，促进教育资源的均衡分布。据了解，美国教育上市公司 Coursera 以大规模公开在线课（MOOC）的形式提供来自全世界高校的优质课程，用户量达 8200 万；印度教育科技企业拜居提供的在线课程已拥有来自全球 1700 多个城市、超过 1 亿的注册用户。

智能技术推动个性化，让学习更有效。人工智能技术被广泛应用于学情分析和内容推荐，为学习者提供更加个性化的学习解决方案。美国外语学习应用多邻国由卡内基梅隆大学计算机科学教授冯安（L. von Ahn）发明，通过算法推荐更适合学习者的外语学习内容，目前在全球范围内已经有超过 3 亿用户，多邻国也于 2021 年 7 月在美国纳斯达克上市。IBM 公司的 Waston 系统也通过人工智能技术持续打造基于多维学习元素、能力目标和知识图谱的智适应学习系统。未来，人工智能将与教育学、认知科学、脑神经科学等更多学科领域实现融合。

创新技术的应用，让学习体验更美好。虚拟现实、增强现实、游戏化学习等创新技术的应用，极大地提升了学习的体验。挪威教育上市企业"Kahoot！"提供多人同时在线的游戏化学习平台，用户量在全球范围内达到 15 亿人次；美国教育科技企业 Quizlet 提供电子闪卡的学习方式和资源，月活跃用户 6000 万人，每周习题回答数达 10 亿次。

续

专栏 3.6　　全球教育科技发展概览

新冠疫情推动教育线上化、数字化转型，各国不断加码教育科技

　　面对新冠疫情对教育体系的巨大冲击，各国纷纷出台教育数字化发展战略与计划，推动教育数字化、智能化、线上化转型。

　　在美国，拜登政府于 2021 年颁布的"美国救援计划"为 K-12 教育拨款 1200 多亿美元，达到了 2019—2020 年联邦资金在 K-12 教育投资总额的近 5 倍。美国教育部部长卡多纳表示："让整个社会参与教育，学校、家长、社会组织和企业都要为推动教育发展贡献力量。"在美国政府的鼓励和开放机制下，美国教育科技巨头纷纷进入校园。谷歌课堂、莱夏学习系统、IXL 网站等教育科技产品在教学数据管理系统、课程学习软件、测评软件等方面搭建了教学辅助闭环，以大数据驱动精准教学。

　　在印度，自总理莫迪提出"数字印度"计划后，在线教育也迎来了前所未有的历史机遇，成为促进教育公平、解决公立教育资源匮乏等问题的有效方案。印度政府在 2020 年推出了"国家教育政策 2020"，鼓励在线教育的发展。政策的利好和新冠疫情下强劲的线上学习需求，使印度教育科技公司在技术革新学习方式上不断发力，行业内不断涌现出拜居、非学院（Unacademy）、韦丹图（Vedantu）、托普尔（Toppr）和简单学习（Simplilearn）等明星公司，创新产品覆盖学校课程辅导、语言学习、入学考试备考、职业技能培训和学校管理等多个细分领域。

全球教育科技迅猛发展，资本投入持续增长

　　依托强劲的市场需求，教育科技行业迅速崛起，成为海外热门的创业和投资板块。2019 年全球教育科技的市场规模为 764 亿美元，预计到 2027 年将达到 2000 亿美元，以 18.1% 的复合年增长率快速增长。据统计，新冠疫情后教育科技投资为疫情前的 3 倍，并仍以 72% 的复合增速增长，海外教育科技公司借助资本整合不断扩大，推进线上线下教育融合发展，提供个性化的智适应教育，增强科技驱动力。全球教育科技领域已经出现切格、多邻国、拜居、学习时代等明星公司，其中，美国教育科技投入占据全球头部教育科技公司总投入的一半以上。美国的教育科技投入由 2020 年的 25 亿美元增长至 2021 年的 85 亿美元。以印度为代表的南亚及东南亚教育市场成为资本关注的重点领域，印度的教育科技资本投入由 2020 年的 23 亿美元增长至 2021 年的 38 亿美元。拜居至今为止已完成 20 轮共计 32 亿美元的融资，市值高达 210 亿美元，一跃成为全球教育科技独角兽公司之首。除拜居外，印度还涌现出非学院、韦丹图等极具影响力的教育科技创新公司。

印度教育巨头加速布局国际市场

　　随着产品和技术的日益成熟，越来越多国际教育巨头加快了对海外市场的布局，其中，最引人瞩目的是以拜居为代表的印度教育科技企业在国际市场中的异军突起和快速扩张。

续

专栏 3.6　全球教育科技发展概览

自 2011 年创立以来，拜居已经拥有超过 1 亿的注册用户，年付费订阅用户量达 650 万，2020 年度收入为 3.25 亿美元，较 2019 年增长了 82%。同时，拜居通过在全球范围内的收购实现其世界布局，在过去 6 年间，拜居共收购了 15 家企业，其中包括美国在线教学平台家教维斯塔（TutorVista）、教育在线商城埃杜利特（Edurite）、美国儿童教育科技公司灵眸（Osmo）、美国少儿编程公司小白帽（WhiteHat Jr）和新加坡企业伟大的学习（Great Learning）等。2021 年上半年拜居斥资 24 亿美元进行全球收购，包括以 9.5 亿美元收购印度线下培训机构阿卡什（AESL），用 6 亿美元收购技能提升平台伟大的学习，以及以 1 亿美元收购奥地利数学学习工具地理格数（GeoGebra），加快了其布局国际市场的进程。

（五）推动教师专业发展

校外教育有助于推动教师专业发展，进而从教育过程的维度提升教育国际竞争力。以中国为例，校外教育对教师专业发展的作用主要表现在两方面。一方面，校外教育系统内部的师资质量在不断提升。近年来，校外教育行业逐渐成为高校毕业生就业的蓄水池。2019 年"全国高校毕业生就业状况抽样调查"结果显示，"教育行业"首次成为应届毕业生就业占比最大的行业，达 12.6%。同时，在校外教育行业中，高学历教师占比增长迅速。数据显示，2019 年，校外培训领域拥有本科及以上学历的教师占比近 95%。其中，具有本科、硕士学历的教师占比分别为 59.62%、33.12%，具有博士学历的教师占比为 1.86%。此外，随着一系列针对校外培训机构的整改文件的下发，没有教师资格证的培训机构教师不得上岗，加之教师资格考试改革后通过率明显下降，一定程度上保证和提升了校外教育行业的师资水平。除了从业者普遍具有较高学历外，不少校外教育机构、企业还十分注重对教师的专业能力进行培训。一些校外培训机构拥有完整的教研和培训体系，通过对教师开展定制化的职前培训、弹性化的在职培训及互动教研，不断提升教师的教学水平，促进了教师的专业发展与综合素养提升。

另一方面，校外教育系统也帮助正规学校教育系统培训师资，特别是为教育落后地区、农村地区提供师资培训，不少校外教育机构还参与了"国培计划"，助力教师专业发展。在实践中，一些校外教育机构与落后地区学校的教师开展基于网络的教研、培训及学习互动。在先进技术和平台的支持下，校外教育机构的优秀教师与落后地区学校教师就同一教学主题进行广泛讨论、交流，这不仅大大降低了教学教研成本，增加了交流互动的机会和频率，也提升了当地教师的专业素养。同时，校外教育机构还推动了教师培训模式从传统的校本培训、外出培训等集中模式逐渐向"线上线下相结合"的混合模式转变。混合培训模式将面授培训、直播课程和数字课程三种方式相结合，增加了教师学习的时间，也拓展了教师培训的空间，便于教师的个性化学习。此外，一些校外教育机构还帮助教师用视频的方式记录、保存并重现其授课过程，使其能够找到不足并有针对性地做出改进，以进一步提升专业发展水平。

（六）助力创新人才培养

实施创新和创造力教育，培养学生的创新精神和能力，已成为各国教育发展的核心任务之一。在校外教育系统中，无论是艺术教育活动还是科技教育活动，无论是小组活动还是个体活动，都强调创新能力、实践能力、动手能力的培养和训练。在校外教育中，学生是学习的主体，要通过生动、活泼的教学形式，因材施教的教育方式，按照他们的兴趣爱好，有组织、有计划、有要求地开展各项活动。

校外教育在促进创新人才培养方面具备诸多优势，主要表现在三方面。第一，校外教育有丰富多彩的活动内容，为广大青少年发展兴趣、充实闲暇生活提供了机会。另外，校外教育可以开阔学生视野，使他们及时了解科技信息，接触和学习最新的知识与技能。第二，校外教育具有灵活多样的组织方式，可根据青少年的需要因地、因时、因人设课，使广大学生在快乐中求学，有利于培养一专多能型人才。第三，校外教育在方式方法的选择上也更为灵活，根据教学实际选择小组授课或个别指导，注重活动和实践，将知识、技能的掌握与运用结合在一起，有利于少年儿童提高综合素质，规范品德行为，培养正确的人生观，丰富假日生活，增进身心健康。

在实践中，各类场馆为开展创新、创造力教育提供了重要平台。通过博物馆展品、布展形式、讲解等引导学生进行创造性思考、激发创造力。以美国大都会博物馆的体验式导览模式为例，其以引导性为主，在不影响观众观看效果的前提下，充分释放观众的想象力与感知能力，并以此体验艺术带来的心理愉悦与感官享受。导览只是辅助，而非主导，在欣赏作品的过程中，它将观众置于主体地位，让观展者经历启发思考、产生好奇、提出问题、寻找答案、分享成功的思维过程，自主完成对作品的解读和诠释。[①]同时，博物馆协同图书馆、天文馆等社会场馆，为学习者营造出真实的学习情境。真实学习理论表明，如果学习的过程是在真实反映现实世界的情境中发生的，学习的主题是与学习者的生活相关的，那么学习者对他们所学的知识将更感兴趣，并会更积极主动地学习新的概念和技能，从而更好地为创造力的提升提供支撑。[②]

（七）促进文化输出与国际合作交流

20 世纪 80 年代以来，经济全球化、贸易自由化对"教育服务"理念的兴起产生了重要影响，特别是随着全球服务贸易的发展，教育服务贸易作为服务贸易的重要新兴领域，得到了世界各国的高度关注和重视，对于提升各国人力资本质量、促进经济发展起到了重要作用。在世界贸易组织（WTO）的《服务贸易总协定》（GATS）中，"教育服务"属于 12 类服务贸易中的第 5 类，GATS 规定，除了由各国政府彻底资助的教学活动之外，凡收取学费、带有商业性质的教学活动均属于教育服务贸易的范畴。[③]2001 年加入 WTO 后，中国为推动教育服务贸易发展做出承诺，并积极参与教育服务贸易的全球竞争与合作。

在教育服务贸易中，校外教育服务占有较大比重和重要地位。当前，全球学习者对中国语言文化的学习需求越来越迫切，不少校外教育机构凭借自

---

① 张硕. 博物馆教育，释放公众的想象力和创造力：美国大都会艺术博物馆参观启示 [J]. 走向世界，2018（4）：82-85.
② 刘晓琳，黄荣怀. 从知识走向智慧：真实学习视域中的智慧教育 [J]. 中国电化教育，2016（3）：14-20.
③ 宋立群. 我国教育服务贸易的现状及国际竞争力的提升 [J]. 世界贸易组织动态与研究，2009（5）：28-31.

身在科技、平台或内容方面的优势与特色，配合国家"汉语加快走向世界"战略，通过为国外学习者提供中文学习服务，传播中国文化，为打造复杂国际关系背景下对外人文交流新窗口、促进教育对外开放做出了积极贡献。新冠疫情期间，在线教育蓬勃发展，对校外教育机构、企业而言，积极打造一个语言教育与文化传播的在线学习资源体系，为全球学习者提供优质课程和服务，将在线教育作为促进科技人文交流的新途径，不仅有利于培育教育服务贸易国际竞争新优势，还有利于校外教育的转型升级与高质量发展。

二、校外教育与基础教育国际竞争力：基于 PISA 数据的考察

（一）校外教育总体情况的描述性统计

本节基于 PISA 2018 数据，通过描述性统计和卡方检验考察校外教育与基础教育国际竞争力的全球表现及各国家（地区）间的差异，以期为更好地了解校外教育的作用提供初步的经验性证据。PISA 是当前最具国际影响力的教育质量监测评价项目，主要利用测验与问卷调查对某一国家或地区的教育质量进行客观评价。PISA 非常强调学生的素养，即学生在生活情境中运用掌握的知识和技能解决问题的能力。PISA 不仅关注学生的阅读、数学与科学这三类基础素养，还会对学生的问题解决能力、协作能力、财经素养、全球素养等综合素养进行测评。[①]

PISA 学生问卷一直包含有关校外教育活动的题项。有研究者曾向中国教育部考试中心负责 PISA 2015 翻译的工作人员咨询为什么 PISA 对"Additional Instruction"这一关键词汇的翻译为"课外辅导"[②]。事实上，尽管"Additional Instruction"中有很大一部分是影子教育，但"Additional Instruction"的外延大于"影子教育"，因为"课外辅导"既包括商业机构提供的有偿服务，也包

---

① 辛涛，贾瑜，李刚，等.PISA 2018 解读：全球视野与中国表现：基于中国四省市 PISA 2018 数据的分析与国际比较 [J].中小学管理，2020（1）：5-9.

② 李佳丽."替代"还是"补充"：从影子教育发展审视学校教育质量：基于 PISA 2015 中国四省市数据的分析 [J].北京社会科学，2019（5）：57-68.

括学校或私人提供的无偿服务；既包括学科类的辅导，也包括其他素质类科目的辅导。因此，"Additional Instruction"与本书中"校外教育"的外延比较接近。本节主要基于 PISA 2018 中阅读、数学、科学和校外教育参与率的数据进行描述性分析。同时，我们也结合 PISA 数据对各国校外教育的特点、驱动因素等进行了分析（详见专栏 3.7）。

专栏 3.7　直击各国校外培训生态

中共中央办公厅、国务院办公厅印发《关于进一步减轻义务教育阶段学生作业负担和校外培训负担的意见》。为贯彻落实这一意见，教育部办公厅发布《关于坚决查处变相违规开展学科类校外培训问题的通知》，坚持从严治理校外培训机构。事实上，校外培训在世界范围内广泛存在，其治理是世界性难题。

PISA 2018 数据显示，包括我国北京、上海、江苏和浙江在内的东亚国家和地区的学生测验成绩均进入全球前 20 位，并显著高于经合组织成员国平均成绩。此前，PISA 曾将东亚地区学生取得的好成绩归因于居高不下的补习参与率。剑桥大学国际考评部 2018 年世界教育调查报告也显示，全球 43% 的学生都在接受某种形式的补习。

一直以来，校外培训作为学校教育的补充，对主流教育具有依附性。校外培训的功能可以是补充性的，帮助落后学生赶上教学进度；也可以是应试性的，帮助学生巩固知识和掌握做题技巧；还有针对智力超群儿童的超常教育。全球校外培训的内容大致可以分为四类：学科课程、学校不教授的课程（如小语种）、学校非核心课程（如音乐和体育）和学习技能课程。由于学科课程在升学考试中起到关键作用，对于学科补习的需求往往最多。例如，中国香港地区中学升学考试的科目为数学、英文、中文与通识教育，这些科目的补习需求尤甚。

东亚地区：学科补习成为常态

东亚地区的补习文化历史久远，"影子教育"也是在相关学者观察到日本学习塾现象后提出的术语。20 世纪 60 年代，校外培训已在日本和韩国初具规模，如今课外补习对东亚地区学生来说几乎成为一种常态。韩国、中国台湾的一些家长甚至是迫于这种"常态"才将孩子送到补习班。韩国统计局数据显示，2019 年，韩国有 75% 的学生参加课外补习，在首尔，该比例更是达到 80%。日本及中国香港的学生补习率均超过 50%。

东亚地区学生校外培训需求之高、历史之久，与其崇尚教育的儒家文化传统以及"教育改变命运"的信念密不可分。儒家文化中对家庭和传承的重视，与家庭财富增加、家庭规模缩小的现实相交织，使家长越发难以承受教育失败的后果。

欧洲国家：补习率呈现两极分化

东亚地区以外的世界其他地区也从不缺少校外培训的影子。不过，尽管一些欧洲国

续

专栏 3.7　直击各国校外培训生态

家的补习率比较高，如匈牙利、波兰和西班牙等，但校外培训并不是这些国家学生参加补习的主要形式。这些国家的补习课程更多由学校提供，目的是为落后学生提供支持性辅导。同时，"一对一"家教辅导在这些国家也更为普遍。

一些欧洲国家拥有极高的补习率。例如，补习率最高的是希腊，达到 51.4%，并且在商业机构补习的学生比例达到 52.5%。有研究显示，几乎所有希腊学生都接受过某种形式的补习或辅导。这种极端的补习率可能与希腊重视教育的传统文化有关。

北欧地区与欧洲其他国家不同，其学生补习率全球最低。在北欧地区，国家资助的义务教育体系十分完善，尽管他们也有课后附加课程，但这些仍在现行学校体系之下运行，属于学校满足部分学生需求的做法。校外有组织性的私人补习历史相对较短，一般的补习模式是"作业辅导"，形式类似于"家教"，而这种模式的流行可能是由于家庭服务减税改革。

近两年，北欧国家学生在 PISA 中的成绩排名下滑，学生之间成绩差异加剧，也为这种家庭服务市场扩大提供了机会。但总体而言，北欧五国（丹麦、挪威、瑞典、芬兰和冰岛）的优质教育资源并不稀缺。有人说，如果问芬兰的学生最好的学校是哪所，回答会是离家最近的那所学校；但如果问中国学生最好的学校是哪所，答案可能会集中在北京、上海和广州等一线城市。教育资源的稀缺和不均衡，使得教育表现出了本不该有的竞争性，校外培训行业也因此有了野蛮生长的空间。

北美和澳大利亚：借课外辅导帮助弱势学生

北美和澳大利亚学生的补习率普遍不高，在商业机构补习的比例更是少之又少。这些国家拥有充足的教育资源，且政府将课外辅导视为帮助弱势学生、保障教育公平的途径，如美国《不让一个孩子掉队法案》、澳大利亚教育券计划均体现了这一点。但在任何国家和地区，校外培训都与教育系统的筛选机制紧密相连。在北美，艺术、音乐和体育等私人辅导以及小语种培训等课程非常普遍。学生希望通过在这些领域展示潜力，拿到较好的成绩，以获得大学奖学金或进入高水平大学。还有少量体现"素质教育"的天价夏令营，其目的也是提高学生在某些领域的能力，这既是评价学生综合素养的一种方式，也是家长为孩子做"背景提升"的有效手段。

北美和澳大利亚补习生态也在某种程度上给予我们一些启示，即校外培训是伴随主流教育评价与筛选体系出现的，其发展亦跟随主流教育改革的步伐。那么，多元的学业评价体系、高质量教育资源的普及，或许是解决我国偏重学科应试培训问题的途径之一。

经济、地区和年龄因素影响补习率

校外培训参与率与社会经济背景的关系是比较明确的。一般来说，家庭收入更高的学生的补习率更高。但纵观全球，任何发展水平的经济体都存在着补习现象。在东欧、

续

专栏 3.7　直击各国校外培训生态

南亚和非洲的一些欠发达国家，教师收入水平较低，他们就通过给学生提供私下的补习来寻求额外收入，这也成为推动这些地区校外培训行业发展的重要原因。

其中，比较令人担忧的是教师腐败问题。有研究表明，在尼泊尔、印度和格鲁吉亚等地，提供私下补习的教师通过减少课堂内容来增加学生对课外辅导的需求，直接导致了未参加补习的贫困学生在毕业考试中表现出更差的成绩。相较之下，中国香港、新加坡等地教师的薪资水平普遍较高，且东亚地区有着较强的道德标准，因此这样的"教育腐败"在中国香港、日本和韩国等地相对较少。

除了补习规模与形式上的不同，各地区、各学龄段学生的补习率也有差异。一般来说，学科考试与"上大学"紧密相连，各地区学生随着年级提高，补习率也会相应提高。爱尔兰的一项研究表明，45% 的学生在高中最后一年接受了付费的课外补习。中国香港的高三学生补习率同样是很高的。韩国比较特别，其小学生参加课外补习的比例最高，初中有所下降，高中则降至 68% 左右。日本的高中补习率也低于初中，原因可能是日韩两国的职业高中脱离了普通教育的升学模式。在新加坡，小学毕业考试是重要筛选节点，因此小学阶段课外补习强度也高于中学阶段。这种补习率的差异与变化除了反映出各地区不同的教育系统结构与筛选机制，也在某种程度上折射出社会结构的差异。这种现象也要求学校系统根据社会结构变化做出一定的改变。

校外培训在全球都是常态，只不过各地的诱因不同、供给主体不同、开展形式和内容不同。我们需要认清一个现实，即校外培训文化一旦在社会中形成就很难在短时间内完全消失。有学者认为，通过学校扩招降低入学门槛，校外培训压力便能得以缓解。然而，这样的设想在东亚社会中并未实现。对很多家庭来说，这不过是将升学问题转变为"进入什么样的学校"的问题。事实上，中国香港大学扩招、日本少子化现象带来的高校生源不足，均未减少这些地方学生的补习率。中国台北市政府进行了一系列改革，希望通过开辟新的教育途径使得教育体系多元化，但这些改革也没有降低学生和家长对补习班的需求，反而导致了非学科类补习需求的增加。

伴随社会评价和筛选机制的改革，未来或许还会产生新的提高学生竞争力的方式。市场行为或许难以阻止，但我们可以尽可能地从向校外培训"妥协"，慢慢转变为自主"选择"更符合学生个性和教育规律的教育形式。当下，比"围剿"校外培训机构更重要的是协同各方实现教育的功能发挥。教育的功能不应局限于提高个人的社会地位，而应聚焦于对人本身的塑造和提升。

注：选自中国教育报《直击各国校外培训生态——"影子教育"面面观》，2021年 9 月 23 日第 9 版，作者关成华，内容有删减、修改及整合。

表 3.2 和图 3.2 为不同国家和地区学生各学科校外教育参与率的统计情况。

总体来看，校外教育参与率由高到低依次为数学（41.3%）、科学（29.3%）和语文（28.2%），可见，从世界范围来看，数学校外教育参与率较高。进一步分析发现，经合组织国家各学科校外教育参与率（语文 22.1%、数学 35.3%和科学 22.6%）均低于非经合组织国家（三科校外教育率分别为 36.1%、49.1% 和 38.0%），且这种差距在统计学意义上是显著的（详见表 3.2 中的卡方检验）。

从国家层面来看，总体上，亚洲国家和地区（如中国参与 PISA 测试的四省市、文莱达鲁萨兰国、泰国、韩国、哈萨克斯坦、中国香港等）、部分南欧国家（如希腊、马耳他、阿尔巴尼亚和保加利亚等）、南美洲国家（如巴拿马）以及部分非洲西北部国家（如摩洛哥）的校外教育参与率较高，且均高于经合组织国家的平均水平；欧洲国家特别是北欧（如丹麦、冰岛）、西欧（如爱尔兰、比利时）、中欧（如斯洛文尼亚、匈牙利）和大洋洲国家（如新西兰、澳大利亚）的校外教育参与率较低，且低于经合组织国家的平均水平。

从各科校外教育参与率来看，在语文校外教育参与率方面，排名前 10 位的国家（地区）分别为中国四省市（63.4%）、文莱达鲁萨兰国（57.2%）、希腊（53.5%）、巴拿马（51.0%）、阿尔巴尼亚（47.8%）、保加利亚（45.8%）、哈萨克斯坦（45.5%）、斯洛伐克共和国（41.4%）、摩洛哥（39.8%）和泰国（36.2%），远高于样本总体水平（28.2%）；排名后 10 位的国家（地区）为西班牙（18.7%）、意大利（17.5%）、新西兰（16.3%）、克罗地亚（16.0%）、丹麦（14.2%）、斯洛文尼亚（13.7%）、爱尔兰（13.1%）、匈牙利（12.1%）、冰岛（11.9%）和比利时（6.5%），均低于样本总体（28.2%）和经合组织国家平均水平（22.1%）。

在数学校外教育参与率方面，排名前 10 位的国家（地区）分别为中国四省市（74.0%）、马耳他（67.8%）、希腊（67.6%）、文莱达鲁萨兰国（67.1%）、泰国（58.9%）、韩国（57.6%）、哈萨克斯坦（57.4%）、巴拿马（55.0%）、摩洛哥（53.8%）和阿尔巴尼亚（52.2%），高于样本总体水平（41.3%），且远高于经合组织国家平均水平（35.3%）；排名后 10 位的国家（地区）分别为克罗地亚（31.4%）、巴西（30.2%）、澳大利亚（29.4%）、爱尔兰（25.5%）、冰岛（25.4%）、新西兰（24.0%）、匈牙利（22.1%）、斯洛文尼亚（21.1%）、比利时（19.4%）和丹麦（18.8%），低于经合组织国家平均水平（35.3%），远低于样本总体水平（41.3%）。

在科学校外教育参与率方面，排名前10位的国家（地区）分别为文莱达鲁萨兰国（62.20%）、希腊（59.4%）、中国四省市（58.7%）、泰国（52.6%）、巴拿马（48.0%）、马耳他（48.0%）、保加利亚（43.9%）、哈萨克斯坦（43.8%）、摩洛哥（42.3%）和阿尔巴尼亚（40.8%），高于样本总体水平（29.3%），且远高于经合组织国家平均水平（22.6%）；排名后10位的国家（地区）分别为澳大利亚（21.4%）、克罗地亚（20.7%）、新西兰（16.9%）、意大利（14.8%）、匈牙利（13.4%）、斯洛文尼亚（12.9%）、丹麦（12.1%）、爱尔兰（11.4%）、比利时（9.7%）和冰岛（8.6%），低于经合组织国家平均水平（22.6%）和样本总体水平（29.3%）。

表3.2 不同国家和地区学生语文、数学和科学的校外教育参与率

国家/地区	语文校外教育	数学校外教育	科学校外教育
总体	28.2%	41.3%	29.3%
经合组织国家	22.1%	35.3%	22.6%
非经合组织国家	36.1%	49.1%	38.0%
卡方检验	4787.168***	3929.433***	5622.336***
中国四省市	63.4%	74.0%	58.7%
文莱达鲁萨兰国	57.2%	67.1%	62.2%
希腊	53.5%	67.6%	59.4%
巴拿马	51.0%	55.0%	48.0%
阿尔巴尼亚	47.8%	52.2%	40.8%
保加利亚	45.8%	46.3%	43.9%
哈萨克斯坦	45.5%	57.4%	43.8%
斯洛伐克共和国	41.4%	41.0%	33.3%

续

国家 / 地区	语文校外教育	数学校外教育	科学校外教育
摩洛哥	39.8%	53.8%	42.3%
泰国	36.2%	58.9%	52.6%
韩国	35.8%	57.6%	25.0%
中国	34.6%	47.1%	28.8%
英国	32.8%	43.9%	36.0%
立陶宛	29.8%	34.9%	29.5%
巴西	28.8%	30.2%	24.4%
波兰	25.5%	39.7%	30.7%
马耳他	23.6%	67.8%	48.0%
澳大利亚	23.5%	29.4%	21.4%
哥斯达黎加	23.0%	39.1%	25.2%
中国台北	20.8%	39.8%	23.9%
塞尔维亚	19.7%	34.5%	23.0%
西班牙	18.7%	41.3%	24.3%
意大利	17.5%	31.7%	14.8%
新西兰	16.3%	24.0%	16.9%
克罗地亚	16.0%	31.4%	20.7%
丹麦	14.2%	18.8%	12.1%
斯洛文尼亚	13.7%	21.1%	12.9%
爱尔兰	13.1%	25.5%	11.4%
匈牙利	12.1%	22.1%	13.4%
冰岛	11.9%	25.4%	8.6%

续

国家 / 地区	语文校外教育	数学校外教育	科学校外教育
比利时	6.5%	19.4%	9.7%
卡方检验	17925.784***	15975.255***	18819.076***

注：*** 表示 $p < 0.01$；中国四省市数据为 PISA 2015 数据。

数据来源：PISA 2018 各国（地区）学生各学科校外教育参与率统计数据。

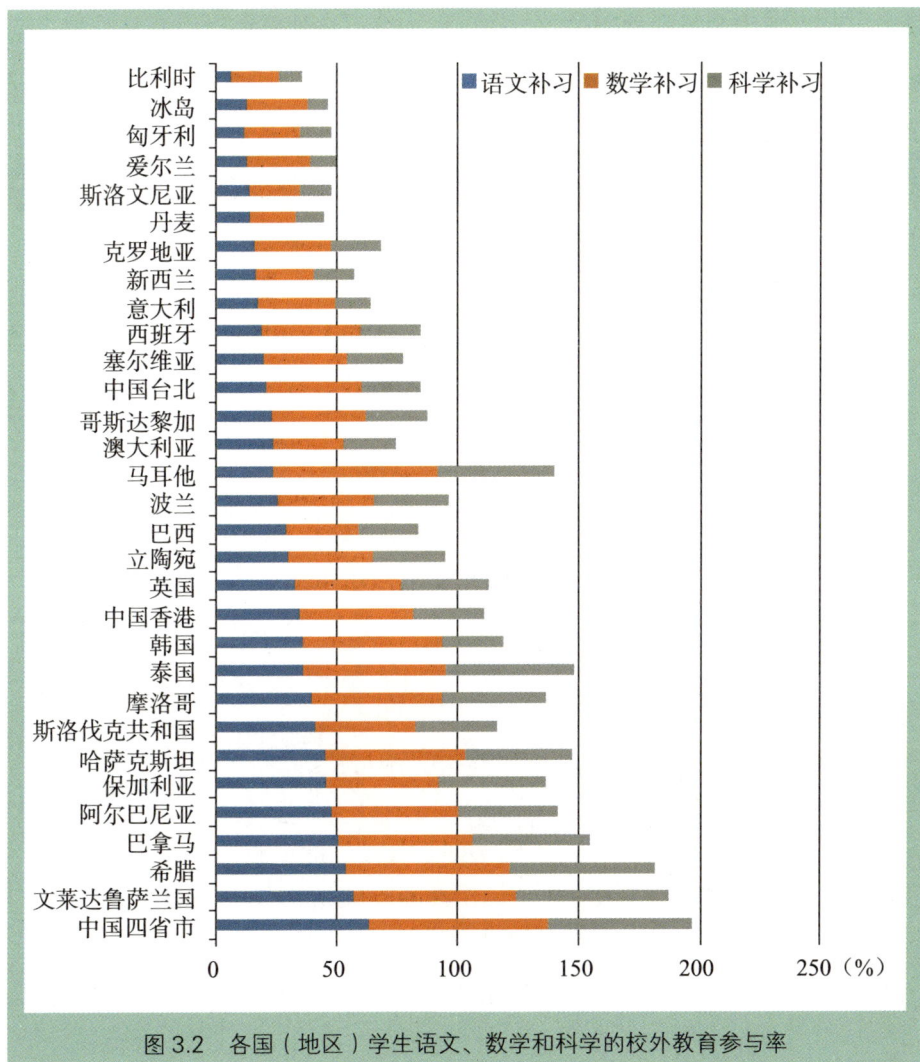

图 3.2　各国（地区）学生语文、数学和科学的校外教育参与率

（二）校外教育与基础教育国际竞争力的关系

基础教育国际竞争力的提升不仅在于宏观层面教育发展总体质量的提升，还在于微观个体能力的增强。让受教育者掌握知识，拥有良好、健全的人格与品德，并提升他们应对社会挑战的综合能力，才是提升基础教育竞争力的最终目标。基于此，本节选取学生生活满意度、心理韧性、心理情绪、耐挫性、全球意识等指标来表征个体能力，在此基础上考察语文、数学和科学校外教育与上述能力指标之间的关系，以期为分析校外教育对提升基础教育竞争力的作用提供初步的经验性证据。具体指标说明详见表3.3。

表3.3　指标说明

变量名		变量说明	编码方式
校外教育	语文校外教育	是否参与语文校外教育	分类变量，0 = 否；1 = 是
	数学校外教育	是否参与数学校外教育	分类变量，0 = 否；1 = 是
	科学校外教育	是否参与科学校外教育	分类变量，0 = 否；1 = 是
学生能力	生活满意度	学生对自己的总体生活满意度	连续变量
	心理韧性	学生面对困境的信心与适应能力等	连续变量
	心理情绪	学生如开心、活力、骄傲、欢喜和愉快等积极情绪状况	连续变量
	耐挫性	学生主动避免失误、犯错或失败的倾向	连续变量
	目标掌控度	个体是否认为其能力和认知可以实现其目标的思维方式，以及自身认知对外界的灵活性和适应性	连续变量
	同伴合作	学生对同伴合作的意识	连续变量
	同伴竞争	学生对同伴竞争的意识	连续变量

续

变量名		变量说明	编码方式
学生能力	全球事务自我效能感	学生对理解和讨论全球事务的自我效能感	连续变量
	学习其他文化的兴趣	学生对于学习其他文化的兴趣程度	连续变量
	全球意识	学生对于世界公民意识、责任、世界公民相互关联度和全球自我效能感的态度与意识	连续变量

资料来源：PISA 2018 校外教育活动题项，下同。

1. 是否参加校外教育与学生能力提升之间的差异

生活满意度是学生对自身生活的整体评估。在生活满意度方面，如表 3.4 所示，参加语文校外教育的学生生活满意度显著高于未参加的学生（$p < 0.01$），参加数学校外教育的学生生活满意度显著高于未参加的学生（$p < 0.01$），参加科学校外教育的学生生活满意度显著高于未参加的学生（$p < 0.01$）。

表 3.4　校外教育与学生生活满意度

校外教育学科	是否参加校外教育	生活满意度	
		均值	T 检验
语文校外教育	是	7.43	0.243***
	否	7.19	
数学校外教育	是	7.32	0.109***
	否	7.21	
科学校外教育	是	7.39	0.191***
	否	7.20	

注：*** 表示 $p < 0.01$，下同。

心理韧性体现了学生应对压力和困难的信心，是其能够从负面的情感经历中恢复的能力和在逆境中仍能够表现出较好适应的能力。[①]在心理韧性方面，如表 3.5 所示，参加语文校外教育的学生心理韧性（0.024）显著低于未参加的学生（0.069），参加数学校外教育的学生心理韧性（0.067）显著高于未参加的学生（0.051），参加科学校外教育的学生心理韧性与未参加的学生没有显著差异。

表 3.5　校外教育与学生心理韧性

校外教育学科	是否参加校外教育	心理韧性	
		均值	T 检验
语文校外教育	是	0.024	−0.045***
	否	0.069	
数学校外教育	是	0.067	0.016***
	否	0.051	
科学校外教育	是	0.063	0.008
	否	0.055	

心理情绪是指学生在进行学业学习的过程中所产生的积极心理感受，如开心、活力、骄傲、欢喜和愉快等积极情绪。如表 3.6 所示，参加语文校外教育的学生积极情绪得分（0.201）明显比未参加的学生高（0.146），参加数学校外教育的学生积极情绪得分（0.210）显著高于未参加的学生（0.126），参加科学校外教育的学生积极情绪得分（0.202）显著高于未参加的学生（0.144）。

表 3.6　校外教育与学生心理情绪

校外教育学科	是否参加校外教育	心理情绪	
		均值	T 检验
语文校外教育	是	0.201	0.054***
	否	0.146	

---

① 张佳慧，辛涛 .15 岁学生幸福感的影响机制探讨：来自中国四省市 PISA 2018 的证据 [J]. 清华大学教育研究，2020（5）：11-19.

续

校外教育学科	是否参加校外教育	心理情绪	
		均值	*T* 检验
数学校外教育	是	0.210	0.084***
	否	0.126	
科学校外教育	是	0.202	0.058***
	否	0.144	

耐挫性是学生自我效能感的体现，是指一种主动避免失误、犯错或失败的倾向[①]。如表3.7所示，在学生耐挫性方面，参加语文校外教育的学生耐挫性得分（–0.012）显著低于未参加的学生（0.021），参加数学校外教育的学生耐挫性得分（0.038）显著高于未参加的学生（–0.004），参加科学校外教育的学生耐挫性得分与未参加的学生没有显著差异。

表 3.7　校外教育与学生耐挫性

校外教育学科	是否参加校外教育	学生耐挫性	
		均值	*T* 检验
语文校外教育	是	–0.012	–0.033***
	否	0.021	
数学校外教育	是	0.038	0.042***
	否	–0.004	
科学校外教育	是	0.016	0.004
	否	0.011	

目标掌控度主要是指个体是否认为其能力和认知可以实现其目标的思维方式，以及自身认知对外界的灵活性和适应性情况。在目标掌控度方面，如表3.8所示，参加语文校外教育的学生目标掌控度得分（0.168）显著高于未参加的学生（0.063），参加数学校外教育的学生目标掌控度得分（0.172）显

---

① 赵宇阳，胡娜 . 幸福感对青少年学业素养的影响：基于 PISA 2018 中国四省市数据的实证研究 [J]. 教育发展研究，2021（6）：74–84.

著高于未参加的学生（0.038），参加科学校外教育的学生目标掌控度得分（0.196）显著高于未参加的学生（0.050）。

表3.8　校外教育与学生目标掌控度

校外教育学科	是否参加校外教育	目标掌控度	
		均值	T检验
语文校外教育	是	0.168	0.105***
	否	0.063	
数学校外教育	是	0.172	0.134***
	否	0.038	
科学校外教育	是	0.196	0.146***
	否	0.050	

在同伴合作意识方面，如表3.9所示，参加语文校外教育的学生同伴合作意识得分与未参加的学生没有显著差异，参加数学校外教育的学生同伴合作意识得分（0.057）显著高于未参加的学生（0.004），参加科学校外教育的学生同伴合作意识得分（0.049）显著高于未参加的学生（0.017）。

表3.9　校外教育与学生同伴合作意识

校外教育学科	是否参加校外教育	同伴合作	
		均值	T检验
语文校外教育	是	0.027	0.001
	否	0.026	
数学校外教育	是	0.057	0.052***
	否	0.004	
科学校外教育	是	0.049	0.032***
	否	0.017	

在同伴竞争意识方面，如表3.10所示，参加语文校外教育的学生同伴竞争意识得分与未参加的学生没有显著差异，参加数学校外教育的学生同伴竞争意识得分（0.054）显著高于未参加的学生（0.023），参加科学校外教育的

学生同伴竞争意识得分（0.057）显著高于未参加的学生（0.028）。

表 3.10　校外教育与学生同伴竞争意识

校外教育学科	是否参加校外教育	同伴竞争	
		均值	T 检验
语文校外教育	是	0.032	−0.004
	否	0.036	
数学校外教育	是	0.054	0.031***
	否	0.023	
科学校外教育	是	0.057	0.029***
	否	0.028	

　　在全球事务自我效能感方面，如表 3.11 所示，参加语文校外教育的学生全球事务自我效能感得分（−0.076）显著低于未参加的学生（0.008），参加数学校外教育的学生全球事务自我效能感（0.006）显著高于未参加的学生（−0.029），参加科学校外教育的学生与未参加的学生全球事务自我效能感得分并无显著差异。

表 3.11　校外教育与学生全球事务自我效能感

校外教育学科	是否参加校外教育	全球事务自我效能感	
		均值	T 检验
语文校外教育	是	−0.076	−0.084***
	否	0.008	
数学校外教育	是	0.006	0.036***
	否	−0.029	
科学校外教育	是	−0.012	0.003
	否	−0.015	

　　在学习其他文化的兴趣方面，如表 3.12 所示，参加语文校外教育的学生与未参加的学生学习其他文化的兴趣并无显著差异，参加数学校外教育的学生学习其他文化的兴趣（0.122）显著高于未参加的学生（0.040），参加

科学校外教育的学生学习其他文化的兴趣（0.102）显著高于未参加的学生（0.061）。

表 3.12　校外教育与学生学习其他文化的兴趣

校外教育学科	是否参加校外教育	学习其他文化的兴趣	
		均值	*T* 检验
语文校外教育	是	0.070	−0.005
	否	0.074	
数学校外教育	是	0.122	0.082***
	否	0.040	
科学校外教育	是	0.102	0.041***
	否	0.061	

在全球意识方面，如表 3.13 所示，参加语文校外教育的学生全球意识得分（0.071）显著低于未参加的学生（0.102），参加数学校外教育的学生全球意识得分（0.139）显著高于未参加的学生（0.063），参加科学校外教育的学生全球意识得分（0.110）显著高于未参加的学生（0.088）。

表 3.13　校外教育与学生全球意识

校外教育学科	是否参加校外教育	全球意识	
		均值	*T* 检验
语文校外教育	是	0.071	−0.031***
	否	0.102	
数学校外教育	是	0.139	0.076***
	否	0.063	
科学校外教育	是	0.110	0.022***
	否	0.088	

2. 客观辩证地看待校外教育的多重作用

基于 PISA 数据，通过分析学生参与校外教育对其合作意识、心理韧性、耐挫性等方面的影响，发现校外教育有助于提高学生的各项能力。具体来看，参与语文校外教育的学生在生活满意度、心理情绪及目标掌控度方面的得分明显高于未参与的学生；参与数学校外教育的学生在生活满意度、心理韧性、心理情绪、耐挫性、目标掌控度、同伴合作意识、同伴竞争意识、全球事务自我效能感、学习其他文化的兴趣及全球意识方面的得分明显高于未参与的学生；参与科学校外教育的学生在生活满意度、心理情绪、目标掌控度、同伴合作意识、同伴竞争意识、学习其他文化的兴趣及全球意识方面的得分明显高于未参与的学生。总体而言，校外教育有助于提高学生各方面的综合能力，进而提升一个国家基础教育的国际竞争力。

参与丰富多彩的校外教育是提升学生竞争力的重要途径之一。学生可以从多种多样的校外教育活动中选择自己感兴趣的活动，并在活动中提高自己的能力。参加学科类活动可以提高学生学习能力；而参与演讲与口才、辩论、主持类的校外教育活动可以提高学生的表达与应变能力；手工活动等既动手又动脑的校外教育活动有助于培养学生的创造能力；舞蹈、美术、音乐等艺术类活动可以提高学生的社交能力和才艺水平；篮球、足球等体育活动不仅能够增强学生的身体素质，而且能锻炼其意志品质；劳动实践等素质拓展活动可以提高学生的适应能力。另外，所有的集体活动都有助于提高学生的团结合作能力。

多元智能理论认为人所具备的智能是多种多样的，包括语言智能、数理逻辑智能、音乐智能、空间智能、身体运动智能、人际关系智能、自我认识智能以及与环境协调的智能[①]。每个人都不同程度地具有以上八种智能，有些人会把其中一种或多种智能发展到高级水平，这就是我们所说的特殊专长和才能。在学校课堂教学中，因为需要按照课程标准传授知识，常常无暇顾及或者忽视这些能力的培养。在灵活多样的校外教育中，这些特殊的才能和专长往往更容易被发现、发掘，进而得到有力的引导和培养。

校外教育是让每位学生都得到个性化发展的有效途径之一。它有利于因材施教，有利于发掘学生的兴趣、爱好和特长，更有利于培养学生的创新精

---

① 谢丽玲.课外补习：落实终身教育理念的必要措施：论新课程实施过程中的课外补习 [J]. 湖南师范大学教育科学学报，2004（6）：39-42.

神和创造才能。随着科学技术的迅速发展，社会信息量急剧增加，仅靠学校教育已满足不了社会发展需要和儿童身心发展需要。所以，校外教育的作用越来越为国内外教育界所重视。校外教育的内容十分丰富，不受课程设置计划和课程标准的限制，其项目众多、内容丰富，可宽可窄、可多可少、可深可浅，比课堂教学有更大的弹性，可以让学生接触社会上的新信息、扩大知识面，有利于培养学生的观察力、思维力、想象力、创造力、实际操作能力和组织领导能力等。校外教育活动的进行需要学生多方面的投入，也因此可为学生提供同时运用多种学科知识、多方面智力才能解决实际问题的机会。可以说，校外教育对学生的影响不是单一的而是综合的，不仅有显性的、直接的、即时的影响，还有隐性的、间接的、长期的影响。事实上，本节的分析结果也表明，是否参加校外教育与学生能力提升之间的关系是复杂的。在一些具体指标上，校外教育参与者的得分并不显著优于未参与者，甚至在一些指标上，未参与校外教育的学生表现得更好。因此，对于校外教育的作用，不仅需要客观辩证地看待，还需要结合不同学生群体、校外教育的不同类型、不同学科的特点、各国教育发展实际等进行充分的异质性分析和考察。例如，仅从校外教育中的学科培训、补习——影子教育来看，其对学生成绩、能力的影响也是复杂和模糊的（详见专栏 3.8）。

专栏 3.8　拨正教育理念，以"双减"营造良好教育生态

校外培训在满足学习者个性化、多样化的教育服务需求以及促进教育创新方面有积极意义，但其主要组成部分——影子教育却影响了主流教育这个"本体"的生长。影子教育的权威专家贝磊的研究表明，影子教育可能会破坏各国在拓展平等教育机会方面的努力，加剧社会不平等；也会损害教育质量、降低教育效率，造成正规教育系统的低效。同时，由于不同收入水平的家庭对于补习服务的购买能力不同，课外补习也可能影响教育公平和社会凝聚力。多项研究表明，家庭收入水平越高、父母学历越高、地区经济发展水平越高，学生补习参与率也越高。

目前为止，国际社会普遍缺乏完善的机制来应对校外培训产生的各类问题。近年来，我国教育管理部门不断加强对校外培训的监管和治理，但依旧面临诸多难题和挑战。

校外培训与学业表现之间并无稳定的正相关

"双减"工作的核心是从提升学校教育教学质量和规范校外培训两方面协同发力，切实减轻义务教育阶段学生过重的学业负担，从根本上引导社会树立正确的教育观和学

续

专栏3.8　拨正教育理念，以"双减"营造良好教育生态

习观，促进青少年健康成长。事实上，"减负"并不是一个新政，多年来，我国推出了不少"减负"举措，但政策和改革的关注点主要集中在校内。然而，校内压力的减轻似乎并没有减少家长群体的"教育焦虑"。

在我国当前的社会评价与筛选机制下，重点高校的入学机会往往意味着将来更好的工作、更高的收入和社会地位。研究表明，当重点学校的入学机会主要通过高风险考试进行分配的时候，家庭普遍希望通过增加教育投入来提升子女在升学考试中的竞争力。因此，优质高等教育资源、稀缺的重点大学入学机会所带来的压力势必会逐级传递至基础教育阶段。对很多家长来说，每一环节都不能落下，他们在重重压力和身心疲惫之下依然不断增加对孩子的教育投资，直接表现为对各类课外辅导班、补习班趋之若鹜。

一些家庭对课外补习的追逐已经让"补习"变成了一场教育投入的"军备竞赛"。而这个现象也体现出一些家长和学生短视化、功利化的教育观和学习观，即把考试、分数和排名当作学习的核心目的而非水到渠成的结果。一些机构以学科辅导、强化应试、超前超标为导向的培训，直接迎合了学生和家长的提分和应试需求。然而，连接供给和需求的条件——成绩提升并不总是成立。在培训机构的宣传和渲染下，许多家庭理所当然地认为课外补习一定会带来好成绩，但其实成绩提升与在补习上花费的时间和金钱并无持续的正相关。遗憾的是，这种正相关的缺失并没有降低人们对课外补习的需求，即便补习效果甚微，许多家庭还是会采取"换讲师、换补习班"的策略继续投资课外补习。

多项关于影子教育的权威研究表明，总体而言，中小学生参加学科类补习与其学业成绩之间的关系是复杂且模糊的。有不少研究验证了校外培训在短期内对成绩提升有积极影响。但一方面，这种影响仅能说明补习与成绩之间有正相关而非因果关系，即不能证明学习成绩较好是因为接受了补习。另一方面，补习的效果也因不同学段、学科、形式、课程质量、讲师水平、学校和地区、家庭背景等呈现出显著异质性，而现有研究并未在这些异质性分析上形成一致结论。例如，仅就补习对数学分数提升的影响来看，效果也是好坏参半的。此外，还有研究表明，即便课外补习短期内对提升成绩有效，但补习时长等因素对成绩的影响也是非线性的，补习时间越长可能积极效果越小。

还有一些研究验证了课外补习对学习成绩提升无明显效果甚至有负面影响。例如，许多基于韩国学生样本的实证研究表明，侧重于应试技巧的课外补习在提升成绩方面收效甚微。原因之一可能是学习时间和负担的增加会让学生产生疲惫与厌烦情绪。还有一些国内学者跟踪了补习对学生升学后学业表现的影响，结果发现小学低年级参加学科类补习对初中相应学科成绩有负面影响，小学高年级参加补习则对初中三年学业增长速度有负面影响。

低质量高强度补习有损孩子的能力和健康

教育对学生发展的影响不仅体现为学业成绩的进步，更多的是通过学习获得知识、

续

专栏 3.8 拨正教育理念，以"双减"营造良好教育生态

提升综合素养和能力。长期来看，如果补习是低质量、高重复性和高强度的，将对学生自我管理、思维能力、心理健康等多方面产生不利影响。

自主学习不仅是终身学习最重要的能力之一，且在大多数学习环境下，它是帮助学习者取得成功的关键。事实证明，自主学习可以提高学业成就、提升自我效能感、培养学生对多元文化的认知能力。然而，研究表明，以应试为导向的补习可能会逐步损害学生的自主学习能力：补习可能会导致学生严重依赖他人，从而缺乏自我规划和管理能力；补习会占用学生独立学习和思考的时间；补习倾向于训练零碎的知识，其对高阶认知活动有负面影响。与此相反，许多研究发现，不依赖课外补习的优秀学生能够更加积极地使用认知策略。

在思维培养方面，一些培训机构把"捷径"和"效率"当作"招生利器"，导致学生"补习越多，学习和思考越少"。许多针对影子教育的调查表明，在一些国家，接受大量课外补习的学生因为疲劳而在课堂上睡觉，甚至不去学校上课，这不仅使他们在学校的学习质量大打折扣，也失去了在课堂上积极思考和探索知识的兴趣。同时，一些低质量机构一味向学生灌输应试技巧，学生为了考出好成绩，一般只注重解出问题的正确答案，而并不热衷于追求知识，更谈不上钻研或创新。一些学生仅仅学会了机械地套用公式，而这种死记硬背的练习或许可以提升他们在临近的考试中的成绩，但往往会削弱他们对知识的理解和建构能力。同时，来自课外补习的压力使得学生难以获得更多形式的个性化与社会化发展，不少学生参加课外补习是以牺牲其他领域的发展为代价的。

在补习对心理健康的影响方面，一些研究表明，优质的课外补习可以培养孩子的自尊和成就感，尽管有时补习的收效不明显，但其具有"安慰剂效应"，减少了学生产生负面情绪的频率。然而，关于参与高强度补习带来的影响，更多研究表明，参加课外补习可能会增加抑郁症状，特别是那些高频率参与补习的学生，他们患抑郁症的风险比同龄人高。因此，成绩的提高可能是以心理健康为代价的。对于青少年来说，他们非常需要自处的时间以形成稳定的自我，而高强度的补习剥夺了他们属于自己休闲、锻炼的时间。长此以往，学生会出现身体素质下降以及焦虑、恐慌等心理问题。

还有一些学者以弗莱雷（P. Freire）的"被压迫者教育学"为框架，认为影子教育从业者在补习中利用了被教育系统压抑的学生个体。当社会被市场力量驱动时，一些影子教育从业者想达到的是商业目标，而非教育目标。校外培训强化了竞争、筛选和"起跑线制胜"意识，并向社会灌输这种理念，让家庭更加坚定地认为分数、升学等是孩子向上流动不可避免的社会要求，这无疑会增加学习者对高风险考试的焦虑。

需要注意的是，不应该片面地将补习的作用"一棍子打死"。诚如贝磊所言，补习课程变化多、范围广，加之多种影响补习效果的变量相互叠加，补习对学生发展的影响不能一概而论。学业表现在很大程度上取决于补习课程的质量、学习者的能力和动机。因此，对于补习所带来的长期影响，不仅要基于家庭调研数据进行科学分析，还应注重

续

专栏 3.8　拨正教育理念，以"双减"营造良好教育生态

对补习本身的分类。一些研究表明，低质量和不规范补习会对学生的能力和健康有所损害，而高质量、规范化、能够培养学生能力和激发其创新潜力的补习对于学生发展有积极影响，重要的是家长能够对补习质量进行区分、对补习活动进行合理规划，而不是"为了补习而补习"。

树立正确的教育观和教养观，多方携手共塑良好教育生态

校外培训在很大程度上存在于现行的教育评价体系和社会筛选机制中。对很多家庭来说，"减负"并不能转变他们"继续加强课外补习"的行为。因此，降低考试所带来的"风险"，建立一套既能评价学生知识掌握情况，又能反映学生心智结构和能力成长，还能激发学生学习动力和创造力的评价系统至关重要。

大力推动教育评价改革是一方面，更为重要的是，家长需要树立正确的教育观和教养观，扭转功利主义的教育理念。学科类课外补习即便在短期内对提升成绩有一定帮助，但长期让孩子处于补习高压中很可能是以牺牲其身心健康和全面发展为代价的。中国教育科学研究院课题组的研究表明，教育功利化往往更强调眼前利益的实现，而忽视教育对个体与社会长远发展和可持续发展的积极作用，高分和重点大学文凭等成为人们追求的主要目标，要起点而不要终点成为流行做法。同时，教育功利化也忽视了教育对追求真理、提升文化修养、培养道德品质、塑造人格、增强体质健康等的作用，而倾向于将复杂的教育过程进行简单化处理，以便更有效地实现功利化目标。这导致教育过程异化，使教育离其育人本质越来越远。

家庭是教育的"奠基者"。在培养孩子的过程中，要具有长远性和全局性眼光，摒弃短视化和功利化教养理念，才能培养孩子高尚的道德情操和应对社会挑战的综合能力。家长不必在"教育落后"问题上过度恐慌，而应该认识到学习可以是快乐的，但从来都不是轻松的，挫折和失败是正常现象，要学会坦然面对、分析问题、寻找合适的解决方案，而不是简单地依赖课外补习。教育需要尊重成长规律，是一个静待花开的过程，面对补习"军备竞赛"时，家长要冷静判断和选择，不要相互攀比和盲目跟风，应根据孩子成长的实际，找到一条适合孩子健康成长的优化路径。

与家庭教育相配合，为切实增强家长对学校教育的信心，优化学校教育供给，"双减"政策明确指出，要全面提高学校教育教学质量，做到应教尽教，强化学校教育的主阵地作用，提升课堂教学质量。这充分体现出政府对打造高质量学校教育体系、全面发挥好学校教育作用的高度重视。对家庭来说，家长也应更加关注孩子在校学习的质量，密切与学校的联系，家校携手，为孩子的健康成长保驾护航。对"双减"另一侧的校外培训，国家也正在通过完善制度体系、优化治理能力来遏制校外培训中的不良问题并规范其发展，以确保"双减"工作有效展开。可以看到，近年来关于校外培训的诸多治理举措已取得显著成效，这对于淘汰违法违规低质量机构，引导校外培训向正确方向发展，

续

专栏3.8　拨正教育理念，以"双减"营造良好教育生态

发挥其在非学科课外服务、职业教育、教育科技等领域的积极作用有重要意义。后续还可以着重挑选一些成熟、规范和高质量的机构参与课外服务体系建设，与学校教育协同互补，发挥其长期积累的教研和创新优势。

　　"双减"减的不仅是学业负担，更是家长和学生的心理负担。我们要让教育回归常识、常规和常理，最终回归本质。面对"双减"政策，我们应该携起手来，摆脱惯性思维、摒弃短视和功利主义，让中小学生负担过重的难题在这个时代真正被消解，让美好的教育理想真正栖居于现实。

　　注：选自中国教育报《"双减"落地，如何营造良好教育生态》，2021年8月22日第2版，作者陈超凡，内容有修改及整合。

第4节　中国校外教育转型发展路径与建议

　　"双减"政策的出台对中国校外教育发展具有里程碑式的意义。一方面，校外教育将总体向公益、普惠的方向转型。不论是进一步发挥学校在课后服务中的作用，充分利用青少年宫、博物馆等各类场馆教育资源，还是推动校外学科类培训机构与资本脱钩、向非营利转型，都旨在为青少年的成长创造良好的校外环境，减轻过重的校外培训负担，推动青少年全面健康成长。另一方面，学科类校外培训之外的素质教育、家庭教育、职业教育等将获得更广阔的发展空间，并在政府指导下更加规范、有序发展。应该认识到，"双减"目标的实现需要长期努力，"运动式"地削减培训机构很难取得理想成效，甚至可能导致"地下"私人补习的盛行。不论是中国的传统文化、激烈的社会竞争、现行的评价及考核体系，还是家庭教育投资能力和意愿的增强，都使校外培训在短期内仍然具有旺盛的生命力。长远来看，应当从降低需求与优化供给两端入手寻求对策，才能构建更为健康和谐的校外教育新生态（详见专栏3.9）。

专栏 3.9 直面校外培训，供需两侧协同发力

基于当前我国经济发展阶段和社会现实，即便是在"双减"政策之下，完全"消灭"校外培训也并不现实，我们应当正视这种客观存在的市场需求。在具体的应对上，一是要进一步改革和发展正规教育系统，促进学校教育提质增效以降低校外培训需求；二是要妥善引导和治理校外培训，促进其合理有序健康发展以优化供给。

降低需求：完善主流教育制度体系

对于需求侧，我们要完善主流教育制度体系，尤其是要推动评价体系改革、促进学校教育提质增效，以降低校外培训需求。

在完善正规教育系统时，推动评价体系改革是根本举措。各级各类考试是影响校外培训规模和形式的主要因素，对评估和人才选拔机制的改革在很大程度上会影响校外培训的形式和角色。

在长期"唯分数、唯学历"的单一化评价体系下，"减负"其实是一个伪命题。因此，降低考试所带来的"风险"，建立一套既能评价学生知识掌握情况，又能反映学生心智结构和能力成长，还能激发学生学习动力和创造力的评价系统至关重要。这就必须综合运用好结果评价、增值评价、过程评价、综合评价和特色评价等多维度评价手段。

除了优化评价体系，还要切实优化学校的教育供给，促进教育公平。我们可以做的有：提升区域教育整体水平，缩小学区、学校之间的教育差距；利用现代信息技术和平台，在教师、课程和设备等方面实现优质教育资源的共享，特别是要充分挖掘、整合和供给公益性的优质线上资源，促进教育均衡发展，满足多样化需求；切实提高课堂的质量和效率，激励教师提升专业素养，激发学生学习兴趣和内在动力；利用好教育大数据，对教学和学习过程进行诊断、激励和改进；弥补博雅教育的缺失，加强培养学生对复杂问题的解决能力以及他们的想象力和创造力，塑造内心丰盈而充实的个体。

优化供给：促进行业健康有序发展

对于供给侧，我们需要通过完善制度体系、优化治理能力来遏制校外培训行业的不良问题蔓延，引导其健康发展。

加强顶层制度设计是必要的。迄今为止，针对校外培训的立法相对滞后，除教育部外，其他部门印发的各类管理意见、办法和条例比较零散，尚未形成系统的制度框架。这使得校外培训的监管和治理比较被动，也给基层治理带来挑战。

校外培训是市场经济的产物，长期以来受经济部门影响较大。但作为新兴产业与吸纳就业的主力军，校外培训已成为一个跨越教育、经济和科技等多领域的议题。从监管部门层面来说，在校外培训的治理问题上，应积极促进多部门的协同合作。教育行政部门应联合发展改革部门、商务部门、市场监管部门和科学技术部门等加强制度研究与设计，加快推动校外培训立法，并及时出台相关制度和实施细则。

在加快立法和制度建设的基础上，要尽快建立以教育部门为核心的多部门联动监管

续

专栏 3.9　直面校外培训，供需两侧协同发力

机制，打出"组合拳"。教育部门应着重加强对机构准入、师资、教材和教学法等的审核与监管；市场监管部门应加强对课程定价、广告营销行为等的管理；工信和科技部门应加强对用户信息和数据安全的保护与管理；银保监部门可配合对预收学费、储备金、社会资本进入等进行监管。

此外，要依托大数据建立统一的监管和风险预警平台，打破信息孤岛，使数据流转起来，推进不同部门职责整合、监管联动、业务协同、信息共享和服务衔接。

与治理同样重要的是引导，只有将该"堵"的漏洞堵住，同时做好"疏"，才能发挥校外培训的积极功能。"疏"至少包括以下三方面的内容。

一是要建立市场化的政策工具箱，采用财税金融等手段引导行业高质量发展，营造自动迭代、自我更新、优胜劣汰的市场环境。例如，可以利用财税工具激励企业技术创新，拓展前沿技术的教育应用场景，提供更多智慧教育解决方案；可利用金融工具引导资本流向，例如，引导资本更多地流向教育科技、职业教育领域，支持数字经济新业态新模式的发展。

二是引导机构积极承担非学科类培训，关注素质类、职业类和有特殊需要的学生的校外培训。但要注意建立切实可行的转型和实现机制，同时避免素质类培训学科化倾向。

三是引导机构积极承担社会责任，参与教育公益实践，多为社会提供公益性的数字化学习资源，提升企业的社会价值。

要特别注意的是，不论是对校外培训机构的规范治理还是积极引导，实施政策时都应当注重差异化和精准化。"一刀切"的政策意味着较大的社会成本损失，不论是对于不同区域还是行业中不同类型的机构和企业，都要注重识别差异化因素，以保证监管和治理的精准化。

理想描摹：构建和谐共生良好生态

如果我们始终将校外培训机构定位为"洪水猛兽"，那么所采取的基本都会是防御型措施。但若我们能够理性看待其存在并认识其存在的合理性，则可以化被动为主动，将其作为主流教育的补充，纳入教育规划和政策，统筹考虑其定位和角色，从而建立校内校外和谐共生的良好生态。

诚然，要实现这个理想还有很长的路要走，文化观念的转变和评价体系的改革亦不在一朝一夕。从一些具有高课外补习率的国家来看，它们也是在逐步探索中才找到符合本国实际的治理对策。

完善校外培训相关法律制度体系的前提是要获得丰富且有力的统计数据。目前，关于我国校外培训的数据大多来自研究机构所开展的小样本调查或市场机构收集的相对零散的数据。要想真正掌握校外培训规模、参培率和家庭消费支出等情况，需要在现行的人口普查或经济普查、教育统计中纳入校外培训的相关指标。掌握数据无疑会让政府部

续

专栏 3.9　直面校外培训，供需两侧协同发力

门在制定规划和政策时更加游刃有余，可以极大地提升政府的治理效率和效能。

最后要思考的就是，如何让校外培训行业与主流教育体系形成互补，而不是僭越主流教育、试图充当替代者。

近期的很多讨论都围绕课后服务展开。事实上，教育部门和学校很难单靠自己的力量有效解决课后服务问题，这不仅会挤压有限的财政预算，还会给学校教师增加很多额外的负担。有学者提出充分利用少年宫、科技馆、户外基地等资源，建立公益性的校外教育体系，但这可能只能满足一部分低年级学生对素质类和兴趣类课程的需求，而无法满足真正在学科学习上有困难的学生的需求。将校内课后的时间委托给校外，的确是一个比较好的分工思路。

如果可以在明确学校需求的基础上，以试点方式严格筛选优秀的校外培训机构来承担辅导和补习服务，甚至可以"入校服务"，则既能发挥出机构累积的教研和技术等优势，又能切实满足一部分学生的补习需求。当然，这项探索仍需谨慎并应伴随全过程的监督和评估。对于机构、教师和课程内容等需要严格筛选，并以一以贯之的标准进行要求，避免超纲超前、重复教学和机械化做题等已有问题反复出现。

重复教学实际上是对整个社会教学资源的一种浪费。校外培训应积极关注用户个性化需求，补充主流学校课程内容，并依托自身在大数据、人工智能等方面的技术优势，为用户提供学习诊断等针对性服务，建立更加高效的教育系统。

教学资源相对落后地区或者农村地区还可以借助在线教育来解决课后辅导的问题。从这方面来说，一些在线教育头部企业的技术支持能力、教师在线教学能力和对数字化资源的应用能力已经远远领先很多学校，而服务购买则可以综合考虑政府购买、学校支出和私人支出三种方式。

良好新生态的构建也离不开行业、机构的自治以及社会的参与和监督。我们要积极发挥行业协会和头部企业的作用，加强行业自律，增强机构的社会责任意识；要加强家校联手，倡导理性消费，并切实拓展学校、家长、学生以及社会各界监督机构规范发展的途径和渠道，提升消费者依法维权的意识，促进社会和谐稳定发展。

我们要敬畏教育，也要有开放包容的心态，对于真正注重品牌、口碑和提供优质服务的校外培训机构，要将其纳入终身学习体系，给予其合适的定位和角色；我们不应成天把焦虑挂在嘴边，更不应该将自己所谓的焦虑传递给下一代；我们要引导社会树立正确的教育观和评价观，从人的发展的视角培养孩子健全的人格、良好的道德情操和适应社会的技能和能力……

近年来的诸多治理举措已取得了积极成效，并让行业逐渐走上规范健康发展的轨道。我们希望最终能看到一个校内外和谐共生的良性教育生态。

可是，我们不得不承认，这一系列期盼暂时还只是在"终身学习体系"和"学习型社会"建设的蓝图以及落实"立德树人"的根本任务中不断被描绘、反复被强调，却仍

续

专栏 3.9　直面校外培训，供需两侧协同发力

未真正在社会价值观或文化层面形成真的变化趋势，也未曾在根本上解决应试教育与素质教育、校外培训与教育公平间的对立和冲突。

　　而现在，已经到了这样一个时刻，我们应该携起手来，越过理论鸿沟、摆脱惯性思维、摒弃教育旧制、变革教育体系，让留待探索和解决的难题在这个时代真正被消解，让美好的教育理想真正栖居于现实。我们应该携起手来，通过更为有力的自我变革，度过阵痛期，迎来希望，共同期许一个崭新且能为每位受教育者带来幸福的"教育稳态"。

　　注：选自新京报专栏评论《监管治理与重获新生将何去何从？》、"华英成秀"微信公众号文章《直面校外培训，让"爱"延续、让"怕"消解》，作者关成华，内容有修改、删减及整合。

一、中国校外教育转型发展的路径选择

　　"双减"之后，中国校外教育的转型发展之路主要有素质教育、服务学校和家庭教育、发展职业教育以及振兴乡村教育等方向。在这些方向上，校外教育可以充分发挥其特色和优势，特别是在教育科技领域的独特优势，在助力学校教育高质量发展、满足社会个性化和多元化需求、创新教育服务供给模式以及提供更多社会资源和教育投资的过程中，实现其经济价值与社会价值的统一。

（一）重视素质教育

　　校外教育以其丰富的素质教育内容、灵活的形式、新颖的方法吸引了学生和家长的关注，满足了其个性化、多样化的发展需求，应成为学校教育的有益补充。在"双减"政策发布后，素质教育成为校外教育的主要发展方向。校外教育需要专注学生德智体美劳"五育"并举的发展目标。根据教育部办公厅发布的《关于进一步明确义务教育阶段校外培训学科类和非学科类范围的通知》，在开展校外培训时，体育、艺术学科以及综合实践活动等按照非学科类进行管理。目前，体育、艺术、综合实践活动等的教育在学校教育中还

存在被弱化和被边缘化的现象。转型后的校外教育可改善这一现象。所以，各地应鼓励现有校外教育由学科类培训向素质类培训转型并做好非学科类校外培训的监管与治理。

（二）助力学校教育

当前，教育技术创新与新业态、新模式融合迫切需要校外教育的介入。《关于大力加强中小学线上教育教学资源建设与应用的意见》提出，探索建立"政府主导、社会参与、竞争提供、择优遴选"的机制。《教育信息化 2.0 行动计划》提出，积极鼓励企业投入资金，提供优质的信息化产品和服务，实现多元投入、协同推进。校外教育机构尤其是大型在线教育企业，在互联网、大数据、云计算以及人工智能的教育应用方面已涌现出一批优秀成果，可将业务从服务校外转向服务校内，为校内提供线上线下融合的学习系统、教师教学系统、学情分析诊断系统、教学质量评估系统、师生个性化匹配系统等。校外教育可以助力教育环境信息化、教育资源数字化、教育评价多元化、教育管理智能化，为加快建设高质量教育体系创造条件，为提高国家基础教育国际竞争力提供重要保障。此外，广泛引入社会力量参与课后服务，也为切实减轻教师额外负担提供了途径。课后服务主要是安排学生完成作业、自主阅读，以及参与体育、艺术、科学、劳动等实践活动，还包括娱乐游戏、拓展训练、开展社团及兴趣小组活动等。这些安排可以与校外教育机构合作，推动校外培训机构健康转型发展，构建新的、以学校为主导的、各方力量协同育人的新格局。

（三）服务家庭教育

家庭教育是协同育人机制中的重要一环，也是目前最薄弱的一环。校外教育的特点与优势使得它和家庭教育的功能存在着一定的重叠和交叉。因此，校外教育可以探索开设家长学校，向家长传授教育知识，提高家长的素质和家庭教育水平，给予家长正确的引导，给予未成年人形式多样、内容丰富的教育。这样不仅有利于提高家庭教育水平，还能为校外教育转型发展提供更多的方向和机会。

（四）发展职业教育

近年来，《民促法实施条例》、新修订的《中华人民共和国职业教育法》和"双减"系列政策文件相继出台，说明国家在严格治理学科类校外培训机构的同时，也在鼓励和支持发展职业教育，这为校外培训机构转型发展提供了契机。校外教育可以通过考试培训、继续教育、实务操作、就业服务等路径助力职业教育发展。同时，新经济发展、新业态涌现推动了新职业、新专业的产生，为新技能培训提供了广阔的发展空间。校外培训机构可利用在线教育的技术优势，提供除考试、留学等成人培训外的更多线上、线下新型职业技能类培训课程。面对职业教育发展新机遇，校外教育应助力构建网络化、数字化、智能化、个性化、终身化的现代职业教育体系，为职业教育学生提供个性化学习路径规划、学习资源推介、学习方法指导和学习同伴推荐等服务。

（五）振兴乡村教育

全面推进乡村人才振兴、保证乡村的蓬勃发展需要提高乡村教育质量。当前，我国乡村教育的硬件条件明显改善，但软件方面与城市教育相比还存在较大差距，且乡村教师队伍质量和教学质量依然不高，制约了学生综合素质的提升，长远来看更是制约了乡村教育的可持续发展。所以，政府部门要积极引导和支持校外教育机构、组织和企业参与乡村振兴，扶智强师，开发与信息化硬件相适应的智能化学习平台和教师培训平台，在共享优质资源的同时增强课堂吸引力、增进教学互动、提升教师育人能力，增强乡村学生和教师的获得感。基于此，校外培训机构尤其是教育科技类企业可以通过"名师课堂"的建设与应用促进乡村共享优质教育资源，助力乡村教育质量的提升，全面推进乡村振兴。

二、发挥校外教育作用助力提升基础教育国际竞争力的建议

"双减"政策的发布是中国基础教育改革与发展步入深水区和新时代的重要体现。"双减"是指要有效减轻义务教育阶段学生过重的作业负担和校外培训负担，同时要求学校教育教学质量和服务水平进一步提升，作业布置更加科学合理，课后服务基本满足学生成长需求，校外培训机构办学行为更加全面规范，坚决取消违法办学机构，以实现学生过重作业负担和校外培训负担、家庭教育支出和家长精力负担在"1年内有效减轻、3年内成效显著"的目标，促进学生全面发展、健康成长。以此为突破口与导向，"十四五"期间，全面推进基础教育系列改革，是对我国教育生态的一次重塑，也是对我国育人目标的深化和巩固。

（一）建立多层分类的监管制度和治理体系

在"双减"政策的标题和政策文本中，核心词是"减"，但本质为"增"。"双减"政策是一项联结学校、社会与家庭的系统工程，前端是学业负担，后端是评价制度。"减"或"增"的结果差异源头在于对象。其中，"减"的是过重的、不必要的学习负担，如机械化的、重复性的、思维含量低的作业，以及校外培训机构强化学科补习而给学生造成的过重的学业负担等。"增"的是学校办学活力、育人质量、学生身心健康水平以及家庭和社会的满意度。总体来看，"双减"的根本在于减少不合理的教育竞争、教育焦虑、教育投入及由此增加的社会、学校、家庭和学生个体的负担，促使教育回归全面育人本质。因此，"双减"作为新时代教育治理的重要路径，其基本思路是"源头治理"，即通过更好地发挥学校主阵地作用，更加规范地发挥校外教育机构丰富、优质、差异化的教育资源优势，双管齐下、标本兼治，让基础教育生态回归公平、优质的育人本位。

2021年7月，教育部办公厅印发了《关于进一步明确义务教育阶段校外培训学科类和非学科类范围的通知》，指导各地进行校外培训项目分类，要求加强审核与监督工作。2021 年 11 月，教育部办公厅又印发了《义务教育阶段校外培训项目分类鉴别指南》，旨在进一步提高分类鉴别的规范性和科学性。未来，在校外教育领域强化分层分类管理、因地制宜建立教育服务监管制度和治理体系是非常关键的。多层分类主要包括三个维度：一是学科维度，即学科与非学科的区分，其本质指向应试教育与素质教育；二是空间维度，即线上教育与线下教育的区分；三是区域维度，即根据社会经济发展水平、教育竞争强度、校外培训参与率、教育政策的颁布与实施情况等综合区分。其中，教育政策特指某地区"双减"及中考、高考改革的政策落实与推进情况。由于各省份在政策执行过程中的推进时间、执行标准存在区域性差异和特征，因此需要根据各地实际情况区别对待。

建立多层分类的监管制度和治理体系，包含监管制度和治理体系两大内容。监管制度要求差异化、特色化和可操作化，强调个体、区域、所处环境及供需关系的差异性；治理体系要求多元化、联动化和共享化，注重政府、学校、家庭、社会组织、行会协会、企业和校外教育机构等多主体，从跨层级、跨区域、跨部门等维度，构建多元"共治"、功能互补的治理格局。同时，要注重明确各方权责边界[1]，安全有效地使用信息技术，提升教育治理的效率与质量，增强人民群众的获得感[2]。可通过建立社会举报、数据治理的线上预警、行会协会的监督与评价等机制，构建网格化的监管与治理框架，形成一体化的监管与治理链条。

建立多层分类的监管制度和治理体系的最终目的不是禁绝，而是规范与优化。构建新的良性发展的教育生态，最终的目的是立德树人、促进学生的全面发展、助力人才培养与国家发展。具体可从以下三个维度着手。一是学科维度。要对学科类校外教育机构特别是强化应试需求的机构严格监管，守住底线，对有问题的机构依法依规限期整改、查处或关停，特别要注意那些隐藏起来或伪装成各种新形式教学的学科培训，杜绝"两张皮"现象。同时，对非学科类校外教育机构，要整顿与鼓励并重。2022 年 3 月，教育部、国

---

① 王学男，赫晓丹.论我国教育信息化政策与实践的治理理路 [J].河北师范大学学报（教育科学版），2021（5）：74-79.
② 任友群.实现教育治理现代化的必由之路 [N].中国教育报，2016-06-10（8）.

家发展改革委、市场监管总局联合发布了《关于规范非学科类校外培训的公告》，提出从资质条件、培训内容、培训原则、预收费等多方面开展联合整顿，规范非学科类校外培训的发展。在此基础上，应鼓励合法合规的素质类校外教育机构健康发展，以建立"素质教育白名单"形式规范并指导非学科类校外服务，使其成为学校教育的有益补充。二是空间维度。线上教育作为一种新兴、快速发展的教育和培训形式，在时间、内容、收费、登录等形式上数字化、网络化特征明显。因此，可结合大数据、自然语言处理（NLP）、机器人流程自动化（RPA）等技术进行全面监管与治理，形成防护、预警与封锁机制。让前沿技术成为线上教育监管与治理的一把利剑，成为各部门协作互通的治理渠道。三是区域维度。各地需结合社会经济发展实际以及教育发展与竞争程度、政策执行力度等进行综合研判，形成适合本地的、让人民满意的监管制度与治理体系。在制定相关制度的过程中，须以国家政策法规为底线和原则，不盲目加码攀比、不随意降低标准，根据本地个性化需求，探索、制定可操作的、创新的、服务于人才培养与国家战略的具体制度办法。

（二）建立学校与各类场馆协同育人机制

场馆作为一种社会性教育机构，肩负着面向社会公众尤其是青少年群体普及科学文化知识的责任，不仅包括天文馆、科技馆、自然博物馆等室内封闭场所，还包括植物园、动物园等室外半封闭场所。场馆教育也是广义社会教育的一种形式，它与学校教育一样承担着教育职能，但随着教育理念及历史的发展，二者具有逐渐分离又彼此联系的关系。

场馆教育具有以下四个主要特征。一是情境性。场馆具有丰富的展品和多样化的展示手段，能够营造出普通教室无法提供的教育情境。学生可以在结合相关主题知识的基础上进行情境学习，从而加深学习印象，更好地达到学习效果。二是自主选择性。场馆教育资源丰富，可赋予学生充分的自主选择权，使其可以自主选择学习内容，控制学习进度与学习顺序，实现个性化、多样化学习。三是自主探究性。场馆自由开放的氛围和主题丰富的展览有利于形成"以学生为中心"的教育环境，为其主动观察、思考感悟、实操实练提供空间。四是结果输出多元性。与学校严格限定的学习结果要求不同，场馆可以为学生提供多元环境刺激，使其找到兴趣点，获得多元学习结果。

学校教育与场馆教育均具有不可替代的优势，南国农先生曾提到协同教育是未来教育的主流，所以，学校教育要协同场馆教育，发挥更大的教育潜能。2017年，《国家教育事业发展"十三五"规划》提出要充分利用各类社会科技教育资源，大力开展校内外结合的科技教育活动。同年，教育部印发的《中小学综合实践活动课程指导纲要》将"博物馆参观"列入综合实践活动。由此可见，提升学校教育与场馆教育的协同共育效果是至关重要的。

首先，应支持教育工作者开展协同教育理论研究。近年来，研究者和实践者尝试通过教育生态理论、体验学习、建构主义、情境式学习等理论对场馆教育进行研究，并以评估型研究、行动研究、设计性研究、案例研究等支持场馆教育的发展。但总体来看，这些理论均在批判场馆教育情境中教育者们一视同仁的"教"与各级各类学生获得的"始终如一"的知识①。所以，理论研究者需要细分场馆教育研究，根据不同学习阶段、学习类型、参观需求与互动模式进行多样化、差异化、精准化研究，让场馆教育实践者了解学生的学习共性与差异性，为其提供理论上的方向与指导，从而提升协同教育效果。

其次，各类场馆需要主动探索与学校教育融合的途径。一是通过建立以展示功能、教学功能、科研功能为核心的活动中心，借助打造活动平台实现场馆资源的共享；二是结合学校课程进度，开发多种多样、丰富多彩的文化类、科技类、生活类、普及类等各类活动课程，吸引学生将课堂所学实践化；三是多维度、全过程地与学校联合，即可从校长管理支持、班主任有效组织与相关学科内容密切结合三方面建立联系，让学校校长、各级主任、各科教师从专业的角度对场馆学习内容及资源进行考察。

最后，学校要积极探索场馆教育资源的利用方式，使其成为学校教育的辅助力量。学校要引导场馆协同建设校本课程，鼓励学校教师与场馆教育人员形成课程开发共同体，开设集学校优势与场馆特征为一体的系列特色课程

---

① 季娇，翟俊卿，王秀江. 矛盾、边界和文化工具：西方国家馆校合作共同体的建构与发展 [J]. 比较教育学报，2021（1）：112-126.

供学生使用。学校也可以制订与场馆联结的第二课堂学习计划，同时将教师的场馆课程设计能力、协同合作能力纳入专业发展与职业培训范畴。另外，可以将场馆教育资源购买纳入学校年度预算，通过活动设计、课程设计等将场馆活动引进校园，或针对某一学习专题向场馆提出需求，邀请场馆研究与教育人员发掘自身资源，开发相关项目供学校及学生选择。学校还可以出面对学生有兴趣的或有助于相关学科实践的场馆进行调查，根据调查结果对学生进行跨年级分组，并在不同类型的场馆配备相关学科教师加以指导，以保障学生的学习效果。

（三）促进技术与教育的深度融合

工业革命以来，技术的演进不仅改变了传统的教育内容、组织形式和教学形态，也不断挑战工业化背景下形成的标准化学校教育模式和文化理念，推动着教育实践向更加复杂、多元的方向发展。新一轮科技革命与产业变革不再是单一技术的突破，也不再与生活泾渭分明，而是以人工智能、大数据、5G、物联网、区块链、量子信息技术等系列新兴技术为代表，打破学科领域边界、深度融合并服务生产生活，从规模的标准化迈向规模的个性化。技术的发展也对人才培养的价值观和具体要求提出了新方向，教育需要积极面向未来多变与复杂的发展态势，转变培养目标，将创新能力和高阶思维视为培养的关键。人才培养从知识技能型转向创新素养型、基础教育形态从传统学校转向"未来学校"、课程体系从分科课程转向跨学科融合等一系列变革撬动了教育生态的系统性变革。

钱学森先生和顾明远先生都曾就我国的文化基础与教育问题进行叩问，提出诸如素质教育的推行、学历主义的淡化、创新人才的培养等在教育发展与改革中的受困遇阻均是缺乏对本土文化的深度挖掘所致。面向智能时代，要在深度理解中华文化和中国特色社会主义本质的基础上把握前沿科学技术引发的教育系统性变革及其对社会发展的影响；注重基础教育阶段对人才"厚基础、宽口径、重创新"的培养；注重新兴智能技术的善用和长效效能；循序渐进地构建出符合中国特色社会主义新时代要求、有国际竞争力的基础教育体系；等等。

首先，在政策供给和实践应用中，应该鼓励各类企业和机构在教育科技领域进行探索与创新。例如，科大讯飞的语音识别技术、腾讯的光学字符识别（OCR）技术、百度 AI 开放平台的自然语言处理（NLP）技术，以及好未来、猿辅导等教育机构对人工智能、大数据的合理应用均有利于教育科技发展。在新冠疫情及"停课不停学"背景下，不少教育企业基于大数据智能学习系统，保证了教师及时掌握学生课上与课后的情况，有效辅助了教师教学、修订教学方案及激发学生兴趣等。同时，大数据智能学习系统还可以根据学生课上互动及课后测试情况为学生推送个性化、定制化的作业。另外，还有一些科技公司运用大数据、人工智能和云计算等技术，专门针对高校特点开发了具有强大的定位、统计分析等功能的后台程序，精准化、全方位地为高校做好疫情防控工作贡献了力量。随着科技赋能教育的不断深入，科学技术将为教育治理现代化、制度创新、物质与信息资源共享等提供支持，为教育发展与创新提供活力要素、技术化力量并做出具有开拓性的贡献。

其次，在创新学校组织、重塑教育关系、丰富教育资源、改革教育评价方式等方面，要有针对性地鼓励并促进技术与教育的深度融合。我国"十四五"规划明确了"建设高质量教育体系"的政策导向和目标任务，提出要"发挥在线教育优势，完善终身学习体系，建设学习型社会"。这是对构建教育新发展格局的内涵要求，也有利于发挥信息技术对我国教育改革与创新发展的支撑作用。在线教育平台的研发离不开大数据、云计算、区块链、人工智能等现代信息技术的快速迭代，平台上教育资源的汇集与丰富更是大数据环境下教育资源数字化趋势的体现。国外的优达学城（Udacity）、可汗学院（Khan Academy）等慕课平台，国内的"一师一优课、一课一名师"、学堂在线、爱课程、中国大学 MOOC 等慕课网站均是在线教育和学习平台的具体表现形式。现今，在线教育平台仍在不断丰富，从国家级教育资源公共服务平台到高校教学所用的慕课资源网，再到企业设计开发的教育学习类网站及应用程序等，均随着技术的快速更新与教育改革发展的需求不断优化、创新。科技与教育的结合作为推进教育现代化的必要措施，既是对未来学校的一种有益探索和对教育资源的必要补充，也是对政府、企业、学校、社会与家庭之间协同共治的一种有益尝试。

（四）支持教育服务新业态发展

"双减"政策出台后，在线教育等校外教育服务新业态、新模式的发展受到了重大挑战。在此背景下，一批合法合规、符合"双减"政策要求、为基础教育创新做出积极贡献的教育科技企业、在线教育机构等亟待重获社会各方特别是政府部门的认可。事实上，这些市场主体的健康、有序发展不仅对促进教育技术创新、培育教育服务新业态新模式、推动"家校社"协同育人、增强基础教育竞争力有着积极作用，也在激发经济社会活力、提升人力资本水平、吸纳就业等方面发挥着重要作用。对其具体支持的建议如下。

第一，教育行政部门可通过规范化评估、建立"黑白名单"制度等方式，对合法合规的企业和机构进行认证，稳定市场主体的发展信心，满足我国对教育科技、教育创新的发展需求。第二，支持和引导资本在教育科技等领域合理发挥作用。中央财经委员会办公室副主任韩文秀指出，资本哪一面是主流，关键在于能否正确而有效地引导资本的行为[①]。只要为资本设置了"红绿灯"，就能发挥资本在教育新业态、新模式发展中的积极作用。第三，支持头部企业健康发展，发挥"头雁效应"，引导行业良性发展。鼓励头部企业在技术、管理和商业模式等领域开展创新。例如，按照包容审慎监管原则，为企业创新提供适度宽松的监管环境等。支持围绕头部企业规划建设的产业集聚区或总部基地，营造产业生态。例如，出台支持性政策，吸引国内外头部企业入驻；共同制定方案，鼓励头部企业吸引产业链上下游配套企业；支持大学、科研机构和头部企业开展人才培养、技术攻关的合作，促进产学研一体化；支持头部企业设立产业基金，加快培育初创企业以及开展并购重组等。支持头部企业在引领产业规范发展中发挥更大作用。例如，鼓励头部企业发起建立产业发展联盟、产业自律组织、产业技术研究机构等；支持头部企业参与国家和行业标准、规范等文件的制定。第四，支持教育服务"出海"，推动教育开放，增强中国教育的国际竞争力。教育科技、教育服务新业态的海

---

① 韩文秀．中央财办韩文秀：稳定宏观经济不仅是经济问题，更是政治问题[EB/OL]．（2022-01-05）[2022-06-03].https://www.thepaper.cn/newsDetail_forward_16151484.

外输出契合我国"走出去"的经济文化发展战略、教育对外开放蓝图及促进国际科技合作的任务。因此，教育主管部门和对外经济贸易部门可引导、支持企业参与到相关全球和区域合作框架中，推动教育科技企业迈向全球化。同时，弘扬中国传统文化，讲好中国故事，把数字教育的中国方案、中国标准推向世界，提升中国教育的国际竞争力。

（五）推动教育服务"走出去"

讲好中国故事，提升中国文化的传播力、凝聚力、影响力，应成为彰显我国文化软实力的重要方向，也是建设文化强国的重要课题。逐步走向世界舞台中央的中国拥有厚重的历史文化积淀。如今，人们越来越频繁地借助互联网和大大小小的屏幕去感知和接触世界，这些屏幕连接着全媒体传播渠道和各种丰富的资源。随着媒体融合的深入，由影视长视频、移动短视频、视频网站、社交媒体、网络平台等媒体构建起的多元矩阵和传播闭环已经形成。在此背景下，要提升中国文化传播力，可充分利用全媒体传播闭环，发挥差异化资源优势，释放强大的传播合力[1]。

在传播矩阵中，教育不仅是文化输出的原点或起点，还是传播与输出的技术与载体。顺势发力、彼此借力、循环接力，构建精品内容多渠道分发、多形态拆解的立体矩阵，对讲好中国故事、推进文化强国建设有重要意义。当今时代，中国教育要在政策引导、国际参与、企业先行的协作模式下走出国门，推动各国人文交流、文明互鉴，为世界贡献中国智慧。面向未来，融通中外，中国教育将为人类文明输送更多营养[2]，也将为提升中国教育国际竞争力的长卷画上浓墨重彩的一笔。

随着"一带一路"建设的不断深入，教育服务逐渐成为"一带一路"国家交流内容的组成部分。当前，从国家到地方政府、从大学到职业院校、从行业组织到企业集团，无不在为中国教育的国际化添砖加瓦，推动着教育加快"走出去"的步伐。新冠疫情期间，中国利用网络平台支撑了"停课不停

---

① 冷淞.讲好中国故事 提升文化传播力[N].光明日报，2021-09-23（15）.
② 盛玉雷.喜看中国教育"走出去"[N].人民日报，2018-03-30（1）.

学"政策，保障了 2 亿多名不同学段学生的居家学习需求^①，再度让中国基础
教育继 PISA 排名之后引起全球关注。

在教育"走出去"的过程中，可采用如下方式：其一，基于国家政策指
导，鼓励不同教育阶段、教育类型的学校合作办学，实现互联互通，并通过
政策保障实现学历、学位的互相认证。以由教育部委托浙江省杭州市承办、
杭州第二中学领办的中国教育"走出去"第一所海外基础教育中国国际学
校——迪拜中国学校为例，迪拜中国学校按照中国基础教育学制，开设中国
课程，使用中国教材，选用中国教师，致力于办成一所具有中国特色的高水
平海外基础教育学校。同时，学校还根据迪拜当地教育行政部门要求，开设
迪拜地方课程（如阿拉伯语、社会学等）及部分国际课程。另外，学校除了
基础学术课程外，也提供优质的综合实践、科学技术、艺术体育、哲学思辨、
人文历史等综合类选修课程，注重学生核心素质的培养^②。截至2017年，教育
部已与 46 个国家和地区签订了学历学位互认协议，其中，"一带一路"国家
24 个，包括中东欧国家 8 个、东南亚国家 5 个、中亚国家 5 个、独联体国家
3 个、南亚国家 1 个、东亚国家 1 个、北非国家 1 个。其二，为了满足"一
带一路"沿线国家和地区互联互通及语言学习的需求，中国开展了系列行动。
如支持国家或地区之间、学校之间通过引进师资、公派留学、学术合作等多
种方式，有计划、按需求开设或增设外国语专业，尽可能实现外语专业设置
的全覆盖。另外，新疆维吾尔自治区、云南省等地充分发挥独特的区位优势，
加大教育对外开放力度，尤其是汉语的国际教育与推广。其三，鼓励行业、
企业与联合国教科文组织、联合国儿基会、亚洲开发银行、世界银行等国际
组织开展密切合作，鼓励职业院校和社会力量配合企业"走出去"，积极参与
境外办学等。此外，针对青年就业和创业等相关内容，积极开展职业技术教
育与培训，以满足数字化、绿色化、智能化的经济社会发展对技术技能人才
的需求。其四，推动中国教育服务企业（如教育科技企业、教育培训企业等）
走在全球技术创新应用的前列。"教育＋智能技术"的服务与发展模式在新

---

① 柴葳，焦以璇. 为了两亿学生居家学习：教育系统抗击疫情"停课不停学"系列报道之一 [EB/OL].
　（2020－03－23）[2022－04－13].http：//www.moe.gov.cn/jyb_xwfb/s5147/202003/t20200323_433670.html.
② 参见迪拜中国学校（Chinese School Dubai）官方网站。

冠疫情防控工作中经过了实践检验，具有推广价值。例如，2020 年，好未来教育科技集团以其出色的学科教学和 AI 教育应用能力，再度与联合国教科文组织签署合作协议，支持联合国在全球范围内建立起以互联网和 AI 等技术为基础的、具备危机应对能力的开放式在线学习系统。此种教育服务"走出去"模式集文化输出、经济输出和技术输出为一体，具有实践意义和推广价值。

第四章

中国基础教育国际竞争力的提升路径

随着中国经济社会发展、科技日新月异以及教育综合竞争力的提升，家庭、学校、社会各教育主体的分工日益明确，且联结愈发紧密。只有动态地联结校内、校外教育资源，发挥其各自优势，促使校内、校外教育有机融合、共生发展，才能为构建高质量教育体系、促进教育现代化提供有力支撑。基于此，理清教育供给主体，明确其权责，构建起融合型、发展型的教育生态体系，才能切实、适当地运用各方资源，真正做到为人的发展服务。本章结合前述章节对校内外基础教育国际竞争力的分析，构建"同心圆"型教育生态体系，这一生态体系以人的发展为最高目标、以家庭教育为起点、以学校教育为主阵地、以社会教育资源为补充，同时探索校外教育创新。基于这一生态体系，进一步从各主体发展、协同发展路径进行分析，以期为促进中国基础教育高质量发展、提升国际竞争力提供政策启示。

第1节 构建"同心圆"型教育生态体系

2019 年，党的十九届四中全会明确提出推进国家治理体系与治理能力现代化。教育系统作为社会的重要子系统，治理体系和治理能力现代化同样是实现教育现代化的核心支撑。2020 年发布的《中共中央关于制定国民经济和社会发展第十四个五年规划和二〇三五年远景目标的建议》明确提出了"建设高质量教育体系"。可以说，保障教育的公平与质量，提升教育治理体系和治理能力现代化水平，建设高质量教育体系是中国政府不断追求的目标，也是中国提升基础教育国际竞争力的重要保障。高质量教育体系具有整体性、全局性、协同性与创新性，归根到底是以人为本的、以人为中心的、体现人的价值的。基础教育要为学生提供日益丰富的、优质的、满足学习所需的教育资源。因此，面对社会日益多变的环境，建立起一种能够主动适应经济社会发展变化的机制与体系，在促使系统内部的内容、功能、资源开放的同时，也促进其与教育系统外部的大系统实现交流、交换，是时代所需。这就需要建立并完善学校、家庭、社会协同合作的体制机制，以满足儿童及青少年的成长、成才需要。另外，现在的儿童和青少年处于由互联网、大数据、人工智能等构成的智能社会，其成长环境不同于以往，家庭、学校和社会的协作就显得更为重要。

中小学生的成长与发展主要受到家庭、学校和社会三大影响源的影响。从传统意义上看，家庭对儿童的品性、身心健康起到早期奠基作用，是促进儿童发展的最主要、最重要因素，是第一影响源；教师、朋友在儿童及青少年的成长过程中起到重要的引导、互助作用，因此学校为第二影响源；现实社会生活中的网络媒体、文化等对儿童及青少年成长也产生重要影响，是第三影响源[①]。值得注意的是，不同学段的学生受各影响源影响的程度不同。

随着社会发展及科技的日新月异，传统的家庭、学校、社会教育平衡格局已被打破，亟须在动态变化之后构建出新的教育发展体系。但在现阶段，各影响源"各自为政"、功能分离，处于非生态体系中，导致力量分散、内耗增加和"内卷"严重。此时，重新厘清教育供给主体，明确各主体权责，构建起综合型、复合型、合力型且具有融合相生、协同育人效应的教育体系是至关重要的。在此背景下，本节通过对教育竞争力做总体性分析、多维度比较，并从校内、校外不同视角对提升教育竞争力的路径进行探索，提出了"同心圆"型教育生态体系，如图 4.1 所示。

---

① 李季.第四教育力营造与第一影响源重构：论家校合作共同体建立与协同育人模式构建 [J]. 中小学德育，2018（1）：11–15.

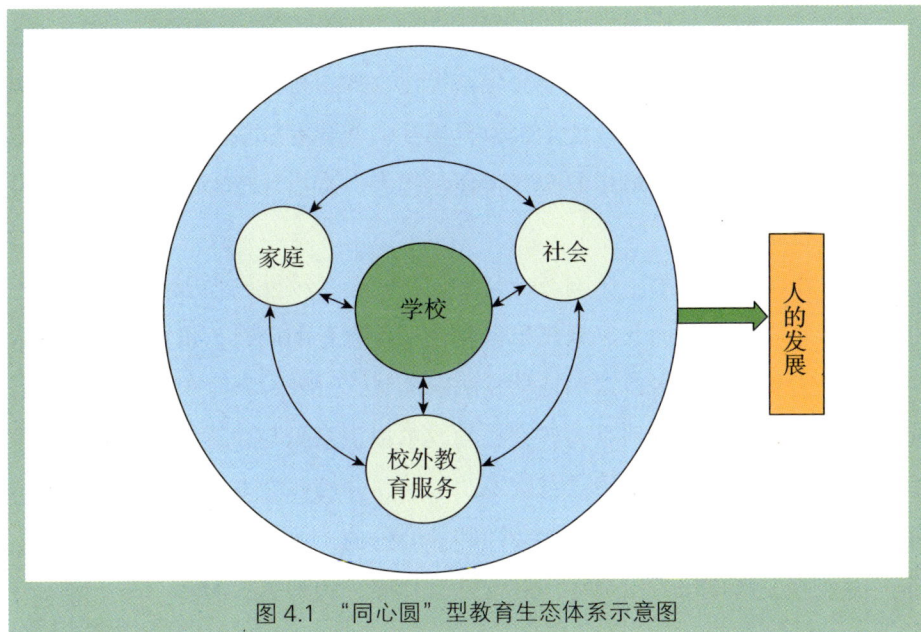

图 4.1 "同心圆"型教育生态体系示意图

教育是以人的发展为主要内容和目的的。从教育目标来看，家庭、学校和社会都需要坚守立德树人的根本任务，为人的发展服务；从教育过程来看，协同育人的三大主体都应遵循儿童及青少年的身心发展规律，通过营造适合、适宜、适切的环境对青少年进行品德行为引导与能力素养培育。总的来看，协同育人需要以家庭为起点，以学校为主阵地，以社会教育资源为补充，让每个人逐步完成从自然人向社会人的转变。也就是说，协同育人生态体系要发挥学校主阵地作用，指导家庭教育，打通社会共育桥梁，实现教育生态良性发展。

当前，受多元文化和网络文化影响的社会供给主体已经不能满足学生及家长们对社会教育供给的需求。而作为教育创新试验田，专注于教育服务供给的社会主体——校外教育服务不断发展壮大，逐渐在社会供给主体中脱颖而出，成为独树一帜的教育服务供给主体（虽然其属于社会教育供给范畴，但为了能更清晰地描述并与一般社会教育供给主体，如博物馆、少年宫等泛公立主体进行区分，我们特将校外教育服务作为独立主体进行分析）。

学校作为教育主阵地，与家庭、社会、校外教育服务之间都存在一定联系。家庭方面，学校要通过家长委员会、家访、家长会等形式寻求与家庭的合作，全面了解学生各方面背景与能力，协同为孩子的成长服务。社会方面，学校与社区、博物馆、展览馆、文化馆等建立沟通桥梁，积极寻求社会资源以丰富学校教育实践内容，使学校教育与社会教育有效衔接；校外教育服务方面，学校作为专业性最强的教育责任承担者，有指导校外教育健康有序发展的义务与能力。

家庭作为教育的第一影响源，与学校、社会、校外教育服务之间存在着必然的联系。学校方面，家庭在积极配合学校教育的同时，也会对学校日常教育教学工作进行监督，以保证学校教育质量；另外，家庭也可通过家长委员会等渠道对学校的各项重大教育教学改革提供意见与建议。社会方面，家庭会依据孩子的个性，运用已有资源，了解、分析社会发展动向从而选择特定的社会教育，以增强孩子的社会性和社会价值。校外教育服务方面，学生作为需求方、家长作为出资者，对校外教育服务的种类、内容、质量等均有较大的选择权。

社会作为人才需求者与教育资源供给主体，能够全方位地拓展学生成长空间，其与家庭、学校、校外教育服务之间均有直接联系。就学校来说，社会能为学校提供众多教育资源，成为学校教育的延伸；同时，在学校教育的加持下，社会教育如手工艺、民俗文化等的传承与传播也有了良好且稳定的渠道与受众。就家庭来看，社会教育如社区教育等可以帮助家庭填补家长下班和孩子放学之间的"时间空白"，解决家长的后顾之忧；社区读书会等也可以帮助家庭形成书香氛围，从而有利于建设学习型社会。就校外教育服务来看，社会需求与资源为其提供了生存与发展空间，是教育服务生长的沃土。

校外教育服务作为教育创新试验田，与学校、家庭、社会均有着必然的联系。学校方面，校外教育服务主体接受学校的指导，成为学校教育的有益补充，促进全面育人与个性育人，共同保障人的发展。社会教育方面，校外教育服务是社会教育的专业化分支，在具有社会教育某些功能的同时，又可运用其专业优势助力社会教育发展。家庭教育方面，其与家庭教育之间存在着一定的替代与被替代关系，可以作为家庭教育需求的供给主体；校外教育服务也可利用课余时间组织形式多样的课后探究、素质拓展等活动，让学生全方位、多维度地吸收素质教育"养分"。

第 2 节 "同心圆"型教育生态及各主体发展路径

家庭教育、学校教育和社会教育是三种不同的教育形态，各自有着不同的教育方式、职责范围与作用价值。从人的发展来看，家庭教育是习惯养成、品行养成的首要环境；学校教育是智力发展、专业选择、系统学习的主要场所；社会教育是学生能力发展、品格完善的重要平台；校外教育服务是发展兴趣，为学生个性化发展服务的主要途径。所以，在新型教育生态系统中正确引导学校、家庭、社会和校外教育服务各主体发挥其本源作用是至关重要的。

一、发挥学校教育的主阵地作用

在"双减"背景下，学校要发挥主阵地作用，摒弃短视化和功利化、只注重语数外等"有用知识"的传播、重"才"轻"人"等倾向。要从以人为本及人的发展角度出发，注重学生人文精神、健康人格的养成，保障学生的身心发展。基于此，学校需着重注意两方面内容：一是遵循教育规律，促进学生全面发展；二是追求教育真谛，健全学生人格。

就第一点来看，学校首先要杜绝超前教育，尊重学生身心发展规律，坚持循序渐进的培养方式。也就是说，学校要摒弃"多学总没坏处"的思想观念，切勿在课程设置上提高难度、加快进度等。教师也要避免"满堂灌"和"过度输出"的教学方法及其滋生的学生"等靠要""求喂养"的态度，防止学生丧失好奇心与主观能动性。其次，减少机械化作业布置，增加弹性作业。

提升教育竞争力的重要方式之一便是正视学生个体差异。由于个体间存在差异，机械化作业易导致学生们"吃不饱"或"吃不了"的情况同时出现。因此，教师可根据学生情况，减少机械化作业布置，转而采用分层、弹性、个性化的作业布置模式，使不同层次的学生都能在适当的维度有所提升。最后，要兼顾理论知识与实践知识。学校应该积极贯彻、落实中小学生在校的专业课程体系，积极拓展、创新教育模式，深化研究教育教学内容。在体育、美育、劳动教育的框架下，学校还要开展实践育人课程，增加学生实践锻炼机会，培养其健康的体魄以及运用知识的能力。尤其是在职业教育学校，应尽快完善并实施"双师型"教师（同时具备理论教学和实践教学能力的教师）制度，积极挖掘一线实践教师能力与潜力，促进"双师型"教师队伍建设，培养国家级职业教育教师教学创新团队，从理论与实践层面对学生的专业化学习进行指导。

从第二点来说，学校首先要秉承"轻分数，重求真"的理念，培养学生的求知欲、创新欲与探索精神。这就需要以教学过程为抓手，由关注结果转向关注过程。其次，塑造学生品格，促使其学做"真人"。"多考一分，超越千人"的培养环境容易滋生恶性竞争，培养精致的利己主义者，不利于全人培养，自然也无益于教育国际竞争力的提升。最后，鼓励学生学习各方面的知识，切勿只关注"有用知识"（在这里仅指能够快速提升学习成绩的知识）。"有用知识"可在短时间内快速提高成绩，但注重短平快的教育是否有益于学生的长远发展还需要深入探讨。

总体来看，作为基础教育主阵地，学校要发挥主导作用，倡导多元共生的教育理念，运用"加和效应"，建立起专业的、科学的、正向的，多元合力联动的真正意义上的同力共育生态系统和工作运行机制。

二、强化家庭教育第一影响源地位

2019 年，《中共中央关于坚持和完善中国特色社会主义制度推进国家治理体系和治理能力现代化若干重大问题的决定》提出构建覆盖城乡的家庭教育指导服务体系；2021 年，国家先后印发和出台了《中国儿童发展纲要（2021—2030 年）》《中华人民共和国家庭教育促进法》，标志着家庭教育正式入法，促进了家庭教育理论与实践相衔接；2022 年，政府工作报告明确了健全学校家庭社会协同育人机制；同年 4 月，全国妇联、教育部等十一部门印发的《关于指导推进家庭教育的五年规划（2021—2025 年）》提出完善家庭教育政策措施、探索设立家庭教育指导机构等内容，再次将家庭教育推向了热潮。

杜威在《学校与社会》中提出并论证了没有家庭及家长的参与，就无法实现青少年健康成长的观点。可以说，家庭教育在培养孩子健全人格方面起着至关重要的作用，而这种责任与义务是不能转移至学校，更不能交给校外教育机构的。"双减"系列政策的出台在减轻学生作业负担和校外培训负担的同时，对学校教育提出了高标准，也对家庭教育提出了高要求，拓展了家庭教育的舞台。在引导家长将注意力从只关注学业转变为关注孩子身心健康和全面发展的同时，还指导家长放下焦虑、尊重孩子成长的规律。这为提高孩子长久发展动力、专业与职业选择能力乃至我国教育整体的国际竞争力奠定了家庭教育基础。

详细来看，在家庭教育中，家长需注重以下三点。首先，家长要增强对家庭科学教育理念及《中华人民共和国家庭教育促进法》等相关知识及法律政策的学习和理解。要认识到家庭教育与学校教育虽均为人的发展服务，但其侧重点和目标是存在差异的。家庭教育着重培养孩子的基本生活能力、社会理解能力和适应能力，侧重孩子成为"人"的教育。因此，在家庭教育实施过程中，家长切勿套用学校教育模式，而可以选择通过拜会亲友、游戏玩乐、家庭旅行等形式关注孩子的全面成长，并注重言传身教、以身作则。其次，家长要注重有效陪伴，尤其是在基础教育阶段。家长可以通过和孩子一起阅读、讨论交流、分享感受等，在潜移默化中将正确的价值观传递给孩子。另外，家长也可在休息日与孩子一起有选择性地参加各种社区活动、公益活动等增加互动。最后，家长要减少面对孩子成长过程中各种现象时的盲从性与焦虑感，尊重孩子的天性和兴趣，树立多样的成长成才观，要意识到"密集式育儿"与"疯狂鸡娃"并非真的有助于所有孩子的成长。此外，我国职业教育发展向好，数据显示，中职毕业生就业率连续 10 年保持在 95% 以上，高职学生毕业半年后就业率超过 90%。在现代制造业、新兴产业中，新增从业人员 70% 以上来自职业院校[①]。所以，在当前及未来形势下，成为高素质的技术技能人才同样是成功、成才，同样能实现人生理想与社会价值。同时，家长还需将关注点从"别人家的孩子"身上挪到"自己家孩子"身上，发现并尊重自己孩子的爱好、特长与选择，顺势而为。

还需明确的是，家庭教育并非"有知者（上一代）"单向地向"无知者（下一代）"进行"知识复制"型传授，而应该是"教育交往"式的双向互动。也就是说，家庭教育是家庭全员之间保持输入和输出相对平衡的、可持续的、交互式的学习过程。

三、运用社会资源拓展学生成长空间

社会教育具有"补正式学校之不足"的特点[②]，是一种辅助性教育[③]。联合国教科文组织发布的《学会生存——教育世界的今天和明天》强调我们必须超越学校教育的范围，把教育的责任划分给整个社会的各个主体，"所有的部门——政府机关、工业交通、运输——都必须参与教育工作"。[④] 可见，让社会资源成为学校育人的重要补充和有力支撑是"家校社"协同育人的重点，也是提升基础教育国际竞争力的有效途径之一。

随着社会的发展，社会教育供给机构也呈现出多元化特征，甚至超出了"教育"范畴，包括一般的文化机关——展览馆、博物馆、图书馆等，一般的公益场所——公园、体育场、识字处、阅读处等，一般的福利机构、慈善机构，民众学校、民众教育馆、民众补习学校等。此外，改良戏曲、小说和各种演讲会、讲习会等也都是可供利用的社会教育资源。可见，社会教育在近

① 胡浩.我国已有职业院校 1.17 万所 [EB/OL].（2019-02-19）[2022-06-07].http：//www.moe.gov.cn/fbh/live/2019/ 50294/mtbd/201902/t20190221_370585.html.
② 蔡元培.《辅助国民教育运动》序 [M]// 高平叔.蔡元培教育论著选.北京：人民教育出版社，1991：621.
③ 马秋帆，熊明安.晏阳初教育论著选 [M].北京：人民教育出版社，1993：23.
④ 联合国教科文组织国际教育发展委员会.学会生存：教育世界的今天和明天 [M].北京：教育科学出版社，1996：201.

现代不仅是教育事业，更是一种新兴的社会福利、公益和文化事业[①]。2020年，教育部、国家文物局联合印发《关于利用博物馆资源开展中小学教育教学的意见》，明确提出要进一步健全馆校合作机制，促进博物馆资源融入教育体系。此类文件的出台为学校整合社会资源提供了重要的政策支撑，也拓展了学校与社会合作的广度和深度。

社会教育具有以下典型特征。首先，社会教育具有教育性与对策性。社会教育是一种教育事业，对全体国民都具有教育意义，所以具有一定的教育性。另外，社会教育还是一种社会事业，其直面各种社会问题，并广泛调动媒体、机构、专业人士等各种资源预防和治理这些问题，所以具有对策性。其次，社会教育具有多样性与灵活性。社会教育可以调动各类教育机构对社会成员实施教育与帮扶，还可通过灵活的方式、多样的方法来组织民众、教育民众。最后，社会教育具有公益性和福利性。社会教育的观念具有慈善性，这种观念的产生有利于缓解社会矛盾，减轻民众负担。所以，社会教育对儿童、青少年乃至成人都具有特殊意义，是不可被学校教育或家庭教育替代的。

有效整合学校与社会资源可以为全民终身学习、建设学习型社会服务，也可为青少年全面发展提供路径与资源，具有重要意义。具体可从以下三方面入手。第一，推动社会教育立法。日本于1949年制定了《社会教育法》且已修订20余次，明确了社会各界之于教育的责任与分担。韩国于1982年颁布了《社会教育法》并于1999年制定《终身教育法》，通过法律明确了社会教育任务。通过社会教育立法，可进一步明确"社会教育力"及社会各界的教育责任与分担，促使社会教育有效发挥作用。从我国的情况来看，2021年通过的《中华人民共和国家庭教育促进法》虽涉及了"社会协同"内容，但也仅限于与家庭教育相关的内容。例如，《中华人民共和国家庭教育促进法》第四十六条指出图书馆、博物馆、文化馆、纪念馆、美术馆、科技馆、体育场馆、青少年宫、儿童活动中心等公共文化服务机构和爱国主义教育基地每年应当定期开展公益性家庭教育宣传、家庭教育指导服务和实践活动，开发

---

① 王晓璇，王雷.疫情防控与社会教育：从近代社会教育的历史经验谈起[J].河北师范大学学报（教育科学版），2021（1）：27–35.

家庭教育类公共文化服务产品。广播、电视、报刊、互联网等新闻媒体应当宣传正确的家庭教育知识，传播科学的家庭教育理念和方法，营造重视家庭教育的良好社会氛围。这些规定的确推动了家庭教育与社会教育的协同发展，但完善社会教育立法和社会教育制度体系建设仍具有迫切性。第二，推动社会教育事业实行统一行政管理。目前，从中央到地方，还没有专注于社会教育事业的行政管理机构，造成社会教育机构、团体、组织、人员及各种社会教育资源因缺乏管理依托、专业指导与政策支持而无法有效整合以补充学校教育与家庭教育。第三，学校教育要融入社会发展。学校要利用自身的人力、物力、学术资源等优势主动为社会做出贡献，扩充学校教育功能，使学校成为所在社区的教育中心、知识中心、文化中心，为社区的创新发展提供智力、思想与知识支持。同时，学校也需要与社会教育主动合作，实现"双元"育人。例如，职业教育中的顶岗实习、校企合作与工学结合模式均是学校与社会合作教育的典型模式。此时，职业院校需要主动探索、建设紧贴产业需求且有利于校企深度合作的专业，同时吸纳有实践经验和专业技能的师资，提升职业教育的吸引力。学校可在互动过程中主动开发、拓展并运用相关平台或渠道衔接社会教育资源，从更广泛的维度拓宽学生成长、成才空间。

推动社会教育工作的开展有利于"跳出教育谈教育"，从根本上解决校外补习负担过重、学生学业负担过重、学校实践育人环节薄弱等问题，亦有助于网络教育治理、中高考改革乃至终身学习环境建设等，有利于多维度、全覆盖、全过程地提升我国基础教育国际竞争力。

四、探索校外教育服务的创新与发展

校外教育服务对家庭、学校、社会以及学生、家长、教师等各教育利益相关者均能产生或多或少的影响，其中有积极影响，但也不乏消极影响。积极影响方面，校外教育服务能够满足学生多样化、个性化、专业化成长需求，提升各领域人力资本质量，推动教育模式的创新与改革。除此之外，校外教育服务还具有明显的"安慰剂效应"，可以显著缓解学生的负面情绪①。另外，合法合规的非学科类校外教育有助于满足学生的综合素质发展需求。消极影响方面，校外教育服务在某种程度上增加了学生之间的无效竞争、学业压力与家庭经济负担，尤其是在中小学阶段。理性来看，教育服务作为学校教育与家庭教育的补充，在培养学生兴趣、拓展综合素质等方面具有积极作用。

2022年政府工作报告明确提出"继续做好义务教育阶段减负工作"，并将促进教育公平与质量提升确立为教育发展的核心。此时，作为教育创新试验田的校外教育服务如何进一步创新教育服务模式，助力教育公平、提升教育质量，更好地补充学校教育、家庭教育的不足，进而推动我国教育国际竞争力的提升，是新阶段教育服务领域需要关注的重点。具体来看，教育服务机构需要从以下三方面实施变革。首先，在宏观层面应该转变教育服务理念，突破"智育"为导向的藩篱，向德智体美劳"五育"并举的方向转变。还需注意的是，校外服务如何转变服务理念，在德育、体育、美育及劳动教育方面做出更多的探索，需要根据自身的优势、特长，结合政策要求进行系统的、深入的研究与规划。其次，在中观层面可通过技术手段推动教育变革。目前专注于教育科技领域的教育服务机构不在少数，5G、大数据、人工智能、增强现实和虚拟现实等新兴技术正在不断被应用到教育服务中，在在线教学、学情分析、语言教学、场景教学等方面发挥了巨大的作用，影响了教学内容、方法与模式。这是传统教育生态所欠缺的部分，对推动教育公平、提升教育质量与基础教育国际竞争力具有重要意义。在注重实操与技术教育的职业教育领域，校外教育机构可与职业院校展开战略合作，如开展合作项目将人工智能、增强现实和虚拟现实等技术与职业教育的理论学习相结合，使学生更好地理解并掌握技术原理，强化实战实践。企业还可以安排"技术导师"参与到职业教育"1+X"项目试点中，在技术教育方面与职业院校开展合作，如在学校中开设人工智能、大数据分析等课程。最后，在微观层面要重视技术与教育规律、学生身心发展规律的融合。作为以提供教育服务为主要业务

---

① 孙伦轩，唐晶晶.课外补习的有效性：基于中国教育追踪调查的估计 [J].北京大学教育评论，2019（1）：123-141，191.

的市场机构，应该杜绝因教育与技术融通、融合受到资本过度包装而出现的虚假宣传、过度宣传等现象，更应当把握学生成长规律，规范合理运用技术工具。

第3节 "同心圆"型教育生态体系 协同发展路径

基础教育是促进儿童青少年健康成长的途径。从学校角度来看，家校社协同是学校完成育人任务的重要手段；从家庭角度来看，家校社协同是促进孩子发展的手段；从社会角度来看，家校社协同是激发活力、培养社会所需人才的重要途径。在人的成长与发展过程中，家校社缺一不可，但如何引导各要素协同共育，是新型教育体系必须思考的问题。

一、转变传统育人观念

随着学校内外社会环境和文化的变化，学校里的教与学正在进行着一场变革。这种"变革"正是通过和事物对话、和他人对话、和自身对话的活动过程创造的一种集活动性、合作性、反思性于一体的教育变革。在充满竞争与合作的信息时代，培养具有创新精神的人才以提升一个国家的国际竞争力已成为各国基本共识。因此，现代教育观念转变为开放式的、以学生个性化学习和发展为轴心的，向着合作化、反思化、活动化的方向前进。

教育观念转变是一个长期的、循序渐进的过程，涉及社会的诸多方面，但其核心主要是成才观与培养观的转变。在转变成才观方面，首先，要运用先进的教育理念对家长和社会舆论加以引导，转变以分数论高低的成才观，这也是构建"同心圆"型教育体系的前提。传统的成才观过多关注学生的分数，导致学生课业负担、校外培训负担过重，使学生失去了更多可能性，也挤压了学生正常的成长空间，造成了分数焦虑、排名焦虑和考试焦虑。但成才并不仅限于此单一方面。2019年，国务院印发《国家职业教育改革实施方案》，开宗明义地指出"职业教育与普通教育是两种不同教育类型，具有同等重要地位"，明晰了职业教育和普通教育的联系与区别。2022年4月，十三届全国人大常委会第三十四次会议修订的《中华人民共和国职业教育法》通过优化制度设计，重新摆正了职业教育的地位。这要求学校、家庭、社会等教育主体进一步了解职业教育与普通教育在课程设置、培养方式、评价方式等方面的不同，以更加开放、更加多元的视角评价孩子的成长与成才。落实到基础教育阶段，就是要转变单一成才观，推行学生综合素质评价，包括特长发展、社会实践、艺术素养、身心健康、思想品德、学业水平等方面的表现，在适应教育综合改革的同时反映学生五育发展情况和个性特长，使学生具有悦纳他人与悦纳自我的能力。其次，要转变以学习"有用知识"为主的培养观，这是构建"同心圆"型教育生态体系的必备前提。也就是说，学校在课程设置上要体现"五育"并举，加强传统弱项如体、美、劳等相关课程的设置，尤其是劳动、手工等实践类课程的设置，帮助学生激发兴趣爱好，养成热爱劳动、尊重科学与技术、爱岗敬业、脚踏实地的品质，为其成长与成才创造更多可能性，同时重塑各类教育的社会影响力，形成健康、良好的社会风气。同时，还要优化教学方式与模式，提升课堂教学效果，促进教学改革探索，如推进跨学科学习、项目化学习和综合型主题学习等教学改革，将启发式学习融入教学改革。

总的来看，促进学校、家庭、社会协同的教育生态体系发展要实现四个观念转变：一是从家校社合作向共育思想转变；二是从齐抓共管向合理联动观念转变；三是从各自为主向多方共赢观念转变；四是从各美其美向美美与共的共生理念转变。

二、积极营造教育合力

家庭教育、学校教育、社会教育及校外教育作为教育的重要子系统，既各有特点、各司其职，又具有协同育人、合力育人的功能。具体来看，家庭教育具有不可替代性、潜移默化性与深远性，是个人所接受的教育的源头，起到奠基作用；学校教育最具专业性，其所提供的专门场所、专门课程与专业教师能够对学生进行正能、正知、正行的立德树人教育，也能提供全过程、全方位、全人格的素质教育，更能提供系统性、通融性、有效性的全人教育；社会教育能够通过丰富多彩的公共空间如图书馆、博物馆等激发学生的探索欲，也可通过社区活动提升学生的实践能力，其所流行的各种文化也会对青少年思想观念的发展产生影响；校外教育服务可通过专业性、科技化、个性化的服务满足学生校外学习需求，并促进学生个性及兴趣发展。

各供给主体对学生的影响方式不同，也各有利弊，但均可在凝聚教育合力方面发挥协同作用。以职业教育为例，首先，各教育供给主体要共同构建起以"文化素质＋职业技能"为核心的招考制度。在此过程中，企业专家应全程参与考试大纲的制定、技能测验命题、面试及职业资格证书认定等环节。其次，教育供给主体要联动构建以"校企合作、产教融合"为核心的培养机制，提高职业教育的人岗适配能力。职业院校要主动对接新发展格局，找准服务社会经济发展的定位，强化办学与产业的契合度、人才培养方向与人力资源市场导向的一致性。同时，要优化企校之间的竞争与合作关系。职业院校可与产业或企业合作采用"人才订单"培养模式，为某一产业或企业"量身定制"高技能技术型人才。另外，学校可以为企业提供员工培养场地、设备与师资，企业可以为学校提供更多的一线实践与实习机会，助力学校"双师"建设。校企合作过程中，还需设立准入与退出机制，提高校企合作的违约成本，保证合作质量，为基础教育的高质量发展服务①。

---

① 尤莉、钱丽明、王晓梅.高等职业教育产教融合政策工具分类及优化路径：基于 2010—2019 年国家政策文本的量化分析 [J].重庆高教研究，2021（3）：99-110.

所以，以教育合力为杠杆，扬长避短地发挥家庭教育、学校教育、社会教育乃至校外教育服务各自的优势，构建家、校、社协同教育复合体，结合家庭教育亲缘性、学校教育专业性、社会教育实践性与校外教育服务多样性，促进教育生态体系的动态发展，将成为未来教育生态发展路径之一。

三、探索"学校教育+"合作模式

"学校教育+"模式即在保证学校教育主阵地作用的同时，注重发挥"同心圆"型教育生态体系中各方教育相关主体的优势，协助学校育人，为学生的发展、人的发展服务。例如，在"双减"背景下，为提供高质量的课后服务，就需要探索"学校教育+"合作模式（详见专栏4.1）。

专栏4.1　如何打造高质量课后服务内容体系

课后服务是学校教育的补充和延伸，主要解决中小学生课后托管和综合素质培养两大问题。在"双减"背景下，打造高质量课后服务体系是提升学校育人质量、减少校外培训行为、增强家校社合力的重要举措。从实践层面来看，由于课后服务是发生在常规课程以后的非正式学习，缺乏具体的实践标准，一些学校课后服务存在形式化、简单化、随意化的现象。学校该提供什么样的课后服务、如何打造精品课后服务等问题值得探讨。

课后服务不是单纯"托管"

"双减"政策的推行标志着我国中小学课后服务发展迈向历史新阶段。"双减"政策从课后服务时间、质量、渠道和线上学习服务等方面对提升学校课后服务水平、满足学生多样化需求做出了明确要求。"双减"以来，各地再掀"课后服务潮"，不少省市提出推行"5+2"课后服务全覆盖模式。同时，各地中小学还积极探索多样化的课后服务模式，服务内容涵盖作业辅导与答疑、音体美活动、劳动实践、科创训练、兴趣小组、社团活动等。相比"双减"前，课后服务覆盖率以及教师、学生参与率都有了显著提升，课后服务的关注焦点已从弥补"量"上的不足转向"质"上的提升。

各中小学校应当明确，课后服务的目标不是单纯"托管"，更不是变相"增负"，而是通过"照料"与"服务"促进学生全面发展和健康成长。一些学校名义上开展了课后服务，但在实践中仍以填补时间空白为目的，只承担"看管"之责，而无"育人"之实；一些学校仍通过布置习题、讲评试卷等方式变相开展学科教学，造成课后服务功能异化。这两方面都与学生期盼获得丰富多彩的课后服务需求相违背，不利于学生全面发展。

续

专栏 4.1 如何打造高质量课后服务内容体系

除托管服务外，目前中小学课后服务大致可分为补习辅导类、综合素质与能力培养类等。依据这些类别，一方面要积极发挥学校在课程建设、教学等方面的优势，开展个性化辅导并积极开发素养、能力类课程；另一方面要拓宽社会资源渠道、促进资源整合，提升课后服务吸引力。

例如，针对纯兴趣类课程，可选择青少年宫、非学科校外培训机构的优质资源；针对场馆互动课程，可与科技馆、博物馆、图书馆、各类户外实践基地等联合组织活动，开发丰富多彩的科技、文化、劳动、科普、生命教育等活动课程，扩展课后服务学习场所。需注意的是，学校在与各社会教育主体联合开展教育服务的过程中切勿匆匆开始并草草结束，给学生"走过场"式体验的"一次性课程"。缺乏系统性设计的活动课程无法有效激发学生的深层次认知，更无法真正地实现校社共育。

课后服务供给仍存在短板

在实践中，一些中小学在较短时间内推出了多种多样的课后服务项目和活动，但这更多是受政策和社会压力驱使，而非从学生立场出发、水到渠成的结果。

首先，与"覆盖率""开展率""参与率"等数量指标相比，课后服务在质量维度存在明显短板，对学生的吸引力欠佳。课后服务是培养学生跨学科素养、提升其解决实际问题能力的重要途径，但目前各学校的课后服务课程、项目、活动等设计仍以分科为基础，在实现多学科理论知识整合、综合实践课程设计方面还有较大不足。一些学校缺乏对课后服务的系统研究、规划和组织，这使得课后服务虽呈规模化增长，但设计粗糙、内容重复、流于形式，课后服务仍缺少有地区和学校特色的精品，对学生吸引力不强。同时，多数学校课后服务仍以校内活动居多，而与社区、博物馆、图书馆以及各类实践基地等户外场馆的联系少，场馆资源利用率低，校社协同性不强。

其次，课后服务供给质量存在显著的区域、城乡和校际差异。目前，我国课后服务资源分布和分配并不均衡，这为"双减"背景下课后服务的公平性带来了挑战，可能加剧教育落后地区、农村学校以及薄弱学校的发展劣势。这种劣势突出体现在师资特别是音乐、体育、美术、科学和信息技术等科目的师资数量与质量差距大，以及课后服务的设施、设备和保障经费等差距大。

一些农村薄弱学校连开足开齐国家课程都已捉襟见肘，更遑论开设多样化的实践、兴趣类课程。同时，薄弱学校能够从家长、社区、志愿者等方面获得的社会支持也相对有限，很难建立多元化的课后服务师资供给体系。在此情况下，学生在课后服务时间大多处于"自然生长"状态，课后服务内容缺失、形式简单且随意，不利于形成公平的课后服务格局。

最后，课后服务内容供给与学生需求不匹配，很多学校的课后服务关注多样化却忽视学生的个性化。学生个体差异大，其发展水平、学习需求、作业完成情况等均有所不

续

<table>
<tr><td>专栏 4.1　如何打造高质量课后服务内容体系</td></tr>
</table>

同，因此课后需求也不同。为回应政策要求，许多学校的课后服务更多关注的是服务种类、形式、活动等的增加，并以"多"来体现"个性化"。事实上，由于缺少对课后服务的分层分类设计，在采用跨班级、跨年级流动教学的模式下，"一锅粥式"的课程、活动等难以兼顾不同层次和水平学生的需要。同时，一些学生真正的需要如得到针对性的学业辅导、开展项目式学习、进行场馆体验和实践训练等往往没有得到满足。

多措并举打造精品课后服务课程

　　课后服务课程设计应注重与学科目标相互衔接，并以核心素养及能力提升为导向。课后服务在育人导向上应体现新时代的创新人才培养目标，注重培养学生运用知识应对复杂情境的能力以及持续学习、创新和实现人生价值的能力。为此，课后服务内容设计应兼具综合性、实践性与真实性。参与实践活动是培养学生素养和能力的重要途径，在课后服务实施中，应努力将课程"活动化"。

　　在与课程目标相衔接的基础上，通过对课程内容的延伸、拓展、整合及重构，创设、开发以跨学科教学为抓手、面向真实生活及情境的实践活动及项目，让学生有更多机会了解社会、培养兴趣、拓宽视野、健全心智，持续推动学生学习力和发展力提升，切实把课后服务打造成落实"五育"的重要支撑。

　　课后服务内容不必追求多而全，而应从地区和学校发展的实际出发，形成有特色、供需匹配、精而美的服务内容体系。"多而全"的课后服务不仅消耗了学校大量资源、冲击正常教学秩序，也使得教师"反向增负"问题突出。学校应转变盲目跟风、一哄而上、形式化的数量扩张理念，要在充分挖掘有特色、可获得资源的基础上，做好教师、家长和学生的需求调研，以优质供给为抓手，以需求为导向，推出供需精准匹配的优质课程和服务。

　　当下，不少学校采用"1+N+1"的课后服务模式，两个"1"分别是答疑辅导和延迟托管，"N"是各种课后活动。一方面，不必机械化地分割"1"和"N"的时间权重，而应结合学生对学业辅导及兴趣拓展的实际需求进行合理规划；另一方面，对于"N"的设计，不同学校要切实考虑本校基础资源、教师资源及教师负荷情况，以及所在地区可获得的社会资源来设计课程。科教资源丰富的地区，可为学生提供高品质科创类的项目和活动；具有地域文化特色的地区，可聘请非遗文化传承人开设相关社团课程；红色资源丰富的地区，可利用红色教育基地让青少年了解和学习党史，加强爱国主义教育；农村学校可充分利用所在社区的农场资源和户外实践基地，对学生开展劳动教育、环境教育和生命教育等。

　　另外，还可以充分发挥国家中小学智慧教育平台的作用，以做优做强数字化教育和学习资源，缩小区域、城乡和校际差距，推动课后服务资源均衡发展。一方面，各学校要充分利用好平台资源开展课后服务内容设计，教师可利用平台资源开展联合教研、经

续

专栏 4.1   如何打造高质量课后服务内容体系

验交流等，将平台资源充分融入课后服务的项目及活动中，不仅可以弥补一些学校开发校本课程、项目和活动时存在的能力不足问题，也可减轻教师压力，还可促进线上线下教育活动的有效衔接。另一方面，要利用平台广泛征集中小学课后服务的优秀课程和经典案例，开发课后服务精品课程资源数据库供农村中小学校按需使用。另外，还可针对薄弱学校和农村学校开设课后服务"双师"课堂、搭建线上答疑及辅导平台，进一步提升优质师资资源的空间配置效率。

注：选自中国教育报《如何打造高质量课后服务内容体系》，2022 年 6 月 1 日第 5版，作者陈超凡。

在"学校教育＋家庭教育"方面，学校可以通过家长论坛、家长学校、家长沙龙等宣传科学育儿的教育理念、多元的成功成才观念和正确的培养方式方法，对家庭教育给予科学的指导。另外，各级各类学校可以充分发挥校务委员会、家长委员会在家校合作中的沟通、衔接作用，通过定期开展交流活动整合家校资源、凝聚家校合力，让各委员会委员参与学校发展的重要决策。同时，及时回应学生、家长的困惑，使其了解学校、信任学校，促进家校协调，使家庭教育成为学校教育的助力者，使学校教育成为家庭教育的引导者。

在"学校教育＋社会教育"方面，学校要与周边的社区、高校、企事业单位等资源主体联合开发课程、合作项目、教育活动等。需注意的是，学校在与各社会教育主体合作过程中切勿匆匆开始并草草结束，给学生"走过场"式体验的"一次性课程"。缺乏系统性设计的活动课程无法有效激发学生深层次认知，更无法真正地实现校社共育。所以，在此模式中学校要具备课程意识，明确教育目标、重点、难点以及课程进行的方式、方法和评价体系等。

在"学校教育＋教育服务"方面，普通学校可以通过购买校外教育服务来弥补校内课后服务的不足，职业学校可以引入校外教育服务来丰富教育内容、升级教育方法。引入校外教育服务可降低各类型学校的教师压力。市场作用下，校外教育服务往往更具创新性且形式多样，所授内容也更加贴近学生、家长和社会的需求。若将其引入校内，在学校规范指导下遵循教学及儿童青少年成长规律，或可有效地减轻基础教育阶段学生和教师的负担。学校教育本身要起到统筹、规划的主阵地作用。其中，提升教师智慧是至关重要的。教师是学校教育理念的传递者，又是家庭教育、社会教育的主要指导者与联系者，所以，培养教师的家校社合作意识与协调能力是非常关键的。在此方面，学校可以组织生涯规划培训、心理健康培训等提高教师的指导能力，也可以通过组织教师沙龙探讨教育教学中的难题，让经验丰富的教师分享其在家校社共育过程中的成功做法，提高青年教师的沟通技巧和水平，积累共有经验。另外，学校还需完善自身课程设置，朝着提升学生社会行动力、创新意识与创造力方向发展，拓展课程内涵与外延、形式与方法，使校内理论教育与校外实践教育结合。例如，可以在普通教育中将思政课程与法院案例相结合、将生物课程与公园探索实践相结合等；在职业教育中，加强实践性教学，积极推行认知实习、跟岗实习、顶岗实习等多种实习方式，推行以育人为目标的实习实训考核评价。

出 版 人　郑豪杰
责任编辑　王晶晶
版式设计　京久科创　郝晓红
责任校对　贾静芳
责任印制　米　杨

图书在版编目（CIP）数据

中国基础教育竞争力分析：国际比较与中国实践/
关成华等著.—北京：教育科学出版社，2023.6（2023.9重印）
（中国未来教育研究丛书）
ISBN 978-7-5191-3482-2

Ⅰ．①中…　Ⅱ．①关…　Ⅲ．①基础教育—竞争力—研
究—中国　Ⅳ．①G639.2

中国国家版本馆CIP数据核字（2023）第085084号

中国未来教育研究丛书
中国基础教育竞争力分析：国际比较与中国实践
ZHONGGUO JICHU JIAOYU JINGZHENGLI FENXI: GUOJI BIJIAO YU ZHONGGUO SHIJIAN

出 版 发 行	教育科学出版社				
社　　　址	北京·朝阳区安慧北里安园甲9号		邮　　编	100101	
总编室电话	010-64981290		编辑部电话	010-64989363	
出版部电话	010-64989487		市场部电话	010-64989009	
传　　　真	010-64891796		网　　址	http://www.esph.com.cn	
经　　　销	各地新华书店				
制　　　作	北京京久科创文化有限公司				
印　　　刷	唐山玺诚印务有限公司				
开　　　本	720毫米×1020毫米　1/16		版　　次	2023年6月第1版	
印　　　张	14.25		印　　次	2023年9月第2次印刷	
字　　　数	211千		定　　价	54.00元	